创新设计思维

创新落地实战工具和方法论（第2版）

鲁百年 著

清华大学出版社
北京

本书封面贴有清华大学出版社防伪标签，无标签者不得销售。
版权所有，侵权必究。举报：010-62782989，beiqinquan@tup.tsinghua.edu.cn。

图书在版编目(CIP)数据

创新设计思维：创新落地实战工具和方法论 / 鲁百年 著. —2版. —北京：清华大学出版社，2018（2023.2重印）
 ISBN 978-7-302-50040-7

Ⅰ.①创… Ⅱ.①鲁… Ⅲ.①创造性思维—研究 Ⅳ.①B804.4

中国版本图书馆 CIP 数据核字(2018)第 083859 号

责任编辑：陈　莉　高　屾
封面设计：周晓亮
版式设计：方加青
责任校对：曹　阳
责任印制：宋　林

出版发行：清华大学出版社
　　　　网　　址：http://www.tup.com.cn, http://www.wqbook.com
　　　　地　　址：北京清华大学学研大厦 A 座　　邮　编：100084
　　　　社 总 机：010-83470000　　邮　购：010-62786544
　　　　投稿与读者服务：010-62776969, c-service@tup.tsinghua.edu.cn
　　　　质 量 反 馈：010-62772015, zhiliang@tup.tsinghua.edu.cn
印 装 者：三河市东方印刷有限公司
经　　销：全国新华书店
开　　本：170mm×240mm　　印　张：24　　字　数：418 千字
版　　次：2015 年 11 月第 1 版　　2018 年 8 月第 2 版　　印　次：2023 年 2 月第 7 次印刷
定　　价：88.00 元

产品编号：079000-01

推荐序 一

人类的发展史在过去几十年发生的变化超越了之前几千年的变化，当下财富的积累更是以超几何倍数的加速度在增长。历史给我们的机遇千年难寻，但是对于历史大潮中每个寻求发展的经济个体，他们面临的这次财富增长的滚滚洪流也是充满了挑战和陷阱。在这个全球互联网的知识经济爆炸时代，创新才是所有企业生存和发展的原动力及起爆点。

创新是一个民族兴旺发达的灵魂，是一个国家经济发展的动力，是一个企业长盛不衰的源泉。

有创新意识的企业很多，几乎所有成功企业的核心文化都包含了创新的内容，越是成功的企业，越是明白一个道理：唯有创新(包括产品创新、技术创新、服务创新、渠道创新等)才是在历史沧桑巨变中能够生存的法宝。

中国作为当今世界上重要的经济体之一，在延续了三十多年的经济高速发展的今天，如何继续我们的经济发展，实现伟大的民族复兴？一味地去进行简单的模仿是绝对不行的，根本上还是要依靠创新。

创新理论的研究水平必然影响到创新实践的结果，虽然有一些创新型公司，它们在不同领域(如电子商务等)用全新的创新思维模式和创新实践活动促成了企业的高速发展，为社会创造了巨大的财富，但是我们还要清醒地意识到，大部分企业的创新能力和创新意识还很不足，很多企业依然停留在简单的模仿和来料加工阶段，没有任何创新思维和创新实践，严重地束缚了企业发展的脚步。因此，如何引导这些企业跟上创新发展的时代步伐，这对所有从事经济活动研究的知识分子提出了巨大的挑战。

创新不但需要右脑思维的理念，还需要有一整套的工具和方法论。鲁百年博士和我们莱复康·云健康做的"创新设计思维"，利用大数据分析为患者提供健康评估、健康干预、慢病管理、亚健康调理、养生保健与健康教育等专业的远程服务，真正帮助我们实现了糖无忌无创血糖云健康平台的管理，让莱复康这个创新型企业在创业伊始就找到了属于自己的定位、发展以及全新的创新商业模式。

没有永存的企业，也没有不朽的品牌。企业只有突破传统，突破旧有的观念，大胆创新，才能给企业发展带来活力。创新是企业驶入新经济高速路上的通行证。

事实证明，无论是科学研究、产品创新还是制造服务、商业营销、房屋建造或者城市规划等，凡是有目标的创新活动，实际上在实施之前必须先有创意、有构思、有计划、有方法，鲁百年博士的新作《创新设计思维》也不例外，这部力作给我们提供了创新所需要的各种元素和方法。

鲁百年博士历经多年及上百场的工作坊实践，在实际应用中不断研究、论证、完善、总结、创新，这部实践与理论高度完美结合的《创新设计思维》终于面世。我们相信，这部企业创新力作一定会成为企业创新的良师益友，能够帮助我们解决企业当下惯性思维的弊端，建立新的思维模式，为企业创新提供新思路、新方法，指明创新方向。

刘春利教授

莱复康·云健康中心董事长

推荐序 二

创新的老鲁和老鲁的创新

世界上最尴尬和最痛苦的事莫过于爱迪生受邀给特斯拉写封关于交流电推广的推荐信,这就是我收到鲁百年博士邀请我给他的《创新设计思维》这本书写序时的真实感受,作为一个长期工作在创新创业教育一线并且自以为在国际上很有名气的一位做创新教育的教授,我是怀着"羡慕嫉妒恨"的心情看完这本沉甸甸的新书的,不得不说,二十年后我又一次被创新的老鲁和他与时俱进的创新感动了!

认识老鲁是在二十年前,那时候他是鲁教授,站在国际会议的舞台上意气风发地宣讲着他的科研成果,我作为一个来开会的在读博士生,在台下认真地记着笔记,机缘巧合,在这次会议之后有机会和鲁教授一起切磋牌技,才发现鲁教授原来是世外高人:创新的牌技把我们这帮号称高智商的牌友们打得灰飞烟灭!从此,我记住了:打牌在老鲁那里也是一个创新的活儿!

几年后,风华正茂的鲁教授做了一次重大转折:弃学从商。作为一个初出茅庐的"青椒",我看得心惊胆战:老鲁,作为一个在学界拥有无限光明前途的青年学者,你真舍得放下这一切净身出户!可是,创新的老鲁就是这样潇洒:一夜之间销毁所有科研成果,直接进了某公司做营销!

之后,大家在各自的轨道上疾驰,偶尔有联系,可是有一天我去图书城买书,一进门就看到畅销书那里摆着老鲁的大作《客户也疯狂》!真不敢相信这是老鲁的杰作,立马电话过去:"老鲁,恭喜啊,在书店看到你的畅销书啦!"没想到老鲁的回答更创新:"是吗?你看到的是哪本?有三本呢!"老鲁,你让不让人活啊!真的没想到老鲁从商如此成功,已经成了全国知名的营销大师!

这还没完,我从十年前开始致力于创新创业教育,发起了iCAN国际大学生创新创业大赛，每年有二十多个国家的数万人参加，在北大也开设了创新工程实践课程，在国内外的大学里也算是在创新创业方面小有名气，偶有机会跟老鲁说起此事，老鲁说：太好了，我也在企业里做创新培训，还开发了很多创新设计的方法和工具，有机会切磋一下。于是老鲁到了我的"创新工程实践"的课堂，老鲁从课件、教具、案例分析、游戏等方面全方位地对学生们进行了一次创新的实践，课堂的热烈程度只能用爆棚形容，要求鲁博士返场再来课堂的呼声是对我的莫大压力和动力！

  这就是我认识的老鲁的二十年，也是见证老鲁在人生路上和工作岗位中不停地实践创新的二十年。如今，老鲁将他的创新整理成书出版，对于期待大众创新的当下无疑是一个重大利好，以后人人都可以成为老鲁这样的创新人才，开启精彩的创新人生！

张海霞

国际大学生iCAN创新创业大赛发起人兼主席，北京大学教授

推荐序 三

在当今多变、快变、迭变时代，唯一不变的就是变。特别对管理者，今天是"企业号"的船长，明天又变成"海盗"了；既是建设者，又是破坏者。每一家企业，与时俱进只能分享同质红利，只有捷足先登甚至一马当先，才能获得创新溢价。但怎样创新？怎样才能指导我们众多企业与组织，为他们在创新路上，启心智，理思路，画好图，扶上马，走一程，到彼岸？一气读完鲁教授的这本《创新设计思维》，感到章章有道，节节出彩，也庆幸我们企业创新路途中多了一位好帮手。

本书就是"创新"的创新，是创新学习者、设计者的"说明书""工具箱""指路牌"。

它不是简单的创新说明分析，泛泛论述，而是直接定位于启迪每一位读者成为创新设计者或创新家。我们在变革创新的历程中，不是做不到，而是被困于想不到，管理者创新的局限就是企业发展的天花板。作者从创新的七大特征入手，娓娓道来，又别具洞天，豁然开朗。管理大师德鲁克先生告诫电钻厂的声音犹在耳畔："你们不是卖电钻的，是打洞方案的解决商。"而作者提出创新的首要特征是以客户的客户为中心，使东西方的智慧同理各表；当专家沉浸于医院管理流程优化时，从另一个角度，作者的颠覆式的疑问"假如不在医院看病怎样办"值得我们深思；众多企业仍在"现状、问题、解决方案"的思维模式下艰难突围，而作者提出的"未来、瓶颈、办法"的创新方法给我们提供了全新思维蜕变。而创新发散思维与严谨逻辑推理并重，狂野的点子与科学措施结合等观点，使我们看到了创新的全景图。

"吾听吾忘，吾见吾记，吾做吾悟。"本书通过"工具箱"中的60个创新工具的设计与应用，突破了传统理论书籍的单调，在场景、游戏中，学员动脑、动手、动心。这也得益于作者近年来经过上百场"创新工作坊"的实践，教学相长，不断完善、提升的结果，也是"纸上得来终觉浅，绝知此事要躬行"的写照。

最后，作者绘制的创新"指路牌"(即创新六大步骤：确定目标，搜索信息，激荡思维，分类梳理，描绘草图，行动执行)清晰明了，直观实用。每个创新设计者，在对创新理论与工具掌握基础上，依此流程进行组织或产品的创新设计，必将能更好地摸索到属于本公司或自己的创新之道。

本书通过理论实际结合，国内外贯通，方法案例并重，给创新的探索者、实践者带来全新的思维与落地的方法。当然，鲁教授有此创新成果，也是其多年来集数学教授、营销专家、管理研究与创新实践于一身，融会贯通，跨界创新的自然呈现！

邱金辉

北大汇丰金融与资本研究中心执行主任

第2版前言

自《创新设计思维——设计思维方法论以及实践手册》出版以来，创新流程工具方法论越来越受到大家的重视，第1版在两年的时间里印刷了8次，需求量非常大。

在这两年里，由于需求的变化，创新设计思维在迭代中需要一些新的工具和方法。鉴于创新设计思维解决问题的形式和需求的变化，除了原来解决问题型的创新设计思维工作坊，客户还增加了以下需求：关于解决创新问题的微咨询，通过学习方法论掌握创新的流程和工具，如何培训创新种子教练，如何转变员工的创新思维模式，如何建立创新型组织等。以上这些促使笔者修订第1版，以满足现在客户的需求。

第2版增加了以下内容。

1. 如何快速实现组织创新思维模式的转换：一般情况下，从传统的问题解决型思维转换到创新思维，考虑的不是低头干活，而是抬头看天。创新型人才应该具备八大技能，即善于思考、勤于质疑、用魂观察、摸索前进、集思广益、开放心态、目标驱动、放宽眼界。原始的工作坊，一般不超过32人，这种模式在解决组织思维模式的转变方面显得有些笨重，需要很多场工作坊，成本也很高，这时利用创新的方法做好思维模式的培训就需要以游戏、互动、案例和宣讲为主的创新设计思维形式。

2. 如何培养组织创新设计思维的种子教练：工作坊大部分是解决问题和流程工具体验的过程，对于教练，需要教会全套的工作坊流程，包括事先的调研、主题的制定、人员的筛选、道具的购买、教室的落实，更关键的是设计工作坊议程、事后汇报、把控课程、调动积极性、处理异常情况等，因此必须设计专门的培养教练培训的课程。

3. 如何培养组织的创新文化：创新文化的建设包括四大步骤，即创新兴趣、创新投资、创新导入、创新拓展，通过转变创新思维、体验工作坊解决创新问题、培养创新种子教练、研发客户介入等培养创新文化。

4. 如何通过创新设计思维做好微咨询：工作坊和培训的最大区别是前者是参与式解决问题型，利用工作坊获得很多创新的创意和解决方案，然而培训讲的内容可能和客户没有直接的关系，问题也是组织普遍存在的问题，培训师的培训内容不完全是一对一的方案。但是工作坊可通过互动解决客户一个具体亟待解决的问题，获得一些创意或者创新的解决方案。微咨询和工作坊的最大区别是需要事先和客户做大量的调研，发现问题，制定工作坊讨论的主题，围绕着主题通过工作坊获得很多创新的创意或者解决方案。一般情况下，工作坊通过头脑风暴获得方案，其结果过于发散，虽然在工作坊也进行了收敛聚焦，但是到落地还有一段距离，需要进行大量的整理和完善工作，也就是微咨询需要大量的事后工作，最后给客户提供一套创新的解决方案或者建议书。

在这一版中不但增加了"术"层面的工具16个，包括客户体验地图、影响地图、流程设计工具、五维盒子等，还增加了不少的"道"层面的内容，比如思维模式的转变、创新型组织的建立、创新文化的培养等。

希望第2版的内容能更好地满足大家的新需求，带给大家更实用的工具和方法，在这里也特别感谢服务过的部分大客户的大力支持，包括汽车、重工、互联网、交通运输、通信、能源、房地产、高科技、快销品、服务、生产制造、金融、医疗、制药、政府、教育、慈善机构等行业的大客户，它们是：大众汽车(中国)、戴姆勒、北汽福田、北汽新能源、长城汽车、上海汽车、上海通用、比亚迪、东风汽车、吉利汽车、奇瑞汽车、长城汽车、江铃汽车、徐工、三一重工、合力叉车、振华重工、五征集团、福瑞特装、广汇、中信戴卡、德梅柯、百得利、汽车之家、京东、亿玛、混沌大学、樊登读书会、中欣卡、环宇优品、国航、海航、华夏航空、船级社、盘锦港、首都机场、中国电信、中通服、汉能集团、国家电网、南方电网、喜威燃气、台湾电力、澳门电力、中广核、内蒙古电力、远传电信、华电、中国核工业、中核核电、华侨城集团、金地物业、华为、海信、联想、神州数码、中兴、TCL、京东方、四方继保、宁德时代、晟通科技、华润、顺丰、海底捞、蒙牛、可口可乐、王府井百货、宏图三胞、环亚、香港维珍、老百姓大药房、娃哈哈、旺旺、益客集团、鄂尔多斯、呷哺呷哺、一和女子、苏宁、澳优集团、中青博联、博世电动、和利时、东方电气、台积电、运城制版、中材、科腾、东森、宝时得、江河幕墙、中亦安图、永丰馀、宏胜、特力集团、大全、云天化、人寿保险、平安保险、华泰财险、工商银行、中信银行、广投银海、广州发展、生益科技、迈瑞、威高集团、大族、亚心医院、莱复康、天士力、CCTV、中科院、贵阳政府、湖南中烟、广州市教育局、中关村软件园、龙岩国税、哈巴河组织部、国家行政学院、中国妇联、浙江大学、北京大学、中山大学、华中科技大学、华南农业大学、中国传媒大学、装甲兵学院、西安欧亚学院、深圳大学、杉达学院、云大学、时代华商、新疆善乐创业、时代光华、单仁资讯、桥中、中国慈善联合会、中国扶贫基金会、中国女企业家协会、老牛基金会、职慧公益、人民日报读书会等。

鲁百年

第1版前言

创新不仅仅需要一种以人为本的、开放的、积极向上的态度,从心智模式上认识创新、接受创新,学习他国或者他人的先进经验和技术,还需要一整套的工具和方法论,将创新设计真正落地,不只是喊口号,而是脚踏实地地给出一套可以操作的方法,将创新做到流程化。本书的目的就是从以下几个方面入手,将重点放到如何将员工培养成为一个合格的创新设计师,具有创新的思维模式,而不完全是教会大家如何创新。每个人只要遵循科学的方法论和流程,都可以成为创新设计师。本书也可以给希望做创新设计思维工作坊的教练提供一套完善的工具和方法论。

1. 创新需要引导工具

如何将创新落地、实施,而不是落在口头上,就需要这样一本创新落地的行动指南。本书就是教会大家一套创新的工具和方法论,包括客户旅程地图、全局分析地图、商业模式画布、未来/现状/瓶颈/想法、莲花图方法等60余个工具。针对在头脑风暴过程中思维容易发散而不聚焦的问题,这些工具是事先设计好的创新聚焦的保障,可以引导人们一步一步获得问题的解决方案。

2. 创新需要改变心态

人们传统的思维模式,一般都是从现在到未来,先是观察现状,发现问题,找到问题的瓶颈,然后找到一个比较完善的解决方案,这样的做法往往是打补丁模式,围绕着现在存在的问题,给出解决方案,但是可能因没有考虑周到而产生更多的问题。低头实干是一种面向现实的心态,聚焦在交付物,解决现实的问题,然而在创新设计思维中,需要大家改变传统的思维模式,建立开放的、积极向上的心态,需要聚焦于创新的可能性,建造未来的创造力。本书利用很多工具和方法,教会大家去掉偏见,改变心态,真正树立万事皆可达的思想。在做事时最怕的不是遇到了问题,而是遇到问题不去找解决方案,应想尽一切办法找自己没有成功的原因。

3. 创新需要以人为本

在很多情况下，人们考虑问题时总是从技术的角度出发，先有技术专利，再研究该技术专利如何利用开发，从而实现企业的盈利。现在人们在创新中考虑更多的不仅仅是技术，更重要的是人，是人的体验，是人的渴望或者自己根本没有意识到的需求。乔布斯讲过："客户想要什么，这不是客户的事情。"所以企业做产品研发、流程设计等需要超越客户的期望。19世纪的时候问"你要一个什么样的快速交通工具"，用户会回答"跑得快的马车"，然而他们不会说要汽车，但是像乔布斯这样的人就会制造出"汽车"这样连客户也想不到的产品。

4. 创新需要以用户为中心

企业的目标是盈利，如何盈利已经经过了很多不同的阶段，首先是"4P"模式的营销，是将我们卖什么样的产品、如何定价、促销模式与销售渠道结合起来，始终站在企业自己的角度考虑问题，看看我们在卖什么、如何卖、卖给谁？后来从以自己为中心发展到了"4C"模式，就是考虑客户、客户购买需要的成本、与客户之间的相互沟通(而不是促销)、客户购买的便捷性，这时是以客户为中心的，但是还是站在自己企业的角度考虑如何满足客户的需求，研究最多的是客户的细分、客户的忠诚度、客户的回头率、客户的转介绍率等。后来在电子商务时代，大家将研究转换到大数据分析，争取做到"4R"，就是在合适的时间，将合适的产品，通过合适的渠道，卖给合适的人。这些都是从"商业思维模式"产生的结果。如何真正赢得客户之心，就是要帮助客户获得更多的客户，站在客户的角度考虑问题，这是一个重大的改变，是思维模式的改变，这也是创新设计思维的第一大特征。已故中国精神肖像摄影艺术家魏德云先生为本人拍照时，本人才真正体会到他是如何以客户为中心的，了解客户的360度视图，完全融入客户的心灵，扬长避短，抓住客户的瞬间心态，获得客户的最佳精神面貌。

5. 创新需要一套规则

很多好的想法都是在还没有发芽时就被消灭在萌芽阶段，当有人提议一个点子时，往往很多人就开始议论、开始批评、开始指责，甚至讲这样的想法"不可能""你错了""疯子"等，为什么这些人会认为不可能呢？就是他们沿用了"惯性思维"、逻辑推理以及自己的偏见。我们从小到大受的教育就是学会一套理性的逻辑思维模式，找到一个唯一正确的答案。但是这样往往扼杀了很多创新的点子和想法。创新必须做到没有老板和员工之分，因为很多情况下,老板一讲话,就给定了调,没有人敢多讲自己的想法,或者受了老板的引导和暗示,大家都朝着一个方向去考虑问题。创新必须做到不批评、不指责、不议论,创新就是要广泛听取各种不同人的意见和建议,将不可能变成可能。创新必须做到右脑思维,贡献狂野的点子,打破条条框框,不破不立。只要有了狂野的点子,团队在别人想法的基础上受到启发,建立更狂野更创新的点子,才会具有和别人不相同的想法,这样才会有创新的创意。创新必须做到目标导向,首先建立美好的未来,再从未来向后倒推,需要哪些新的技术,需要什么样的工具,需要多少人力、物力,存在哪些瓶颈,然后找到解决方案。创新必须做到民主集中制,广泛收集大家的意见和建议,但是还需要聚焦主题,需要总结,否则就会变成一个"吐槽"大会,不但没有结果,反倒有很多的负面效应。本书就是教会大家如何遵循这套规则进行创新的。

6. 创新需要开放的环境和团队

创新需要一个懂得创新流程的设计师,而不是行业专家,创新团队中的人员应该包括心理学家、语言学家、艺术学家、物理学家、数学家、工程师、MBA等,他们并不是某个行业的专家,而是一帮创新设计的流程专家。创新需要三大要素,即看一看、想一想、做一做;需要三大阶段(3D),即探索(Discover)、设计(Design)、交付(Deliver);需要七大步骤,即理解背景、人文观察、主题制定、构思设计、可行分析、行动计划、故事讲述;具有十二大特征,即客户中心、目标导向、右脑思维、集思广益、万事皆可、变换角度、思维与方法相结合、天马行空、群策群力、敏捷开发、快速原型、故事讲述。本书就是希望大家学会这些最基本的流程和规范。

那么如何做到以上几点,让创新成为现实呢?本书从创新设计思维方面出发给大家找到答案。创新设计思维可以用于解决企业、政府、公益、社会等方面的问题,不管是考虑企业内部的管理——包括产品创新、战略规划、盈利模式、流程再造、收购并购等方面的问题,还是解决社会公益问题和个人生活问题,都可以利用这套方法论实现创新的想法和落地。因为本书提供的不是一次培训,也不是做一次创新设计思维工作坊,而是提供一个完整的流程、工具和方法,甚至可以说是"创新科学"。

创新设计思维是"创新科学"的基础,本书的目的是培养创新设计师,是为建立企业的创新环境和创新意识打下良好的基础,是训练大家人人都有创新的思维模式,是教会大家如何执行创新的流程和规范。本书为做创新方法论研究的学者提供一套完整的工具和实践,为解决某个问题而需要获得创新解决方案的人员提供一种态度训练和工具库选择，为希望掌握这套方法论将其用到工作坊的教练提供一个完整的内容安排和工作坊流程安排及其汇报模板，为新产品研发和设计的设计师提供一套设计原型实现方法，为需要做创新型盈利模式的企业管理人员提供一套工具和流程，为希望创立自己公司的开拓者提供一套制订企业计划书的模板……

本书的第一章、第二章主要介绍创新与设计思维之间的关系，以及创新设计思维发展的演进和历史，并且对创新设计思维的定义、流程、规范、形式、要求、环境等做了详细的介绍和描述，它是书的概要和引言。对于希望做创新设计思维工作坊的教练和引导师而言，可以跳过第二章、第三章，直接进入第四章开始学习，或者"投机取巧"地从第十二章开始学习，结合书中的附录一，就可以理出创新设计思维工作坊的大纲和流程。如果需要做得更详细，就需要对第四章到第十二章，特别是第八章做充分的理解。如果要真正领会为什么需要使用这样的流程和工具，就需要对全书做充分的学习和理解。

中国企业从代工型企业转向模拟型企业，进一步做成创新型企业，是离不开创新的；政府需要与时俱进，转型到"新常态"，是离不开创新的；社会活动需要做公益事业，是离不开创新的，创新无处不在。但是如何做创新是每个企业、政府、社会、医疗、教育、卫生等部门都面临的一大挑战，作者从企业绩效管理的专家、大数据的专家、商务智能(BI)的专家转型到SAP商业创新(BI)团队首席架构师，就是希望将这样的工具和方法论推广到企业、学校、政府、社会。作者在北京大学、中国传媒大学、上海交通大学、北京101中学、职慧公益进行创新设计思维的推广，在国际大学生创业创新大赛、"你就是奇迹"大赛做导师和评委，也参加了很多公益活动，就是希望将"创新设计思维"训练移植到大学、中学和社会团体，因为创新落地是整个社会的责任和任务。在这三年里，我们做了上百场"创新设计思维工作坊"，用户包括华为、联想、中国自动化集团、中国联通、拓维信息、郎新科技、莱复康·云健康中心、烟台邮政、三一重工等。

在本书的撰写过程中，我得到了我们团队的大力支持：SAP商业创新团队最早的负责人朱员德先生2013年初提出希望我写一本关于创新设计思维的专著；刘媛女士帮助整理了部分工具的翻译工作；姚炜东先生经常给出一些非常有价值的建议；赵楠女士与我合作做了很多次的工作坊；我的老板于嵘先生和同事陈晓巍女士、汪甜女士、章卉卉女士也给了大力支持；还有北京英诺威胜咨询公司的张松女士和张晓陆女士对本书的出版也给出了不少建议，参与主持了很多次的工作坊训练；张玉红女士帮助对文字进行了认真的修改和整理。在这里，我特别感谢我的太太万桂华教授、儿子鲁万弋一直的理解和支持，由于做创新设计思维工作坊经常是在周末，没有时间陪伴他们，在此，对他们娘俩的理解和支持表示衷心的感谢！

鲁百年

目 录

第一章 创新与思维之间的关系 ... 1

创新故事 ... 2

创新的内外部环境 ... 5

创新的要素和类型 ... 7

 创新的三大要素 ... 7

 创新的四大类型 ... 9

创新型组织的条件和特征 ... 12

 组织实现创新的六大条件 ... 12

 创新型组织的管理者具有的八大技能 ... 15

创新与思维 ... 19

 左脑思维与右脑思维 ... 19

 左脑思维和右脑思维测试 ... 21

 传统价值链与创新价值链 ... 22

 传统价值链(商业思维模式：左脑思维) ... 22

 创新价值链(设计思维模式：右脑思维) ... 23

第二章 创新设计思维概况 ... 29

设计思维 ... 30

 设计思维定义 ... 30

 设计思维的发展历史 ... 31

 设计思维的基本流程 ... 34

 设计思维与设计的区别 ... 40

 设计思维与商业思维的区别 ... 41

创新设计思维 ... 42

 创新设计思维模式 ... 42

 创新设计思维的目标 ... 43

 创新设计思维的三要素 ... 44

　　　　创新设计思维的七大步骤和三大阶段 ·················· 47
　　　　创新设计思维的核心三大循环 ························ 49
　　　　创新设计思维适应的领域 ···························· 50
　　　　创新设计思维与设计思维的区别 ······················ 51
　　创新设计思维的落地方法 ································ 52
　　　　举办创新设计思维工作坊 ···························· 52
　　　　培养创新设计思维导师 ······························ 56
　　　　创建创新设计思维文化 ······························ 56

第三章　创新设计思维的十二大特征 ·························· 67
　　　　1. 以客户为中心的创新思维 ·························· 68
　　　　2. 以目标导向的创新设计 ···························· 69
　　　　3. 右脑思维，打破常规的创新创意 ···················· 73
　　　　4. 集思广益，民主集中的创新方式 ···················· 75
　　　　5. 万事皆可能，开放的创新心态 ······················ 76
　　　　6. 变换角度，寻找异样的创新路径 ···················· 78
　　　　7. 双管齐下，思维与方法相结合的创新理念 ············ 81
　　　　8. 天马行空，超越现实的创新胆魄 ···················· 82
　　　　9. 群策群力，众商团队的创新协作 ···················· 83
　　　　10. 敏捷开发，反复迭代的创新模式 ··················· 85
　　　　11. 直觉展现，快速原型的创新制作 ··················· 85
　　　　12. 讲故事演小品，生动形象的创新展示 ··············· 88

第四章　创新设计思维工作坊通用的工具 ······················ 91
　　创新设计思维工作坊通用的形式 ·························· 92
　　创新设计思维工作坊需要的基本道具 ······················ 96
　　创新设计思维工作坊需要的基本通用工具 ·················· 98
　　　　工具一、让不批评不议论落地：独立启发贡献 ·········· 98
　　　　工具二、抛弃常规现实的想法：荒谬的解决方案 ········ 101
　　　　工具三、将想法进行合理的排序：互换排序法 ·········· 103
　　　　工具四、相关因素聚类：聚类法 ······················ 105
　　　　工具五、简单易用的直觉排序法："画正字"排序法 ······ 107
　　　　工具六、凭直觉投票排序法：圆点投票法 ·············· 108

　　　　工具七、想法激荡：启发接龙法 ……………………………………… 110
　　　　工具八、反义问题游戏：失败模拟 ………………………………… 112

第五章　七步骤之一：讨论问题的背景理解 ……………………………… 115
　　获得讨论问题相关信息的方法 ……………………………………………… 116
　　　　工具九、宏观经济分析研究：PEST分析法 ……………………… 117
　　　　工具十、企业整体战略的研究：波特五力分析法 ………………… 121
　　　　工具十一、获得客户的整体视图：全局分析地图 ………………… 123
　　　　工具十二、了解客户的盈利模式：商业模式画布 ………………… 126
　　　　工具十三、探讨客户和终端客户间的关系：平衡计分卡方法 …… 128
　　　　工具十四、探讨优势、劣势、机会和挑战：SWOT分析法 ……… 130
　　　　工具十五、了解组织最基本的背景信息：组织客户画像 ………… 134

第六章　七步骤之二：以人为本的移情观察 ……………………………… 137
　　　　工具十六、将自己扮演成最终用户的角色：同理心地图 ………… 139
　　　　工具十七、信息收集的第一手、第二手资料：客户体验 ………… 141
　　　　工具十八、从用户体验获得想法：现场探索 ……………………… 144
　　　　工具十九、消除偏见的观察：观察APOEM方法 ………………… 147
　　　　工具二十、深层次探索：现场访谈调研 …………………………… 149
　　　　工具二十一、深究因果关系：5W2H ……………………………… 154
　　　　工具二十二、充分理解用户的情绪：用户体验地图 ……………… 156
　　　　工具二十三、可视化激发深层次探索：直观模拟 ………………… 159

第七章　七步骤之三：制定设计的主题研究 ……………………………… 163
　　设定合适主题的原则 ………………………………………………………… 164
　　　　工具二十四、目标导向的管理游戏：图形复原 …………………… 168
　　设定讨论主题的方法 ………………………………………………………… 170
　　制定设计主题研究的专用工具 ……………………………………………… 172
　　　　工具二十五、探索存在问题的关键：制定主题 …………………… 172
　　　　工具二十六、从各个不同的角度分析主题：关键词替换 ………… 175
　　　　工具二十七、充分理解、分解主题：3—12—3头脑风暴 ………… 177
　　　　工具二十八、颠覆性思维模式：如何不 …………………………… 179
　　　　工具二十九、激发思维创造力：我们该如何做 …………………… 180

工具三十、挑战的拓展：如何/为什么图表·················182
工具三十一、研究设计主题的利益相关者：利益相关者地图·················184
工具三十二、讨论主题的目标群体代表者：人物角色(Person)·················188
工具三十三、客户群体的特征：客户画像(Profile)·················191
工具三十四、视觉艺术展现：杂志封面·················193

第八章 七步骤之四：创新方案的协同设计·················195

将发散思维和逻辑思维相结合的头脑风暴·················196
设计创新想法的激荡·················197
　　工具三十五、创新创意平行思考：六顶思考帽·················200
　　工具三十六、行业借鉴获得创新设计：行业互换·················202
　　工具三十七、品牌优势借鉴获得创新设计：品牌借鉴·················204
　　工具三十八、客户日常流程回顾：客户旅程地图·················206
　　工具三十九、设计满足客户需求解决客户痛点方案：用户价值地图···210
　　工具四十、为实现美好未来寻找方案：未来/现状/瓶颈/想法·················214
　　工具四十一、兼容客户的痛点和公司愿景：未来—客户旅程混合法···218
　　工具四十二、解决客户痛点，提供超越客户价值的方案：价值主张画布·················219
　　工具四十三、获得敏捷解决方案和行动计划：影响地图·················222
　　工具四十四、获得创新创意的九宫格：曼陀罗方法·················226
　　工具四十五、主题要素发散分解：莲花图方法·················228
　　工具四十六、涉及流程设计优化的方法：流程图·················230
　　工具四十七、获得创新创意的常规方法：联想构思法·················232
　　工具四十八、获得奇特的创新创意：强制关联法·················235
　　工具四十九、全脑思维模式分析：思维导图法·················238
创新提问法(创意九大提问法则)·················241
　　工具五十、寻求新的设计想法：惊喜狂奔法 (SCAMPER)·················241
　　工具五十一、转换角度获得新创意设计法：还有没有其他的方法···246
　　工具五十二、关键词产生新的设计想法：神奇的关系·················248
　　工具五十三、交替关键词获得新的创意：主题特征组合法·················250
　　工具五十四、关键特征重组：特征组合法·················253
　　工具五十五、整体到局部的创新：化整为零法·················254
　　工具五十六、将产品发展规律运用到创新设计模式：类比创新法···256

工具五十七、想法浓缩标准：约束开关法 ·········· 258
工具五十八、挑战传统的工具：真实与谎言 ·········· 260
工具五十九、既狂野又现实的批评家的想法：梦想家/现实家/批评家 ··· 262

第九章　七步骤之五：创新创意的可行性分析 ·········· 267

确定创新想法的分类与优化专用工具 ·········· 268

工具六十、创新想法狂野度分类：梦想/现实/批评分类法 ·········· 268
工具六十一、分析决策分类法：鱼骨图方法 ·········· 271
工具六十二、创新想法优先级判定：创新坐标法 ·········· 273
工具六十三、获得更完善的解决方案：全局想法优化法 ·········· 275
工具六十四、创新可行性评估：创新可行性检测 ·········· 276
工具六十五、聚焦创意、减少想法的标准：利益相关者评估法 ·········· 278

第十章　七步骤之六：创新设计思维的行动计划 ·········· 281

创新设计思维行动计划专用工具 ·········· 282

工具六十六、目标方案的实施：目标导向的行动计划 ·········· 282
工具六十七、敏捷开发的行动计划：用户故事地图 ·········· 284
工具六十八、创新想法行动计划：图解行动计划 ·········· 286
工具六十九、相关聚类法：谁来做 ·········· 288
工具七十、制订行动计划的依据：决策树法 ·········· 289

创新设计思维的聚类和大数据分析 ·········· 292

第十一章　七步骤之七：原型设计与故事推广 ·········· 293

创新想法的原型设计和故事推广的专用工具 ·········· 294

工具七十一、快速原型法设计：棉花糖游戏 ·········· 294
工具七十二、想法的直观实现：草图描绘 ·········· 297
工具七十三、想法的简易直观实现：纸质原型 ·········· 300
工具七十四、形象场景演示：故事画板法 ·········· 302
工具七十五、想法的物理直观实现：物理模型 ·········· 303
工具七十六、设计方案的五维展现：五维盒子 ·········· 305
工具七十七、结果的表演展现：角色扮演 ·········· 307
工具七十八、方案的形象展现：APP应用 ·········· 309

第十二章　工作坊活动安排案例分享 ········· 313
　　创新设计思维工作坊的流程 ············ 314
　　创新设计思维工作坊的议程 ············ 319
　　创新设计思维工具的设计和利用 ········ 322

第十三章　创新设计思维游戏集锦 ············ 333

附录 ···································· 347
　　附录A ······························ 348
　　附录B ······························ 353

参考文献 ······························· 355

后记 ·································· 357

Innovative

Design 第一章
创新与思维之间的
关系

Thinking

创新是民族进步的灵魂，是国家兴旺发达的不竭动力，是企业持续性发展的源泉，是个人保持活力的基础。不创新就会落后，就会在激烈的竞争中被淘汰，就会永远在"红海"里打仗，进入恶性竞争。

面对激烈的竞争，国家需要改革，企业需要转型，个人需要转变，这些都离不开创新。现在几乎每个企业都在谈论创新。可是如何进行创新呢？很多组织和个人仅仅将创新作为一种口号，一种时尚。其实创新也是有方法论的，有一整套的工具和流程来实现创新的流水线作业。创新可以带来新的机遇和核心竞争力，同时创新也具有代价和风险，是一把双刃剑。

创新故事

可乐游戏(创新思维)

几年前翟江波和杨清波有一篇文章，名为《第六罐可乐》。文中假设可乐的价格是每罐2元钱，同时2个空罐可以换1罐可乐。如果一共6元钱，问最多能喝到几罐可乐？几乎90%的人都认为可以喝5罐可乐，同时剩1个空的可乐罐。其实，如果换一种思维模式，不要将思维仅仅局限在买可乐上，就可以获得与众不同的答案，比如可以先向其他人借1个空可乐罐，加上自己的空可乐罐，又可以换1罐可乐，喝完了，将空罐再还给借罐人，这样就可以喝6罐可乐了。

但是当你向别人借空可乐罐时，别人是否愿意借给你呢？如果别人不愿意借给你，其方案就会存在一定的风险，不能保证100%可以实现。翟江波的故事到此就讲完了，其实我们还可以对此故事展开思考。

当我们考虑方案的可行性和价值性时，发现翟江波的方案也存在一定的风险，是否还有其他的方案？比如先向卖可乐的老板赊1罐可乐，等喝完第6罐，再和自己以前剩余的1个空可乐罐一起还给老板。这样就可以喝6罐。可是这一方案是否可行，还取决于老板是否愿意赊给你1罐可乐，这一方案相对风险也较大，不能保证100%可以实现。那么是否还有其他的方案呢？

还有一个方案，就是我们可以组织一个团队，团队中每个人都剩1个空可乐罐，我们将团队所有的空可乐罐聚集在一起，去换可乐，一直做下去，团队平均每个人就可以喝到接近6罐，由于是一个团队，这样做，成功的概率就会更大。

只要我们学会相互协作，实现"双赢"，就会出现意想不到的结果。前提条件是有人有空可乐罐，并且愿意将空可乐罐借给你。如何获得空可乐罐是一门艺术，其实只要我们记着"双赢"的原则，比如在向别人借空可乐罐时，承诺还可乐罐的同时再附加半罐可乐，在这种情况下，双方都有利可图，通常你就容易借到空可乐罐，从而可以用6元钱喝到5.5罐可乐。虽然没有喝到6罐可乐，但是可以实现的概率大大加大。

另外，可以将自己的空可乐罐"出租"，凡是"租借"空可乐罐的人，必须还自己半罐可乐。当出租给第一个人时，自己可以多喝半罐可乐，也就是5.5罐，喝完后，自己手上还有一个空可乐罐，再继续出租，就可以喝6罐、6.5罐，7罐……照这样下去，他就可以喝无穷多罐，虽然增长的速度慢点，但是他比别人都喝得多。

当然，如果我们再换成投资思维模式，其结果就会完全不同：首先用6元钱收购空的可乐罐。假设现在1个空可乐罐的市场价是0.1元钱，你可以买到60个空的可乐罐，这样就可以换30罐可乐，留10罐自己享用，其余的20罐卖掉。为了使现金周转速度更快，你以低于2元的价格销售，比如1.5元钱，可以获得30元钱。下一步该如何做？相信很多人会继续买可乐罐。可是，如果买下了空可乐罐，可乐厂商却宣布活动结束，30元岂不变成一堆垃圾可乐罐了。那么，该如何做呢？其实，只要留下自己的本钱——6元钱，用剩余的24元钱再投资空可乐罐，就可以在赚钱的同时规避风险了。

此外，当大家看到可以用空可乐罐换可乐的时候，就会有人介入回收空可乐罐的活动，这时，空可乐罐的价格就不再会是0.1元钱。同时其价格应该不会超过1元，否则，就不会再有人买可乐罐来换可乐了。也就是说，只有空可乐罐的价格低于1元，并且有人有空的可乐罐，而你可以买到这些可乐罐，游戏才可以玩下去。

在同样的资本条件下，要想获得更大的效益，如果按照人们习惯的思维模式采取常规的方法，绩效不会比别人好到哪里去，而且往往会陷入恶性竞争。如果你还记得"空可乐罐"，利用很多公司所谓的"垃圾"资源充分发挥其作用，就可以获得比别人高的效益。如果组织秉持团队合作、相互协作的精神以及双赢的理念，采取有效的行动，就可以获得更大的收益。如果换一种思维模式，和别人做的不一样，其结果就完全不同，这就是创新。

换一种思维模式可以创新，换一种思维模式可以做到很多人认为做不到的事情！生活中要时刻记着自己的"空可乐罐"和自己的"6元钱"，聪明的企业管理，可以获得意想不到的效益；聪明的投资，可以获得更多的财富。

教授的苹果

在一次公共课上，教授拿出一个苹果，对同学们说："这个苹果是早上在家门口的市场上买来的，大约0.5元钱，若不考虑客观条件，给大家5分钟的时间，来为它增值，卖到100万元。有什么方法？"

"一个苹果，卖到100万元，您想钱想疯了吧？"教授的话音刚落，坐在最后一排的瘦子扯出一嗓子，全班哄堂大笑。"要是一个苹果卖到100万元，傻子还来上课啊！"不知谁又喊道，全班就像炸了锅一般。

教授并不说话，只是含笑看着大家。过了一两分钟，教授又把苹果举起来说："我想把它卖到5元钱，你们有没有好主意？"

"这个好办，加一个漂亮的包装，苹果上印上'骏马贺岁'，应该可以卖到5元钱！"有人提议。

大家点了点头。"那我们能不能把这个苹果卖到10元、20元钱？"

"把它拿到高档酒店，榨成苹果汁，别说20元，30元也卖得出。"

"怎么样，苹果已经可以卖到30元了，接着来，接着来，我们把它卖到100元！"

班里一下子陷入了沉默，大家注视着教授，想着怎样把一个价值0.5元的苹果卖到100元。教授举着苹果在我们面前晃来晃去。

"有了，让李宇春在苹果上签名，别说100元，1000元都有人买！""这个同学的主意怎么样，会不会有人买？""会的。"很多同学都在点头。

"在大饭店做成水果沙拉拼盘，也可以卖到100元。"又有人喊道。

"不错，做成水果拼盘大概可以卖到100元，找李宇春签名差不多可以卖到1000元。看看，这个苹果现在已经可以卖到1000元了。"

"我想把它卖到1万元，怎么办？"教授贪得无厌。

"放到'神六'上，上天走一圈，保您能卖到1万元！"

"不错，这同学的主意不错，只是'神六'已经飞进宇宙了，若把我的苹果放到'神七'上，你们说，1万元，我卖不卖？"教授问。

"不卖！"有人果断回答。

"看来卖到1万元已经不成问题了。我想把它卖到6.6万元。有没有主意？这次不用你们想了。我来给大家读则新闻：据《法制晚报》2006年10月24日报道，北京奥运推荐果品评选苹果专场首次举行，昌平崔村镇真顺果园张国福的

'宫藤红富士'摘得'奥运苹果'果王桂冠。该'奥运苹果'果王以6.6万元天价拍出。"

"看看,如果我的苹果能获得这个称号,并且拿去拍卖,是不是可以卖到6.6万元?"

"同学们,不怕做不到,就怕想不到。继续想,我想把它卖到10万元,有没有方法?"教授举了举苹果。

"云南有一种植物叫红豆杉,据说含有医治癌症成分,用它的木头雕刻的杯子每只可以卖到四五百元,我是说,如果这个苹果有这个功能,比如说吃一个苹果,癌症就可以治好,那么10万元肯定有人会买。"

"那当然,别说10万元,100万元、1000万元也有人买!"同桌跟着附和。

大家七嘴八舌地议论着,课堂气氛马上活跃起来了,似乎每个人都有很多点子。

一个苹果能不能卖到100万元?能!不光能,而且还有可能卖到1000万元,甚至更多。看来,这并不是一件很难的事。这需要创新、创意和策划。在教授让大家卖苹果的案例中,采取的是教授引导,大家头脑风暴的模式,人人参与,出点子、想办法,这就是创新的一个很好的方法。

创新的内外部环境

中国企业从改革开放初期的做苦力代工,走向近些年的学习模仿,再到现在创造自己的创新品牌,这是历史的必然。在政策科学化、技术现代化、社会信息化、经济常态化的今天,创新变得尤其重要。

从政策方面分析,国家将创新作为国家的发展战略,强调"大众创业,万众创新",国家鼓励企业走出国门,利用"一带一路"的主导思想,实现企业国际化,鼓励第三产业,服务业也将成为中国一个新的战略行业。中国"制造2025"加大了国家对智能制造、智能生产、智能产品、智能工厂的投入,这是创新发展的一个非常适时的时机。

从经济方面分析,中国经济发展步入新常态,经济增长调速,经济结构调整,驱动要素转变,人工成本、原材料成本加大,市场竞争加剧,利润变小,企业开始了上市、收购、并购的阶段。

从社会方面分析，社会人口分布发生着巨大的变化，老龄人群越来越多。随着"互联网"社会媒体普及，人们开始走出国门，通过旅游、学习、工作，快速了解全球，了解世界，获得信息。人们的思维模式也发生了巨大的变化，"互联网+"成为新兴经济形态，数据成为新生产要素，推动传统企业转型升级。

从技术方面分析，出现了很多新技术，人工智能、大数据、物联网、互联网、云计算、机器人、3D区块链等新技术广泛应用至各行各业，驱动着社会、企业进行颠覆性创新。

PEST分析

我们知道，苹果手机的出现，使得当年"移动的巨无霸"诺基亚几乎从人们的眼前消失了。虽然柯达发明了数码相机，在讨论是否将数码相机作为柯达的核心业务时，一句"如果大家使用了数码相机，是否还使用胶卷？柯达的核心竞争力还存在吗"的提问将柯达阻止在数码相机业务的门外，导致了柯达的倒闭。电子商务的出现，使得很多零售实体店受到了非常大的冲击。随着特斯拉这类的新能源车的普及，位列500强的"三桶油"(中石油、中石化、中海油)会走向哪里？随着支付宝、微信支付等电子支付的出现，未来实体银行的出路在哪里？随着智能机器人的普及，很多一线工人将会做什么？这些都会给社会、企业和个人带来极大的挑战，所以国家需要改革、企业需要转型、个人需要转变。

游戏：机遇与挑战

所有参加学习的人分成8人左右的小组，每个人伸出两只胳膊，左手变掌，手心向下；右手变拳，大拇指向上。要求小组中每个人的手掌下有一个别人的大拇指，每个大拇指上有一个别人的手掌。当引导师给出指令"3"的时候，大家开始抓自己手掌下的大拇指，同时自己的大姆指逃脱其他人的手掌。

创新的要素和类型

创新是指人们为了发展的需要，运用已知的信息，不断突破常规，发现或产生某种新颖、独特的有社会价值或个人价值的新事物、新思想的活动。创新的本质是突破，即突破旧的思维定式、旧的常规戒律。创新活动的核心是"新"，它可以是产品的结构、性能和外部特征的变革，或者是造型设计、内容的表现形式或手段的创造，或者是内容的丰富和完善，或者是流程和商业模式的重新再造，或者是企业战略转型的模式，甚至是社会责任的转变等。

创新在很多人看来就是"新"，就是"独一无二"。比如设想制造一架可以在太阳上着陆的飞船，看起来这样的想法非常新颖，但是该产品现在是否可以实现、成本会有多高等也是值得考虑的，所以创新应该具有三大要素。

创新的三大要素

1. 用户潜在需求的渴望性

创新的产品、服务或者内容一定是客户渴望的，是和别的产品、服务或者内容有区别的，甚至是"独一无二"的。这里强调的关键是"新"，并且是客户渴望的。

2. 创意技术实现的可行性

有了新的创意，并不代表创新，该创意还要可以落地，有技术和实力保证该创意可以实现，要研究创意的可行性。

3. 商业价值的可延续性

将独一无二的创意进行落地，并且确保其可行性，但是由于其成本过高，价值没有得到充分体现，也不是创新，创新的第三大要素就是其产品、服务或者内容可以大规模地推广。

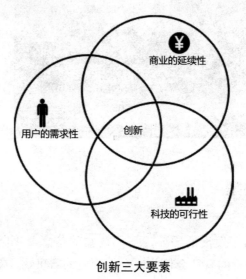

创新三大要素

创新一定要考虑上面的三大要素，客户渴望的新创意、技术的可实现性以及可以普及推广，三者缺一不可。

故事

19世纪当人们被问到"你要一个什么样的交通工具"时，用户会说"跑得快的马车"，而不会说要汽车，不会想到汽车，而乔布斯就是能想到汽车的人。当有人提出来需要一辆不用马拉，但是比马车跑得快的车时，虽然人们不知道它是什么东西，但这是一个很好的"创意"。后来德国人卡尔·佛里特立奇·奔驰将这个人们不知道是什么东西的车制造了出来。他于1885年研制出世界上第一辆马车式三轮汽车，并于1886年1月29日获得世界第一项汽车发明专利，这就是"发明"。然而福特就是将汽车推广到大众化的创造者。奔驰发明了汽车，但是不是创新，因为他有了新创意和技术可以实现的新产品，可是缺乏大规模的推广，原因是成本过高。然而福特却将汽车生产流程化了，实现了流水线作业，大规模地生产汽车，从而将汽车家用化，普及到普通的人群，从真正意义上实现了"创新"。

第一章 创新与思维之间的关系 | 9
Innovative Design Thinking

汽车的发明者奔驰

汽车流水线生产的创造者福特

创新的四大类型

创新有四大类型,即变革创新、市场创新、产品创新和运营创新。人们对创新的最朴实的意识是产品创新,所以才有了以产品设计创新的IDEO公司,才有了产品创新的TRIZ方法论。最近几年,随着互联网、物联网的崛起,市场创新越来越受到重视,像亚马逊、百度以及电子商务就是这样的产物。如何在产品之外进行创新?无论是企业转型、盈利模式、结构重组、流程再造、客户服务、客户体验,还是市场营销、品牌推广、销售渠道,都需要创新。

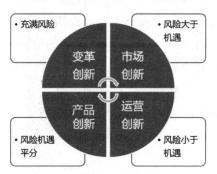
创新的四大类型

1. 变革创新

变革创新会对社会、国家产生巨大影响,一般会是划时代的标志。比如蒸汽机的发明将手工作坊式生产推广到机械化的大规模生产,也就是第一次工业革命所开创的"蒸汽时代"(1760—1840年),标志着农耕文明向工业文明的过渡,这是人类发展史上的一个伟大奇迹。第二次工业革命进入了"电气时代"(1840—1950年),使得电力、钢铁、铁路、化工、汽车等重工业兴起,石油成为新能源,并促使交通的迅速发展,世界各国的交流更为频繁,并逐渐形成一个全球化的国际政治经济体系。第二次世界大战之后计算机的发明开启了第三次工业革命，更是开创了"信息时代"(1950年至今)，全球信息和资源交流变得更为迅速，大多数国家和地区都被卷入到全球化进程之中，世界政治经济格局进一步确立，人类文明的发达程度也达到空前的高度。第三次信息革命方兴未艾，还在全球扩散和传播。第四次工业革命(工业革命4.0)是"信息物理系统"的出现，物联网将机器与机器、人与机器、计算机互联网与人之间相互连接，人人可以定制产品或服务，利用移动设备，不需要现场工作或者办公，就可以远程控制智能工厂、智能设备、智能交通、智能生活等。但是，变革创新的同时也会带来很大的风险，变革创新往往是相对于社会而言的。

2. 市场创新

市场创新就是随着社会的发展，企业为了开辟新的市场、扩大市场份额而产生的创新模式。例如电子商务使得营销模式发生了巨大的变化。特别是线上线下的互动(O2O)给企业带来了巨大的销售机会，开辟了新的销售市场。这里包括营销创新、商业模式创新、客户服务创新、销售创新等。

销售过程中的"分期付款"和"供应链金融"模式，就是一种市场创新，它使得目前没有购买能力的人有了购买能力，使得看似没有购买力的商品有了巨大的购买力。例如：当城市的汽车拥有量达到饱和的时候，汽车面向农村市场，既可以获得国家的补贴，还降低了现金流的风险；电动车在城市的销售政策，使得汽车的限购有了新的市场；直销模式的出现，使得企业不需要销售人员，客户就是销售。现在的F2C(工厂直接销售到终端客户)使得成本大大降低，终端客户的信息完全掌握在生产厂商的手里。小黄车看起来是靠客人骑车赚钱，实际上是一种融资的渠道，这是一种新的商业模式，属于市场创新的范畴。市场创新的风险要比变革创新低得多，市场创新一般是针对企业而言的。

案例

美洲"布法罗"水牛群驰骋美国草原的壮观场面，会让每一个现场目睹者深印脑海。但水牛就像龙卷风一样，没有什么特定的迁徙规律，谁也不知道在什么时候、什么地点会出现水牛群。

有一天报纸上登了一则广告，一位青年以1美元一张的价格销售印有水牛群迁徙情报的门票，上面写有何日、何时水牛群会经过什么地方的信息。他还在广告上承诺，如果自己预测错误，就会赔偿2美元给买邀请函的人，于是有很多人向他购买了门票。

到了指定的时刻，有很多人聚集在指定的地点，但水牛群并没有出现，他赔偿了2美元给所有的人。那位青年通过这件事赚到了一大笔钱。为什么他没有亏本，反而赚到钱了呢？

真实情况是这样的：为了到达观看到水牛群迁徙的地点，必须过一条小河。由于这条小河没有桥，因此过河需要每人支付5美元坐木筏，而这个故事里的青年就是经营这木筏的船夫。他看起来好像是以门票赚钱，其实他的商业模式是靠渡船赚钱。

3. 产品创新

所谓产品创新，即是站在客户的角度发现客户的潜在需求，寻求新的产品；或者发现老产品的问题，研究客户的投诉、客户的真正痛点，从而对产品进行功能上的扩展和技术上的改进。全新产品创新的动力机制既有技术推进型，也有需求拉引型。改进产品创新的动力机制一般是需求拉引型。产品创新的风险比变革创新、市场创新的风险都要小一些，产品创新是针对企业的产品技术研发活动而言的。

在产品创新过程中，如果是寻求新的产品，需求拉引型一般会从市场的需求出发，可以利用头脑风暴、设计思维、TRIZ、戈登法、逆向思维方法、仿生学法等做一个新的创意，再通过波特五力分析法、SWOT分析、ROI分析等研究新产品的必要性和投入市场的赢利能力。接下来是研究开发，这里需要做的主要是技术工艺实现的可行性分析和实践。有了初步的原型，就可以开始批量生产。最后是投入市场，做好市场营销和推广。这还没有完，还需要做好售后服务和客户关怀工作。这就是一个产品的全生命周期管理。

苹果从iPod到智能手机的制造，使手机从通话的工具，变成了一个社交和娱乐的产品。中国炒菜机器人利用人工智能的机器学习，将中国传统的靠厨师经验的炒菜，推广到标准化生产的流程。3D打印机的出现，将很多大家认为不可能实现的客户定制变成了现实。腾讯的微信、阿里巴巴的支付宝和淘宝、京东商城、小黄车、滴滴打车等正以前所未有的速度增长，这些都是非常好的产品创新的案例。

4. 运营创新

运营创新是对企业内部的流程、规范、规章制度、生产工艺、组织架构、采购、物流、库存、财务、人力资源、数字化企业、设备管理和维修等进行变革。风险相对是最低的。比如，医院从以部门为中心的流程，改造成为以病人为中心的流程。原来病人需要先挂号，再去看医生，如果需要透视、化验，就需要先划价,再交费,然后才能进行透视,等到化验结果出来,再拿着化验结果去看医生。现在的医院对流程进行了改造,利用计算机技术、互联网、物联网技术,只要医生开完化验单,就不需要再进行划价,甚至连交钱都可以在医生旁边的POS机上或者扫二维码完成。这样就不需要病人不停地移动,而医院内部的流程则由计算机来完成。公司复杂的审批流程,看起来是为了规避风险,结果往往是快速反应的绊脚石,如何加快企业的审批速度成了每个企业面临的最大问题之一。如何通过数字化技术实现流程规范化呢?有很多的管控点可以运用人工智能来实现,这也是运营创新非常重要的课题之一。

有时可以将生产创新从运营创新中分划出来,运营创新更强调企业的运营管理,包括人财物、进销存,而生产创新则强调企业的生产过程,比如生产型企业的生产制造系统(MES)、服务型企业的核心业务系统(CBS)、医院管理信息系统(HIS)等。

创新型组织的条件和特征

在社会快速发展的过程中,在技术飞速发展的带动下,在外部竞争环境的压力下,在经济新常态化的今天,很多的组织都希望实现组织的转型。组织创新需要具备哪些条件?如何衡量组织是否是一个具有创新文化的组织?下面我们给出一些最基本的条件和标准。

组织实现创新的六大条件

创新是需要环境的,包括企业的文化、容错的能力、创新的人才、创新工具和流程、社会环境等。

1. 有创新文化

组织需要建立创新机制,出台相关奖励制度,对创新失败持包容心态,同时具备资金的投入和风险承受能力。

创新意味着改变,所谓推陈出新、气象万新、焕然一新,无不诉说着一个"变"字;创新意味着付出,因为惯性作用,没有外力是不可能有改变的,这个外力就是创新者的付出;创新意味着风险,从来都说一分耕耘一分收获,而创新有时却以失败告终。

所以落实创新,需要有创新的环境,组织要制定创新的制度,特别是容错的制度。创新需要事先的许可和授权,而不是事后的奖励和惩罚。创新需要宽松的文化环境,在企业里建立创新的氛围,由公司承担风险,鼓励大家齐心协力,放下包袱,大胆创新。

2. 需要组织高层的重视、授权和投入

组织要实现真正的创新需要设立创新专项基金,鼓励成立创新中心,营造人人参与创新的氛围。

创新不仅需要组织授权和企业容错的环境,还需要领导的重视、授权和资金的投入,需要建立创新的专项资金,鼓励好的创意,让创意迭代完善。组织的心理空间和物理空间相互协同,是创新成功的关键要素。对于创新,事先获得授权比事后寻求宽恕要有效得多,因为成功而奖励,但是也要允许失败。放宽规定并不是允许人们毫无规矩地做蠢事,而是让人们彼此合作、相互信任,在一个乐观的环境中进行创新。创新的投入,包括创新的团队和创新基金,对于好的创意,组织需要快速地反应,进行小资金的资助,进行风险评估,评估的重要标准就是客户的渴望性、技术的可实现性、商业价值的推广性。要让项目快速迭代完善,然后通过测试迭代与客户沟通来检验创意的可行性,最终实现创意的实施推广。

3. 有创新的人才和团队

创新需要具有创新思维的领导者,还要聚集相应的人才和团队。他们除需要具备较强的右脑创新思维的能力外,还要具备较强的左脑逻辑推理能力,以及具备创新设计思维的思想,以及掌握创新设计思维的流程。他们不一定是行业的专家,但是一定是创新设计的专家。

创新人才除专业知识及技能外,还要具备以下个性心理特征:首先,要有自信,相信自己有能力改变;其次,要有激情,为实现目标不懈奋斗;再次,

要担责任,控制失败风险和勇于承担失败后果;最后,还要掌握一套创新的流程和方法论。

在培养创新人才过程中,不能忽略创新心理的培养。自信心不足,点子不能成为行动,行动不能得到坚持;缺乏激情,创新没有动力,思维会僵化,行动会迟缓,没有责任心;创新风险容易失控,即便成功,可能也难以取得持续进步。所以,创新心理的培养在创新过程中应该得到充分重视。

4. 创新需要方法论

创新不仅需要创新的思维模式,还要具备一套方法论,将创新流程化,做到流水线作业。比如,如何设计创新主题,利用什么样的工具进行头脑激荡,如何实现民主集中制,如何找到新的解决方案,创新想法如何测试,如何将创意做成原型,等等。

本书的重点在于将创新流程化,而流程化的每个过程又可以利用不同的工具来实现。企业创新是现代经济创新的基本构成部分,企业往往由生产、采购、营销、服务、技术研发及工艺、财务、人力资源、战略、风险管控管理等部门组成,而企业创新涵盖所有部门,所以企业创新包括产品创新、生产工艺创新、市场营销创新、企业文化创新、企业管理创新、运营流程创新、管控模式创新等。社会公益、公共事业创新需要新的模式,寻找新的领域,研究新的主题,探讨新的思维。

5. 需要一个宽松的物理空间

创新除了需要开放的心理空间,还必须建立一个相应宽松的物理空间。组织需要建立一个创新中心,不仅包括创新团队,还需要一个创新工作坊、创新工作室或者创新设计思维教室,创新要有乐观的态度、宽松的环境和事先的授权。要建立人人喜欢参与的讨论和头脑风暴,让大家发表自己的建议和想法。当前很多企业组织的工作环境几乎都采用了"鸽子笼"模式,适合于常规的工作,而不适合于创新。

比如在SpaceX就有非常大的创新空间,他们的老板埃隆·马斯克的办公室就在开放式厂房的中心,员工随时可以看到老板在加班,因而对于加班也就没有怨言。SAP公司在每一个分公司都会有自己的创新设计思维教室,空间非常大,里面除一些高脚凳和少量的小桌子外,全是开放的空间,墙面上可以任意地书写绘画,周边放着需要的各种道具,包括便签贴、计时器、各种记号笔、乐高积木、橡皮泥、彩色绳子、胶带、圆点贴、3D打印机、游戏桌球等。在南非的开普敦,有一个Workshop17,是一个完全对外开放的创新工作空间,有各种各样的透明开放空间，可以根据需求重新拼接大小空间，中间还有吊床、咖啡机等。

6. 创新的知识产权需要保护

创新需要学习，需要借鉴他人的思想和方法，但是创新得到的产品、想法或者解决方案也需要得到社会认可，获得知识产权的保护，反对完全的"山寨"。否则别人辛辛苦苦地工作，花费了大量的成本进行研发后，成果很快变成了别人的"胜利果实"，会形成恶性竞争，在社会上就会形成"打压"创新的环境，认为创新只是浪费钱财。

将创新的知识产权加以保护，将创新的产品或者服务进行大规模推广、广泛应用、降低成本，为社会带来真正的价值，只有如此，创新才能真正成为组织的核心竞争力。

创新型组织的管理者具有的八大技能

所谓创新型组织，是指组织的创新能力和创新意识较强，能够源源不断地进行技术创新、组织创新、管理创新等一系列创新活动。彼得·德鲁克在谈到创新型组织时说：创新型组织就是把创新精神制度化而创造出一种创新的习惯。

"怎样为公司发现创新人才？自己又怎样更具创新能力？"这两个问题让企业高管伤透了脑筋。

遗憾的是，大多数企业高管并不知道清晰的答案，泛泛而论企业创新战略。他们认为，作为企业的管理者，自己有没有创新能力并不重要，只要他们制定好创新战略，营造好创新环境，那些创新人才自然会纷至沓来，正所谓"良禽择木而栖"。

遗憾的是，事实并非如此。调查表明，那些最有创新能力(占调查总数不超过15%)的企业，企业的最高管理者并不是泛泛而论地制定创新战略和营造创新环境，然后让下属去执行，而往往会亲自上阵，他们本身就是非常有创新能力的人，只有那些有创新能力的管理者才能吸引那些创新型人才。

杰夫·戴尔、赫尔·葛瑞格森、克莱顿·克里斯坦森在《创新者的基因》中，对全球最具有创造能力公司的高管开展了一项调研，发现这些公司的高管和其他公司高管相比，具有五项过人之处，即勤于思考、集思广益、放宽眼界、摸索前进、善于联想。在思考、交流、观察和探索的时候，他们喜欢多问"为什么""如果……将会怎么样""需要多少"，等等。遇到问题和现象，要多进行思考；要将看似无关的事情，联系到一起；要做到善于思考和以开放的态度对待新的可能性，并最终实现创新。

如何衡量一个组织是一个创新型的组织？除了上面的六大必备的条件，对于企业的高管层和创新员工而言，还应该具备以下八大技能。

1. 善于联想

联想能力就是把一些看似无关的疑问、问题或来自不同领域的想法成功关联起来的能力，是创新者DNA的核心所在。经常会问："两个毫不相干的东西，如果将它们结合起来会是什么样呢？"苹果公司创始人史蒂夫·乔布斯就是一个非常具备"联想能力"的人，iPod、iPhone和iPad都是跨界联想的产物。乔布斯经常说，"创造力就是把毫不相干的事情联系起来"。比如，将"儿童衣服"和"拖把"结合起来可能会成为"能拖地的儿童衣服"。

2. 勤于质疑

质疑能力也是提出正确问题的能力，找到一个正确的问题比解决问题更难。一个正确的问题往往会激发出不一样的答案，正如彼得·德鲁克所言，"重要且艰巨的工作，从来就不是寻找正确的答案，而是提出正确的问题"。Ebay的前任首席执行官(CEO)梅格·惠特曼曾直接与多位创新型企业家共事，其中包括Ebay、PayPal和Skype的创始人，她说："他们喜欢打破现状，不能忍受一成不变。因此，他们会花大量时间思考如何改变世界。在进行头脑风暴时，他们经常会问：'如果我们这么干，会发生什么呢？'"这种质疑能力往往会为解决问题打开一扇新的窗口，让他们去发现另外一种可能性，这种可能性往往是和创新联系在一起的。像特斯拉的掌门人埃隆·马斯克提出，当地球毁灭之时，人们如果能到火星上生存该是什么样呀？随后，他就开始研发可以返回地面的火箭。

3. 用魂观察

创新者善于用不同技巧，利用五官从不同的角度去观察、感受这个世界。他们会像人类学家和社会科学家一样去观察他人和社会，具有探索精神的企业高管们通过对常见现象，特别是潜在客户的行为详加审视，提出不同寻常的商业创意。他们经常会问"这种现象的实质问题是什么""为什么"，等等。印度企业家拉坦·塔塔曾经观察过一家四口挤在一辆摩托车上的窘境，并由此产生了"生产全世界最便宜的汽车"的灵感。经过多年的产品研发，塔塔集团终于在2009年通过模块化生产的方式生产出了售价仅2500美元的微型汽车Nano，这款车型彻底颠覆了印度的汽车销售体系。人们的观察分为几个不同的层次，比如旅游，去过不等于看过，看过不等于观察到，观察到不等于感受到，去过是用脚，看过是用眼，观察是用心，而感受是用魂。

4. 摸索前进

同科学家一样，创新型企业家也通过制造样品和进行小规模试验，来积极尝试新的想法。正如爱迪生所说，"我并没有失败，我只是发现了10 000种行不通的方式"。对于创新型企业家来说，这个世界就是他们的实验室。亚马逊的创始人贝索斯认为试验对创新至关重要，他甚至把试验作为一项制度规定下来。"我鼓励我们的员工去钻牛角尖，并且进行试验。"贝索斯说，"如果我们能使流程分散化，就可以进行大量的低成本试验，我们将会得到更多的创新。"

5. 集思广益

普通高管搭建人脉只是为了获取资源、推销自我或所在公司，而创新型企业家则为了拓展自己的知识领域，有意识地结交类型各异的人士。RIM公司创始人迈克尔·拉扎里迪斯提到，黑莓手机最早的灵感就是来自1987年他参加过的一次会议。当时一位发言者说道，为可口可乐设计无线数据系统可以使自动售货机在需要补货时发出信号。拉扎里迪斯回忆说：“就在那个时候，我突发奇想，我记得高中老师说过，'不要过于痴迷于计算机，因为能够把无线技术和计算机整合起来的人，才会改变历史'。"

6. 开放心态

很多新的创意，往往在还没有试验之前就给扼杀掉了，大家依据逻辑推理、直觉或者自己的经验认为不可能，就会放弃。创新型的企业家经常将人们认为不可能的变成可能，这就是颠覆性的创新。正像特斯拉的老板，大家都认为火星上不适合人类居住，可是他认为可以在火星上建立一个让人类居住的环境，要么人类适应火星的环境，要么慢慢地改造火星，建立人类可以生存居住的星球。他迈出了引向成功的第一步，制造了低成本的可以返回地球的火箭。当然，其创新风险非常大，成功了就是英雄，就是创新者，失败了，就会被认为是一个大"骗子"。

7. 目标导向

以终为始是《成功人士的七个好习惯》一书中提出的第二个好习惯，也叫"逆向思维"，我一直称它为"目标导向"。一般情况下，人们做事最容易从现状出发，发现问题，找到根源，然后去找解决方案。这样永远是低头干活型、解决问题型、打补丁型。创新的企业家，会先定义未来，然后一步一步向回倒，寻求解决方案。比如"未来的人们是不用工作的，却可以生活得很好"，围绕着这一美好的未来，如何实现，人们可能会认为，不可能，因为违背了能量守恒定律。其实现在的人工智能、机器人也许就是很好的解决方案。

8. 放宽眼界

最后一个就是"企业的发展走向必须看着世界"，放宽眼界。跟着世界的步伐，了解你的行业，甚至跨越你的行业，掌握世界的趋势和发展。只有这样，才有可能站在别人的肩膀上，进一步发展、创新，超越世界，超越他人。现在的社会媒体使得快速获得信息变为可能，而信息的过剩却使得信息变成了垃圾，此时大数据分析就显得异常重要。创新型企业家应有一个战略研究团队，一个智囊团，来为他收集有效的信息，而且合作伙伴对于创新型企业家也非常重要。

创新与思维

如何进行创新，如何设计新的产品和服务，如何寻找新的解决方案，如何制定企业新的流程，如何进行企业的变革，新的企业如何定位，如何找到合适的客户群体，等等，解决任何问题都需要借助一定的方法。解决问题可以采用两种不同的思维模式，即左脑思维和右脑思维。对应于两种思维模式也就有了两种不同的价值链，一种是传统的价值链，另一种是新的价值链。

要做到创新，就需要进行创新思维的训练，一般包括求异、想象、联想、发散收敛、直觉和灵感。

左脑思维与右脑思维

人类的大脑分为左脑和右脑。左脑倾向于逻辑思维，用语言文字思考，而右脑则倾向于艺术思维，用图像视觉进行思考。左右脑的分工为：左脑负责理性，主要用来控制语言、逻辑分析、推理、抽象、计算、记忆、书写、阅读、分类排列、抑制、棋艺、判断等；右脑负责感性，主要控制直觉、情感、图形、知觉、形象记忆、美术、音乐节奏、舞蹈想象、视觉、身体协调、灵感等。

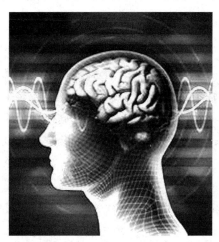

右脑思维者经常不按常理出牌，也就是人们经常说的脑筋急转弯。比如当发现割草机噪音大时，传统思维者会利用减震降低噪音，右脑思维者可能会考虑如何不用割草机，比如如何让草不长高，这样就有了研究基因改变的工作。对于病人如何去医院看病的问题，传统思维者会考虑使用救护车，或者请医生登门救治，右脑思维者则可能考虑如何使人不生病。针对目前交通堵塞难题，传统思维者会考虑减少车流量、修路、修地铁，甚至建设空中有轨交通，右脑思维者则可能考虑让人们在家办公或者根本不用交通工具。右脑思维可以打破条条框框，获得一些出人意料的想法。因此，创新需要右脑思维。

游戏：13的一半

我在微信中曾发过一个简单的测试：打开你的右脑，13的一半是多少，希望不要回答6.5。结果不到两个小时，大家给出了上百种答案。你认为是多少，你能想到什么答案呢？

这一百多种答案包括很多意想不到的结果，比如：1和3，十和三(汉字的十三)，8(罗马字母XIII从中间分开，就是VIII，这就是8)，7(6.5的四舍五入)，6(6.5的只舍不入)，半辈子(一生的一半，1314大家谐音为一生一世)，4(Thirteen的一半就是4个字母)，DD(13写在一起中间分开，就是两个D)，树缠藤、藤缠树(1和3叠在一起各看一半)，丰3(将1和3叠起来放，从中间纵向劈开，就变成了"丰"和"3")，1和12(钟表的13点时针在1上，分针在12上)，390(时钟的13点是780分钟，一半为390)，11和2(罗马13是XIII，中间纵向分为XI和II)，等等。

案例

在斯坦福大学的工商管理培训课程中，一位教授请了两个女助教，分别给了她们一包缝衣针，让她们选出哪一根针更好用、更优质，并让学员观察谁选的较快。第一位女助教是左脑型，她动作缓慢，在天平上逐根称重，又用尺子量每一根针的长度，接着再化验每一根针的成分。她收集加工这些信息整整用了30分钟。第二个女助教是右脑型，她既不称重也不做化验，更没有进行推理，而是看一看想一想，甚至直接用针试一试，短短的三分钟后，她就做出了选择。

然后，教授让参加培训班的经理们来做一次评估，到底谁选的针更好。结论是两位女助教选出的针一样好，甚至很多人认为第二个女助教选的针更好用、更优质一些。

这是管理培训中经常用到的典型案例，它告诉我们的道理太深刻了：完全定量的选择使决策的过程很慢，决策的成本也相对很高，有时候甚至丧失了决策的最佳时机。而利用右脑的形象思维，加上丰富的经验以及直觉的选择和判断，也许不是最佳的决策，不十全十美，但这样却赢得了宝贵的时间。

第一章 创新与思维之间的关系

如上所述，单用左脑定量思维是有局限性的。若单用右脑，会因缺少定量分析同样具有局限性。因此正确的做法应该是同时使用左脑和右脑，利用左脑思维加右脑思维，做到优势互补。

游戏：9变6

我们知道，罗马字母中的1到10分别为：I、II、III、IV、V、VI、VII、VIII、IX和X，请问谁能只加一笔，将罗马字母的"IX"(9)变为成为6。

很多人认为这几乎是不可能的，有些人认为将"IX"拦腰切断，然后将下半面的"IΛ"旋转180度就变成"VI"了，也有人会说将"IX"顺时针旋转90度，然后上面加一点"丶"就变成中文的"六"了。可能大家会说，那不是六呀，六的下面是八，而顺时针旋转加上一点的下面是一个"X"呀。有人会解释说这是甲骨文的六。其实只要突破罗马字母的约束，大家会很容易发现在"IX"前加一个"S"就变成英文的"SIX"了。由此可见，换一种思维模式，问题就有了答案。创新，就需要变换一种思维模式。

游戏：九点一笔画

"九点连线"是一道著名的数学题，你能用一笔画4条连续的直线段，把图中所有的9个点都连起来吗？请你在下图画出来。

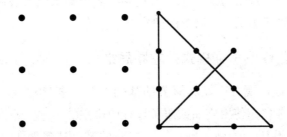

左脑思维和右脑思维测试

人类的大脑分为左脑和右脑，左脑为理性脑，而右脑为感性脑。你是左脑思维者还是右脑思维者？很多人会认为自己是左脑思维者或者是右脑思维者，其实可以通过比较科学的方法进行一些简单的测试方法：如下图所示，如果看到舞女是顺时针旋转，表明你是右脑思维；如果两手交叉，左拇指在上，表明你是右脑思维；两臂交叉，如果左臂在上，表明你是右脑思维。在美国，大约有14%的人可以看到舞女的左右旋转。其实这里是统计规则，不是100%代表这个人是左脑还是右脑思维者。我们需要的是左右脑的平衡。

旋转　　　　　　叉手　　　　　　叉臂

思考题

以下几种东西有何关联之处：蒙娜丽莎、最后的晚餐、降落伞、飞机、直升飞机？

该问题对大部分人而言，可能认为没有什么直接的关系，其实他们都是达芬奇设计绘画的。达芬奇不但是一个画家，还是一个科学家、发明家。降落伞、飞机、直升飞机的草图都是达芬奇最早设计的作品。可见达芬奇是"左右开弓"的大智者。

传统价值链与创新价值链

大家考虑问题、解决问题有两种不同的方式：一种是站在现状的基础上考虑问题，寻找解决问题的方案；另一种是站在客户需求或者潜在需求的基础上考虑问题，寻找如何实现客户需求的解决方案。

传统价值链(商业思维模式：左脑思维)

传统价值链是在现有产品和服务的基础上，从客户对该产品和服务的体验、需求，发现客户在使用产品或服务过程中产生的需求、不满、投诉以及问题，进行研发、设计、改进、制作，形成新的产品或者服务，再进行营销策划，实现对新产品或者服务的改进。

这样的产品设计一般是在产品的形状、颜色、外包装上加以改变或者是在某些功能上的加强或增加，这也是一种创新。这种创新一般都是进行一些修改，属于"打补丁"式的、头痛医头、脚痛医脚的方法。但是这样的创新成本相对较低，风险也较小。这样的创新往往需要较长的时间，而且通常不会设计出惊人的、有震撼力的、颠覆性的产品。比如大型管理软件公司希望对自己的核心产品进行版本更新，需要将云的概念设计进来，这样就需要最少半年到一年的时间,将产品进行重新设计和改造。

传统价值链

由此可见,传统价值链利用的是商业思维模式,是逻辑思维,是基于现状来考虑问题的,即从问题出发,找到解决问题的答案或者解决方案,属于左脑思维。

案例

以服务创新驰名的餐饮企业海底捞,他们发现客人在吃饭时,经常会将红油溅到身上,于是设想用什么办法来解决这个问题,同时既不增加太多的成本,又不需要改变流程。最后他们是通过给每个客人提供围裙的方法,来解决了上述问题,提高了客户的满意度,提升了企业效益,实现了双赢。当海底捞发现冬天戴眼镜进餐的客人,一进门都会在眼镜上出现哈气时,他们就给每个客人送上一块带有海底捞商标的眼镜布,不但解决了问题,而且还做了品牌推广。海底捞为了增加翻台率,需要将进入餐馆的人留下来,避免客人由于等待时间过长而离开餐馆。他们采取了其他餐馆没有的创新方案,为女客人美甲,为男客人擦皮鞋,并且免费提供小吃和饮料,还提供诸如扑克、跳棋等供大家娱乐消遣。

创新价值链(设计思维模式:右脑思维)

创新价值链是站在客户的角度,将自己化身为客户的角色,以客户为中心来考虑问题。从客户日常的活动、行为、习惯、想法、情感、碰到的难点问题以及周边环境等出发,进行探索,发现客户隐藏的需求。从客户偶然的一个行为,或者痛点,进行探索发现,寻找新的技术,利用设计思维方法,采用全新的商业模式，实现产品、服务等颠覆性的创新。最后实现企业的价值，超越客户的需求。一般情况下，这可以得出人们意料之外的结果，获得和别人完全不同的产品或者服务。

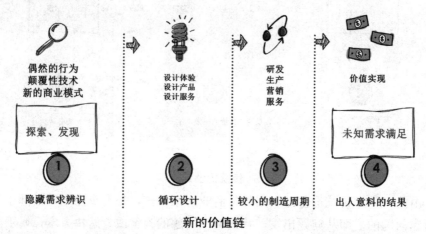

新的价值链

小贴士

互联网思维模式和传统思维模式具有很大的差别。互联网思维模式就是创新设计思维模式，它既具有逻辑思维的商业思维模式，又具有设计思维的模式，强调的是短、平、快地获得产品，先做一个原型，不管它是否完善，不管它是否具有客人所需要的完整功能，只要迅速投入市场，接受检验，客户可能就会很快地喜欢上它。在使用的过程中，客户可以通过app提出自己的建议。这样的产品设计已非传统意义上的设计，而是由客户参与产品的设计和优化工作。

案例

经常乘飞机的人下载了"非常准"app，往往对它赞不绝口，称赞"非常准"真的非常准，它能告诉大家飞机起落的时间，可以和接机的朋友分享航班到达的时间，可以看到自己同一航班的驴友，等等。这个app应用当时风靡一时，这款应用虽然不完善，但是打开了一个新的市场。每次买了票，只要将航班信息输入app，"非常准"就会关注它，实时提醒航班的很多有用的信息，包括机型、延误时间、登机口、检票口、办理柜台等。这是一个非常好的app应用，可是就在这时，中航信推出了"航旅纵横"，由于它的背景，使得它可以实时地将乘机人的身份证、护照、港澳通行证、入台证等号码和客人预定任意一家航空公司的信息连接在一起。所以，客人刚一订机票，"航旅纵横"会几乎同时将客人预定航班的信息推送给客人，并且实时地告诉客人航班的动态，大大方便了客人的使用，它和当时的"非常准"唯一的区别就是一个是信息自动推送，另一个需要客人自己添加。"航旅纵横"不需要每次将预定的航班输入到app，结果很多原来"非常准"的客户就改用了"航旅纵横"。刚一使用"航旅纵横"，最大的惊喜就是只要将乘客自己的身份证照片上传确认身份，就可以追溯自己一年内所乘的航班信息，有人竟然发现了3张没有使用但是还在有效期的机票，让人感到非常兴奋。特别是"航旅纵横"现在的功能"旅豆"给人们的"误机"带来了"喜悦"。于是客户就将"航旅纵横"推广给了自己的朋友，产生了很好的"口碑效应"。

创新价值链是另一种思维模式。首先发现客户的隐含需求，进行探索，然后快速反应，利用较短的时间进行产品设计、服务设计、体验设计，接下来进行原型设计，重复实验，发现缺陷，快速修正、改进。下一步就是产品的研发、进行生产设计、销售规划、客户服务等。创新价值链创意更重要，而制作需要较短的周期，最后能获得出人意料的产品或者服务。创新价值链是利用设计思维模式，发现颠覆性的设计，属于右脑思维。

● 传统价值链与创新价值链的区别

传统价值链利用左脑思维，强调现有产品、服务、流程、组织架构等出现的问题，然后按照逻辑思维的模式找到解决方案。创新价值链则利用右脑思维，换一种思维模式，站在客户的角度，考虑客户的需求或者潜在的需求，寻求颠覆性的创新解决方案。

案例

平时人们都在强调站在客户的角度看问题，以客户为中心。同样是站在客户的角度，左脑思维和右脑思维却得到完全不同的结果。在创新设计思维的工作坊中，我们要求所有参与者都要站在客户的角度考虑问题。例如讨论如何改善医院的流程提高病人的满意度。首先以病人看病的一天为切入点，让大家讨论，病人是如何看病的(这就是我们后面要讲的方法论：客户旅程地图)。大家从病人早上起来谈起，首先考虑到哪家医院看病，如何挂号，能否挂上号，去医院乘哪种交通工具，各需要多长时间，能否挂上专家门诊，是否需要手术，能否治好我的病，这家医院是否为医保定点医院，等等。

如何解决病人的顾虑呢？常规的做法是针对出现的问题或者难点，寻求解决方法。比如挂号可以到网上或者电话预约，对于哪种交通工具合适，百度地图都已经解决了。只不过这些信息存在不同的网站上，患者需要费一些精力去查找。根据现状以及病人的不满，大家找到了解决方案。

方案一：建立医院信息共享平台。将看病所需的信息进行整合，建立一个医院相关的智能平台。但是这样还是解决不了病人挂号难、看病难的问题，因为以医院部门为中心的流程是病人转，而医院内部不转。

方案二：改造医院的流程。比如患者可以到网上挂号或者到医院刷医保卡挂号，然后在医院的大厅等待，医院的大厅有大的LED屏滚动，提醒下一位该哪位病人看病，在几层哪个房间。这时病人可以直接去看医生，在医生的诊室门前有三个等待的座位，进去一位，大厅的显示屏就会通知再补充一位。医生的门前也有显示屏，可以看到谁正在看病，谁排在第几位，医生看病过程中，如果病人需要做透视，医生可在开透视单的同时完成划价，病人可以在医生桌上的POS机刷卡交费，或者在病人的透视单上扫二维码进行缴费。等透视完毕，透视的结果会同步到医生的电脑。医生可征求病人的意见，让病人选择药是自提还是快递。取药处(配药处)可看到病人的处方以及病人希望的取药模式，根据病人的要求，将药送给病人。第二个方案仍然是左脑思维模式，改进了方法，做到了流程的创新，做到了内转外不转的以客户为中心的服务模式，不需要病人不停地在医院各个科室来回穿梭，真正实现了以病人为中心的流程。

方案三：创新设计思维模式。当大家发现病人看病经常考虑的问题时，传统的思维模式都会考虑如何直接解决病人的顾虑，但是右脑思维的人马上会提出一个问题：为什么病人一定要去医院看病呢？假如病人不去医院也能看病，该如何去做。小小思维模式的变化会带来无穷大的商机。莱复康信息科技有限公司的云端健康就是这样一种创新。将医院搬到云端，病人通过手机集成的医疗器械或者无创血糖仪，可以实时测量血压、血糖、心电图、体温、心率、脉搏血氧、疲劳压力测试等。当"空巢老人"在家没人照顾、爬山爱好者出现危险、旅游者出现异常现象时，随身携带的手机会自动拨出，在没有信号的地方照样可以工作。云端医院24小时值班，监控着所有病人的状况，一旦发现异常，就可以联系离病人最近的医生，进行远程诊断和治疗。病人的病历、信息都存在云端的医院中。当医生说需要透视时，病人可以通过手机集成的透视设备做检查。费用报销可以和医保进行关联。如此一来，病人不仅是在有病时才寻医问药，而且随时随地受到监控，预防突发疾病，享受很多的增值服务，比如糖尿病人的餐饮提示和特殊食品的提供，等等。

  本章通过讲解创新与设计思维之间的关系，讲解了企业为什么要重视创新和转型，同时讲解了以下内容：创新的三大要素，即客户的渴望性、技术的可行性和商业价值的可延续性；创新包括四大类型，即变革创新、市场创新、产品创新和运营创新；企业实现创新需要具有六大条件，即企业的创新文化，高层领导的重视、授权和投入，创新的人才和团队，创新实现的方法论，宽松的物理空间，创新的社会环境。紧接着我们讲述了左脑思维和右脑思维。对于价值链而言，传统的价值链(商业思维模式，左脑思维)是从发现问题出发，然后寻求解决问题的方案，一般是通过逻辑推理实现的，需要较长的时间做产品的设计和研发，最后做一个相对比较"完美"的产品；而创新价值链(设计思维模式，右脑思维)是从客户的潜在需求、未来的目标出发，寻找可快速实现的产品或者服务，不一定非常完美，但是可以先使用起来，然后让客户参与"开发"，根据客户提出的建议和意见逐步完善产品。

Innovative

Design 第二章
创新设计思维概况

Thinking

在前面一章，我们讨论了什么是创新、创新的类型以及企业创新的环境，探讨了创新与思维之间的关系。本章和大家分享的是创新不仅仅需要逻辑推理的商业思维，还需要感性认识的设计思维，将两者紧密结合起来就是我们这里提出的创新设计思维。中国的人性化管理是设计思维，而西方的精细化管理是商业思维，将人性化管理和商业化管理紧密结合起来，也就是将中国传统文化下的"道"和西方精细化管理的"术"紧密结合起来，就是创新设计思维的核心出发点。

设计思维

设计思维定义

设计思维最近几年在全球非常火爆，但是在国内大家一听到设计思维，大部分人会认为和我们没有直接的关系，这应该是设计师需要的。因为一提到"设计"，大家会联想到艺术设计、服装设计、产品设计、建筑设计、工程设计等。其实设计思维来源于英文的"Design Thinking"。其中"Design"的真正含义是对于任何一种复杂的现象或者问题，设计出一套创新的产品、项目、服务、流程、模式、战略等。设计思维就是利用设计师的思维模式来解决复杂的问题，获得创新解决方案的思维模式，它适用于任何一个需要解决问题的人，包括解决现有的和寻求现在还不存在的、新的产品、服务、流程和模式等的问题。

设计思维是从最终用户(客户的客户)的角度出发，利用创造性思维，事先对设计的产品、项目、流程、商务模式或者某个特定的事件等，通过观察、探索、定义、头脑风暴、模型设计、讲故事等制定目标或方向，然后寻求实用的、富有创造性的解决方案。其主要目标是站在客户需求或者潜在需求的角度发现问题，然后解决问题。

设计思维与设计不同。设计是把一种计划、规划、设想通过某种形式传达出来的活动过程。而设计思维是一种思维模式，它不但考虑设计的产品、服务、流程或者其他战略蓝图本身，更重要的是"以人为本"，站在客户的角度实现创新。

案例1

铁路总公司希望机车供应商设计一款舒服、安全的高铁座椅,这时设计师从设计的角度出发,会考虑形状、质地、材料以及不同乘客对座位的要求,设计出让客人满意的车座。而设计思维是从客人出发,考虑如何让客人满意,关注的不仅仅是座位,还会考虑客人从查询行程、买票、到达车站或停车场、检票、安检、候车、拖着行李进月台,一直到登上火车和登车后的体验等一系列的流程,如何让客人满意,并且检查可否减少流程,让客人尽量方便,减少客户烦恼等。

案例2

万豪酒店认为客人登记入住是客户进入酒店最重要的时刻,所以在此时给客户提供最佳的服务应该是良好印象的开始,也是让客人感受宾至如归的时刻。这就要求设计师设计一个登记入住的优质服务。设计师着手进行设计思维的步骤之一——观察,并且做了亲身体验,从机场上车到酒店门童接待,再到登记入住,最后乘电梯进入房间,客人脱下西服,摘掉领带,躺到床上,打开电视,开始休息。观察结果发现,客人对酒店的印象有一个关键时刻,该时刻不是登记入住和门童接待,而是进入房间"舒口气"。在像家一样的环境下,将整个旅程的疲劳在这里"冲洗掉"才是关键时刻,所以设计应该重点放在这"舒口气"时刻,设计出像家的感觉,这一思维模式就是设计思维。

设计思维是一种以解决方案为基础的,或者说以解决方案为导向的思维形式,它不是从某个问题入手,而是从目标或者是要达成的成果着手,然后,通过对当前和未来的关注,同时探索问题中各项相关因素的变化,找出解决方案。

设计思维的发展历史

20世纪(或更早)的很多设计活动都可以被视为"设计思维",而这个词是在20世纪80年代,随着人性化设计的兴起而首次引起世人的瞩目。在科学领域,把设计作为一种"思维方式"的观念可以追溯到赫伯特·A. 西蒙(Herbert A. Simon)于1969年出版的《人工制造的科学》一书,在工程设计方面,更多的具体内容可以追溯到罗伯特·麦克金姆(Robert McKim)于1973年出版的《视觉思维的体验》一书。20世纪八九十年代,斯坦福的教授、美国著名的设计家罗尔夫·A. 法斯特(Rolf A. Faste)把麦克金姆的理论带到了斯坦福大学,扩大了麦克金姆的工作成果,把"设计思维"作为创意活动的一种方式,进行了定义和推广,他在斯坦福大学举办了"斯坦福联合设计项目(也是d.School的前世)",并一直是该项目的主管,可惜他于2003年去世,没等到d.School的建成。

1987年,哈佛设计学院的院长彼得·罗(Peter Rowe)出版的《设计思维》一书首次引人注目地使用了"设计思维"这个词语,它为设计师和城市规划者提供了一套实用的解决问题的系统依据。设计思维(Design Thinking)这个词被正式开始使用。1992年,理查德·布坎南(Richard Buchanan)发表了文章,标题为"设计思维中的难题",表达了更为宽广的设计思维理念,即设计思维在处理人们设计中的棘手问题方面已经具有了越来越大的影响力。

到了1991年,大卫·凯利(David Kelley)创立的IDEO公司,是现今全球最大的设计咨询机构之一,以设计思维作为其核心思想,并贯彻落实到了IDEO的工作当中,成功实现了商业化。

大卫

哈索

2005年,大卫·凯利在斯坦福大学工程学院成立了"斯坦福大学哈索·普兰特纳设计研究院"(The Hasso Plattner Institute of Design at Stanford,简称d.School)。哈索博士是全球最大的管理软件供应商——德国著名的SAP公司的创始人之一。该研究所获得SAP提供的3 500万美元赞助,由哈索博士和斯坦福大学联合成立。该研究所的目标是培养复合型的、以人为本的创新设计师,而不完全是关注设计新产品。研究所人员由各种背景和行业的人员组成,分别来自工程学院、艺术学院、管理学院、医学院、传媒学院、计算机科学学院、社会科学学院、理学院等。d.School开设了一门设计思维的课程,主要利用学员分组参与的形式,尝试设计一个新的产品、服务、流程等,从而掌握设计思维的方法论和设计思维的思维模式。2007年,哈索博士在德国的波茨坦成立了设计思维学院。

d.School的教学机制也迥异于寻常机构,不提供学位教育,因此学院并没有常规意义上属于自己的学生。这里的课程向斯坦福大学的所有研究生开放(学生都有各自的专业背景和基础能力),强调跨院系的合作,宗旨是以设计思维的广度来加深各专业学位教育的深度。跨学科合作这一目标早已为人熟知,但在操作层面困难重重,很多合作无疾而终,症结往往就在于本位思考不容易打破,

d.School

d.School的模式予人启发,所谓无我才能实现自我,或许就是这样的吧!该学院确立的教学目标是教会学生"换位思考",从小处入手,专注于思考人们的真实需求,重新思考各个行业的边界。学院所有的教学课程都是项目驱动的,项目来自非政府组织和企业,这不仅保证了资金来源,也保证了选题的现实性。因此,从组织架构上来看,学院与这些机构建立了长期合作的伙伴关系,是其一大优越之处。由于这个特点,这里的课程并没有固定的模式,而是根据学时长度、参与课程的学生人数和师资不断调整。但每门课程起码配备两名教师,多的可以到5名,这是为了满足学科交叉的要求(总是有一名来自本学院的教师,另外的教师可能来自其他学院,也可能来自企业和社会机构)。这构成了教学上的实践性,对管理者提出了很高的要求,也是教辅人员繁忙的原因所在。由于没有学位教育的要求,d.School的教学模式不重视一般意义上的系统性,而强调针对性和实用性,回归到了设计的实践属性。

今天,对设计思维的理解和认知,已经引起了相当多的学术界和商业界的关注,其中包括了一系列关于社会问题和全球人文问题的研究,比如大气变暖问题、贫穷国家的发展问题、非营利组织的发展问题等,全球开始持续进行关于设计思维的专题研讨会。

2004年,SAP就将这一方法论引入到SAP的董事会,以客户为中心,进行公司战略的调整和产品的研发。2012年,SAP成立商业创新部门,面向SAP的战略客户引入设计思维工作坊。几年来,SAP在大中国区已经和客户共同做了上百场的联合创新设计思维工作坊。

设计思维的基本流程

设计思维的流程有几个不同的版本，适应于不同领域的设计。现在比较流行的有IDEO公司的流程、斯坦福大学d.School的流程、德国波茨坦HPI的流程、SAP公司的流程，以及创新设计思维的流程。下面我们具体介绍一下这些流程。

1. IDEO公司的设计思维

1991年大卫·凯利创建了IDEO公司，并且将设计思维的概念商业化，成功地设计了成千上万个创新产品。他们的设计团队由各种各样不同的人才组成，获得了一套设计思维的流程，强调以人为本进行产品的创新设计。IDEO公司的设计思维的流程是一个由彼此重叠的空间构成的体系，而不是一串秩序井然的步骤。设计思维会经历三个阶段：启发(或者称为灵感)、构思和实施。启发是指激发人们寻找解决方案的问题或机遇，也就是从某些现象、问题和挑战中发现一些需要解决的问题。构思是产生、发展和测试创意的过程。实施是将想法从项目阶段推向人们生活的路径。第一阶段是启发，包括理解某些现象，通过观察，获得第一手或者第二手资料，发现在产品、服务或者流程等方面客户的需求和存在的问题；最后是总结问题，即大家进行分享、讨论、展示，将获得的信息进行分类总结，获得需要解决的问题或者挑战。第二阶段是构思，包括：在设计过程中利用头脑风暴，获得大家各种想法、点子；对想法进行分类，列出优先级；对想法进行原型设计，进行测试；最后将这些好的想法进行整合，利用循环这一过程慢慢地形成完善的原型。第三阶段是实施，就是通过团队、用户、客户的沟通，实现设计产品的生产和推广。

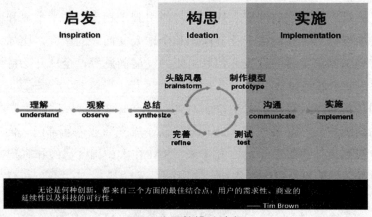

IDEO公司的设计流程

IDEO公司的创新设计思维主要适合产品的设计，还可以推广到组织的战略、流程、服务等的设计，设计师由一个团队组成，其中的成员来自于各个不同的领域，在点子收集阶段严格要求不允许批评、不允许说你错了、不允许说不可能、不允许解释、不允许辩论。另外，在这里有一个非常重要的武器，就是便签贴。

IDEO公司的流程主要是应用在产品创新设计上，也很容易推广到商业创新上，但是这里仅仅是流程导向，更强调右脑思维的模式，会给出各个步骤的描述和指令，有流程但是缺少逻辑工具。

案例：IDEO公司手推车的设计

1999年，美国ABC电视台的一集《夜线》栏目——《深潜》，记录了IDEO公司创新设计的秘密武器，在5天内重新设计购物手推车的全过程。这段经典影片和IDEO公司的其他案例至今仍被全球各大商学院用于MBA课程。

手推车设计项目的团队由项目经理和12名团队成员构成，项目经理彼德是斯坦福大学工程师(他之所以成为项目经理，并不是因为他是手推车方面的专家，而是由于他是创新设计方面的行家)，其他12名团队成员分别为具有不同专长的人才，其中有MBA、语言学家、营销专家、心理学家、生理学专家等。

手推车的安全问题是最早被发现而且也是最主要的问题。每年因手推车导致受伤而到医院就医的人数高达2.2万多人，第二个问题就是手推车丢失严重。团队发现，设计主题还不太明确。

在创意过程中，IDEO公司严格要求没有领导和员工之分，没有上下级之分，人人平等，所有的成员首先到商场亲自体验各种情境下手推车使用中出现的问题以及使用者的期望等一手资料，同时通过制造商和修理商了解建议和意见，其后重点与专家讨论。专家认为，原来的手推车设计并不安全，也许手推车上的儿童座椅需要改进。他们也发现，人们在购物时不希望离开手推车……当所有设计团队的人员从调查场地返回公司后，他们将获得的第一手资料进行汇报总结，每个小组都要汇报、沟通、分享、演示他们看到的、学到的、掌握的所有信息。他们利用便签贴、大白纸进行演示汇报，发现手推车在大风的吹动下在停车场会以每小时35英里的速度奔跑。每天到商场上班2个小时，就会发现一些关于手推车的非常恐怖的事件，为此他们安排一些成员到商家进行调研。

IDEO公司的创新随处可见，他们可以做到统一思想，聚焦主题，鼓励狂野的点子和想法，不急着批评或者指责别人的观点。因为很多优秀的点子还没有落地，就被批评、指责，从而被消灭在萌芽阶段，这样将很难创新。在IDEO公司，人们可以在别人的观点之上得到灵感，扩展自己的想法，将其发扬光大。不批评指责别人的观点是很难的事情，一旦发现有人批评别人的观点，他们会摇铃铛警告。

提出自己的点子和想法时，他们利用非常简单的便签贴，每张便签贴上只写一条想法，且只写关键词，不超过10个字。写好点子后，将其贴到墙上，这样一来，人人都可以有不受他人影响的点子。然后大家用紫色的小圆点便签贴标记自己认为好的、比较可行的点子。如果有些点子偏离我们现实太远，就放弃它。有时，主管们担心讨论偏离主题，会马上开会强调聚焦主题，要求在限定时间完成任务。当各种改良方案准备就绪后，会马上进行展示。大家的设计方案可谓五花八门：分离式手推车可以将篮子拿出来和放回去；高科技手推车可以让客人避免排长队结账；手推车上可以装上扫描器，客人在放货物时就可以扫描货物的价钱；其中有人为小朋友设计了安全座椅，有人设计了可以和商场工作人员远程对话的对讲设备……他们从各个小组的设计方案中选出较好的想法，组合起来实现了最后的原型设计。最后，将所有最好的原型部件组合起来得到了最终的设计方案。

IDEO公司设计的手推车，几乎没有增加成本，但是设计与之前的大不相同。车轮可以旋转90度，横向前行，再也不会出现碰到其他物品时无法移动的情景，而且客户的购物方式也完全改变了，袋子可以挂在手推车的旁边。

最后，商场的工作人员和最终用户对该手推车给予了高度的评价。

总结以上手推车设计的整个过程，我们发现他们有一个懂得设计流程的设计师团队，而不是行业的专家。另外，他们具有一些鼓励团队充分发表建议的不批评、不评价、不议论、不把想法消灭在萌芽阶段的规则。加之他们不懈的努力、开放的心态，可以将想法建立在别人想法的基础上而获得更好的想法，将头脑风暴中各种混乱的想法进行集中、分类、优化，这就是IDEO创新的秘诀。

2. 斯坦福大学d.School的设计思维

2005年，大卫·凯利离开了IDEO公司，来到了斯坦福大学，筹建设计学院，SAP公司创始人哈索·普兰特纳博士给该学院赞助了3 500万美元，该学院的名字就是以哈索博士的名字命名的斯坦福大学哈索·普兰特纳设计研究院，简称d.School。

d.School设计思维的流程分为五大步骤：同理心、问题定义、创意构思、原型设计、原型测试，这里更强调的是利用同理心进行观察，然后找到设计的问题，再通过创新创意构思解决方案；有了方案，再利用可视化直觉进行原型设计，对原型进行测试，调整完善。

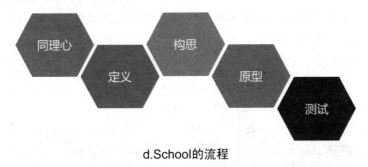

d.School的流程

d.School的流程简单易懂，对于初学设计思维的人更容易掌握，而且对于公益设计和产品设计非常实用，但是对于设计思维教练和引导师而言，就显得不够用，这里仅包含设计思维的流程，而缺少工具。

案例：早产儿保温袋

很多人都被这样一个视频画面瞬间触动：一个娇小的早产儿被包在名为"拥抱"的简易保温袋里，自由地呼吸。据估计，目前"拥抱"已拯救和帮助了超过15万的婴儿。它的发明者——美籍华裔简·玛丽·陈(Jane Marie Chen)，成了著名的慈善家和企业领导者，除众多粉丝和支持者外，还获得了美国总统奥巴马的接见等诸多荣誉。

这项发明原本只是她在d.School的一个学生作业，2008年，她被分配了一个课堂项目——创制一个可以在农村地区使用的低成本婴儿保育箱。正是这个作业给她树立了一个目标，一个能改变世界的发明。

经过资料搜集，她得知了一个惊人的数据：每年全球出生的2000万早产儿和低体重婴儿中，接近400万因无法以足够的脂肪来维持体温而夭折，幸存的孩子中，也有很多因早期体温不稳定、器官不能正常发育而罹患一些伴随终生的慢性病。特别是在贫穷地区，当地没有价格昂贵的保育箱，他们大部分因体温过低而死。为保住初生的早产儿，还是学生的她决定，要改变这一切。

执行力超强的她联系计算机系和化学系同学，快速地组建了一个团队，设计了一个价格只有传统保育箱1%的设备。

她的团队带着原始模型，雄心勃勃地踏上了去印度实践的路上。现实体验远比想象残酷。她在印度一个村子的诊所里遇到带着早产女儿去看病的母亲，当时他们发明的保育箱需接通电源，但村子里没有电源。母亲和医生使出浑身解数也只能眼睁睁地看着孩子因无法保温去世。

现实让简·陈团队之前纸上谈兵的设计模型变成了废品。经过实地考察，她意识到真正能帮助发展中国家的救命产品，必须极其方便和便宜。使用者无须医学常识和电源，产婆和母亲在家里就能操作。

她始终不能忘记那个在眼前逝去的小生命，以及母亲那绝望的眼神。她铭记着："要为像她这样的人设计产品。每放弃一天，就有接近一万个生命失去活着的权利。"团队决心一致："继续干吧，即使推倒一切重新来做。"

为找到最适合的安全材料，她的团队几乎买了所有的婴儿保暖产品，反复地拆装。实验室的窗户上，总是贴满了草纸，大家捧着一个婴儿模型，夜以继日地研讨。

简·陈的团队把"保育器"设计成了一个很像襁褓的小睡袋，外面是全防水、易消毒的特殊布料。只要把保暖材料放进睡袋背后的夹层里，就可以形成一个能持续保温的小恒温箱。他们选定了一种特殊的保暖材料，形态像蜡，熔点只有37摄氏度，恰好是人的体温，热水就可以很方便地将其融化。每加热一次，可以持续温暖新生儿4～6个小时，可以保护初生儿度过危险期，最关键的是，其很容易操作。

这项设计相当安全，便于携带，造价低廉。2013年刚上市的时候，这款保温袋的定价是25美元，不到传统保暖箱的0.1%，即使在贫穷地区，也能用得起。其特点是：使用过程不插电，可重复使用，体积小，不受时间和地点的限制。他们为之命名"拥抱"："通过简单的温暖拥抱，拯救许多生命。"

仅在几年里，这款保温袋已经在印度、中国、墨西哥、乌干达等国投入使用，拯救了超过15万个早产儿。而"拥抱"准备在未来拯救上百万，甚至数亿生命。

我们总结以上保温袋的设计过程。首先，她们组建了一个设计团队，收集了很多信息资料；其次，设计了自己认为非常实用的产品；最后，他们带着产品来到现场，发现根本不起作用。由此可见，现场观察非常重要，要用同理心进行观察，发现早产儿、母婴、接生婆的真正痛点，需求和环境的影响，在此基础上设计创新的产品。

3. 德国波茨坦HPI的设计思维

SAP公司的创始人哈索博士2007年将斯坦福大学d.School的模式搬到了德国波茨坦，成立了第二座哈索·普兰特纳学院(HPI)，在南非的开普敦大学、以色列海法的以色列理工大学等开了分院，在中国传媒大学艺术学部成立了设计思维创新中心。

德国波茨坦HPI设计思维的流程为6个步骤，主要包括理解、观察、分析、创意、原型和测试。流程和IDEO公司的基本相同，由于考虑了非产品创新的设计，这里取消了实施的步骤。

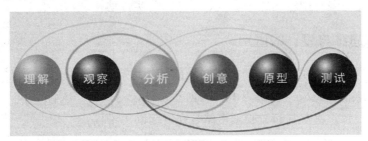

HPI的流程

德国HPI的流程完全可以应用到企业的商业创新设计，将创新的过程流程化，但是缺少系统的工具进行创新创意的设计。

4. SAP公司设计思维的流程

2004年哈索博士将设计思维引入SAP，首先在董事会中采用，并且成立了设计思维服务团队，2010年将设计思维推广到企业的各个部门，2012年将设计思维应用到企业的战略客户，实现联合创新。

SAP设计思维分解成为三大阶段：客户期望、可行性方案设计、给客户带来的利益价值。

1) 客户期望阶段包括探讨问题的范围、对问题进行探索、共同酝酿创新的挑战或者主题；

2) 可行性方案设计阶段包括对方案进行合成优化，找出实现方案的路线图；

3) 利益价值分析阶段主要是研究方案带来的价值。

每一个步骤都是利用三个层次的循环：看一看(Look)、想一想(Think)、做一做(Do)。

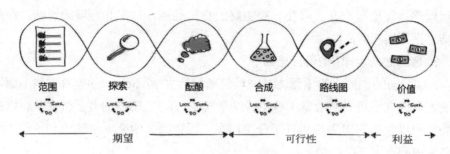

SAP的流程

SAP的流程已经具有商业创新的模式,而不仅仅包括产品创新。其可以应用到企业的各种问题的创新设计,也引入了不少的工具,局限就是在获得创新创意时,还需要对创新创意做好执行工作,落实行动计划。

设计思维与设计的区别

设计思维不仅是对产品的样式、功能和外形等的改变,而且通过一整套的工具和方法论来完成"以人为本"的创新设计,它是将"人性"和"创新"紧密结合到一起,将左脑和右脑紧密结合在一起的思维模式。

以前的产品设计大部分属于设计的范畴,聚焦在产品的外观、样式、功能、包装等,重点在于从现有产品存在的问题出发,找出解决方案。而设计思维是站在最终用户的角度,发现用户需求,满足用户较高的体验,超越用户需求,发现问题,解决问题。比如所谓的样式就是使物品的外观看起来感觉更好、更吸引人;所谓的功能就是使物品使用起来更方便、满足客户各种不同情景的应用;所谓解决问题就是从产品或者解决方案中的某些问题、客户的投诉不满中,发现新机会;所谓发现问题就是将原有的问题重新定义,挖掘新的含义，从而创造新的机会。在设计思维中，是将设计和思维紧密结合起来，使用设计师的思想，以人为本，站在最终用户的角度，挖掘问题的本质，重新定义问题的研究方向，发现客户的潜在需求，从而实现创新。

设计思维与商业思维的区别

商业思维强调的是逻辑的推理和分析，专注于执行和规则，对于现有的产品和解决方案，发现使用时的问题和客户的不满，始终围绕着客户的需求和挑战，考虑如何解决眼下产品的问题和客户的需求，围绕现有业务的概念设计产品和业务模式，利用最佳实践和常见的套路观点来满足客户的需求。一般情况下，商业思维经常使用的是逻辑推理、业务分析、找到瓶颈、解决问题。所以商业思维常常是利用左脑思维，是以现状和问题为导向的。

 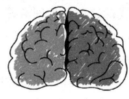 

- 专注于执行和规则
- 围绕现有的客户需求和挑战来思考
- 围绕现有业务的概念设计业务模式
- 最佳实践和常见的套路观点满足客户的需求
- 左脑思维
- 现状和问题导向

- 挑战现状
- 围绕客户的客户期望思考问题
- 围绕创新业务的概念设计未来业务模式
- 创新实践和独特观点超越客户的期望
- 右脑思维
- 目标导向

商业思维与设计思维

设计思维强调的是创新和未来，专注于挑战现状，从最终客户的期望出发，创造客户新的需求点，围绕着创新业务概念设计未来业务模式，利用创新实践和独特的观点超越客户的期望。一般情况下，设计思维经常使用的是创造性、出人意料的想法，研究新的可能性，解决最终客户甚至还没有想到的解决方案。设计思维一般是利用右脑思维，而且是目标导向，不仅仅通过逻辑推理获得问题的解决方案。

创新设计思维

创新设计思维模式

将客观的、合理的、按照逻辑推理的、追求相对稳定的、利用分析和相应规划实现的商业思维与主观的、换位思考的、按照感情探索的、追求新奇的、利用体验和通过行动解决的设计思维紧密地结合起来,再加上忘掉现状和问题而寻求美好未来三者平衡,就产生了新的思维模式——创新设计思维模式。

原来IDEO的设计思维模式更适合于产品的研发、产品的创新,对于问题的解决、方案的制订、企业的流程、部门的协同、整体的规划等就不完全适应了。为了将IDEO的设计思维与颠覆型创新相结合,并推广到更广泛的应用范畴,我们引入了新的商业思维模式,这里称为创新设计思维模式,它更强调的是利用创新的思维模式,解决存在的问题或者客户潜在的需求,获得创新的,甚至颠覆性的解决方案或者创新的产品。

乔布斯讲过:"并不是每个人都需要种植自己的粮食,也不是每个人都需要做自己穿的衣服,我们说别人发明的语言,使用别人发明的数学……我们一直在使用别人的成果。使用人类的已有经验和知识来进行发明创造是一件很了不起的事情。"所以在原有商业思维和设计思维的基础上,将两者合并起来,加以发扬光大,我们就有了新的思维模式——创新设计思维。

创新设计思维:以最终用户的角色探索潜在的需求,不但从当前的现状和出现的问题出发,考虑现有的挑战,还要寻求潜在的挑战,强调最终客户的体验,而且从美好的未来和理想的愿景出发,忘掉现状,强调最终客户未知的、渴望的体验,将逻辑思维和直觉能力结合起来,利用一整套的设计工具和方法论,进行创新的方案或者服务设计的思维模式。

从现状和出现的问题出发,可以找到问题的解决方案,是解决问题的方法。从美好的未来出发,可以实现创新的解决方案,是获得与众不同的创新方案的方法。将两者结合起来,不但可以解决问题,满足客户的需求,还可以帮助企业和客户获得美好的未来。

像设计师那样思考可以帮助企业转变产品、服务、流程和战略的开发方式。这种创新设计思维的方式,综合考虑了人的渴望需求、可行的技术以及大规模推广。创新设计思维还可以帮助未经历过专业设计培训的人,运用创意工具来解决不同类型的问题和挑战。

创新设计思维是一种极为注重人性的科学，用来调动人们都具备但被传统的解决问题方式所忽视的能力。创新设计思维依赖我们的直觉能力、辨识模式的能力、构建创意以实现情感共鸣和实用功能的能力以及通过文字或符号之外的方式来表达自我的能力。仅凭感觉、直觉和灵感是无法管理企业的，但过于依赖理性和分析也同样有风险。创新设计思维就是逻辑思维和设计思维的组合，是兼顾二者的第三条道路。

创新设计思维结合运用分析式工具和生成式技巧帮助客户在现有的基础上展望未来，并规划路线图来达成目标。我们的具体方法包括商务模式的设计和验证、信息的具体呈现、创新战略、企业组织设计以及定性和定量调研。

创新设计思维的所有工作都充分考虑了客户的能力和消费者需求。在重复流程获得最终解决方案的同时，我们也在不断评估改进我们的设计。我们的目标是交付正确的、可执行的、具体的战略。其带来的成果是：建立在商业盈利和市场需求基础上的创新成长路径。

乔布斯讲过："知道自己想要什么，这不是客户的工作。"创新设计者需要站在客户的角度，研究客户的需求，然后创造出超越客户需求的产品，比如苹果手机，就是完全超越客户期望的产品，它既不完全是手机，也不完全是电脑和电视，是所有这些产品的结合，并且将客户体验做到了极致。

乔布斯

创新设计思维的目标

创新设计思维的目标是培养整个社会以人为本地发现问题、以目标导向解决问题、以开放心态获得创新解决方案，并且将创新的基因注入人们的思维模式之中，同时创新设计思维的目标也是培养企业的创新设计师。我们要努力实现国家的改革、企业的转型、个人的转变，以积极向上的、开放的心态来做事做人，实现整个民族的创新。在一个企业或者组织中，要培养员工用创新设计思维的模式解决问题，建立企业的创新文化，真正建立人性化的以人为本的创新思维模式，不管是产品研发、企业运营、流程再造、商业模式、企业战略，还是环境保护、社会责任、卫生教育，都应该具有创新设计的思维模式。

创新设计思维的三要素

1. 开放且善于思考的方法

要创新，必须具有开放的思想和创造性。通常我们面对任务时关注的是现状和问题，不管是以企业为中心还是以客户为中心，我们重点关注的是交付，我们会专心致志地工作，力求按时交付结果。当我们采用善于思考的方法时，会以开放的态度面对新的可能性，对所有的事情都持有怀疑的态度，充分发挥想象力，让思维迸发出创新的火花，萌生出真正具有颠覆性的创意。这两种方法对我们来讲都很重要，前者是解决问题型，而后者是颠覆创新型，创新设计思维就是在恰当的时间、领域同时运用这两种方法，如果我们能够平衡地利用这两种思维模式，创新设计思维就会获得非常实用的效果，不但能解决问题，还可以获得出人意料的解决方案，不但能站在客户满意的角度考虑问题，还可以站在企业未来的角度设计方案，帮助我们更快更好地解决问题和完成工作。

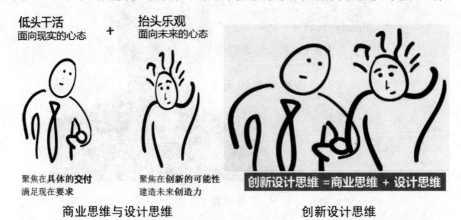

商业思维与设计思维　　　　　　创新设计思维

在很多情况下，人们都有固有的思维模式，在解决问题时，一般会采用商业思维，也就是低头干活型，以解决问题、交付结果为目标，一接到任务，就会马上行动，这是很多老板乐意看到的结果，叫执行力强。可是在创新型的组织中，或者在寻求解决方案的过程中，应该多用设计思维的模式，寻求解决问题的多种途径，而不是执行。从幼儿园到小学，再到大学，再到研究生、博士生，学校教会大家的是5+5=10，而很少有老师教会大家"？+？=10"。创新设计思维的核心，就是教会大家，对于任何问题，方案不是唯一的，条条大路通罗马，眼睛不要仅仅盯在一个方向上，开放心态，寻求更多其他的解决方案，在方案中选出合适的方案。

游戏：架桥游戏

课堂上教授让大家分成若干小组，在10分钟之内，每个小组进行讨论，为成功架一座桥梁而设计方案，10分钟之后，每个小组用3分钟进行汇报。

经过热烈的讨论，10分钟后，每个小组给出自己的设计方案。第一组的方案是，快速建立一个项目组，了解项目的预算，聘请高级设计师设计桥梁，制定项目的里程碑，验收标准等。第二组补充，研究设计什么样的桥梁会更省成本；第三组补充，研究什么样的桥梁会经久耐用……

教授问大家，为什么没有一个小组问为什么要架这座桥梁，学生回答，因为是你让我们架桥梁呀，我们就设计了如何架好这座桥梁。学生接着问："为什么架这座桥呀？"老师答："架桥的目的是让企业的员工到河的对岸上班，现在大家还有没有其他的方案，当然不许说渡船过去。"结果大家很快有了非常多的方案，比如游泳过去，将河填平了过去，修索道过去，走隧道过去等。这时，有一位同学说："可以将工厂搬过来，大家就不用过河了。"另一位同学在上一位同学的基础上有了其他的绝招："将员工搬到河的对面去。"教授说："这些都是很好的解决方案，还有没有其他的解决方案？"这时，有学员说："大家可以不用上班了，还可以将工作做好，就不需要过河了。"教授说："非常棒的方案，可是不去上班，如何做好工作呢？"学员七嘴八舌讲出了很多的解决方案，比如用机器人代替人的工作，远程控制机器，等等。

这个案例说明：创新设计思维是教会大家"？+？=10"的。对于任何问题，都可以给出很多不同的解决方案，然后探讨所有方案的可行性，从而找到合适的解决方案。

2. 以最终客户为中心

创新设计思维的关键思维就是同理心，完全站在用户的角度考虑问题，又叫作感同身受、同感共情、换位思考、神入，就是像以前人们说的"顶神""半仙"，用自己的身体体验他人的思想、感受、情感、行动、痛点。感受他们所感受到的，听他们所听到的，做他们所做的，看他们所看到的，站在对方立场设身处地思考。

创新设计思维重点关注解决方案真正影响到的群体，即我们所说的客户的客户，也就是最终客户。在一般情况下，我们的客户非常关注他们的客户需求，如果我们将重点放到我们客户的客户需求，和我们的客户并肩战斗，这样就容易和客户建立战略合作伙伴关系，深入洞察客户的企业，发现客户尚未发现的问题，并提供解决方案，为客户获得更多的机会，帮助客户成功。这个时候，客户可以获得全新的客户体验，而我们就可以赢得客户的信任，成为客户业务运营的支持伙伴，并为其创造价值。

3. 相互关联的小型周期迭代流程

不管是d.School的流程，还是HPI的流程、SAP的流程，都将快速迭代放到了首位。在商界的许多领域，我们都目睹过这样的转变，从采用大型直线型的独立流程，如将一些大型软件工程转变成采用小型周期型的关联流程，这样可以有效降低风险、加快执行速度，更重要的是在小型周期中与客户互动，可以为客户带来全新的互动体验，客户始终以合作伙伴的身份出现，参与到整个互动过程，这样不仅可以给客户带来非凡的体验，还可以随时应对大型项目或者工程的充分准备工作。另一种思考小型周期的方法是思维实验，如果你的目标是正中靶心，在资源数量相同的情况下，你可以使用一只长矛，也可以使用很多飞镖，你会如何选择？凭直觉我们都知道，多个飞镖比一根长矛击中靶心的概率更大。因为我们可以先试着扔一个，然后慢慢调整我们的目标，这就是非常著名的快速"原型法"，在软件开发中称为"敏捷开发"。

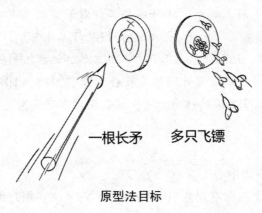

原型法目标

创新设计思维的七大步骤和三大阶段

2012年,SAP成立商业创新团队,我成了大中国区商业创新团队的首席架构师,对设计思维做了许多充分的研究,并且为企业客户做了600多场的设计思维工作坊。

我们这里的创新设计思维的框架由七个步骤和三个阶段组成,这里不同于IDEO的步骤,也不同于斯坦福大学d.School和德国波茨坦HPI设计思维的步骤,还不同于SAP原始设计思维的方法,在实践中,我们修正了很多原始的方法,获得了现在的创新设计思维方法论。这七个步骤并非是线性的,根据主题不同,项目不同,所使用的步骤也不完全相同。

第一步:背景理解

根据某些现状和存在的问题、客户的投诉、企业的投资、大家期待解决的问题,设定需要研究的主题,制订设计方案的范围,对讨论现象的背景做充分的理解。

第二步:人文观察

通过对研究主题相关的人群做一系列的观察、探索,完全站在这些客户的角度,利用同理心,获得第一手和第二手资料,采取亲身体验或者调研的模式,快速了解人们的需求和渴望获得的结果,掌握需要解决主题的现状、存在的问题、客户的期望和自己亲身的体验经历。

第三步:主题制定

对于研究的主题的探讨,了解设计所涉及的范围,站在利益相关者的角度,发现问题的所在,来定义欲讨论问题的主题或者欲解决的挑战。有时我们将欲解决的挑战也称为讨论的主题。我们知道,一般情况下,找问题比解决问题更困难。

第四步:方案设计

这是最重要的步骤,通过对主题(挑战)的充分了解,对现状及问题的掌握,站在最终用户的角度,这样利用同理心,采取头脑风暴的模式,构思更多新的想法;再转换角度,站在设计者的角度进行思考。这样既能满足客户的期望,还可以在一些约束条件下获得大胆创新的想法和点子。这是一个迭代循环,包括搜集信息,通过头脑风暴进行创意设计,对创意的想法进行聚类,对聚类进行优化完善,对完善后的聚类进行优先级投票,对方案做原型设计。做原型设计时,可利用乐高积木、画草图等任何可以利用的方式设计出直观方案,这是对于离散想法的整理、总结,从而获得直观的视觉设计,让大家最直观地了解该设计。原型设计,往往也是一次非常有用的狂野想法的迭代。

第五步:可行性分析

对于设计阶段做的创新解决方案,需要研究方案的可行性,如果方案非常"狂野",就需要研究实现方案所存在的阻力,要解决这些阻力需要哪些条件,从而了解该方案实现的难易程度。如果想法属于梦想家的点子,就需要将目标进行分解,一步一步去实现,从而形成了该项目的路线图,同时需要了解哪些是现实家的点子,哪些是批评家的点子。

第六步:行动计划

对于设计完成的创新型解决方案,若要让它落地实现,进行推广,实现价值,就必须分配任务,落实方案的行动计划,这里一般包括5W2H。

第七步:故事讲述

若要将设计的创新型方案完成,就需要对方案的价值进行推广,获得相关人员的认可(比如投资公司、客户、管理层),才能实现其真正的价值。讲故事也是一门非常重要的功课。

这七个步骤中,又分为三大阶段(3D),包括探索阶段(Desicover,灵感空间)、设计阶段(Design,构思空间)与交付阶段(Deliver,价值空间)。

第一阶段:探索阶段

对探讨现象的背景进行研究,用以人为本的同理心进行观察,然后通过分析找到需要创新的问题,制定预讨论的主题。我们知道,找问题比解决问题更困难。

第二阶段:设计阶段

充分收集资料和信息,站在用户的角度,发现他们的痛点、难点、期望,从而设计解决客户痛点难点的解决方案,刚开始获得的一般是逻辑推理的解决方案,然后通过右脑的训练,迸发出狂野的点子,获得创新的解决方案,将方案进行完善优化、排列优先级,再通过原型设计进行更进一步的整体迭代,跨越聚类的维度,跨越部门,通过可视化更进一步地做整体的迭代创新,获得切实可行的创新解决方案。

第三阶段:交付阶段

对方案进行可行性分析,对民主集中获得的创新解决方案安排行动计划,利用演小品、讲故事、角色扮演等模式对创新方案进行汇报和推广。

在第一章中我们讲过,创新的三大要素具体体现在以下三个阶段:一是用户潜在需求的渴望性;二是创意在技术上实现的可行性;三是商业价值的可延续性。这包含了IDEO的三个阶段,即启发阶段、构思阶段、实施阶段。它不但可以实现产品的创新,也可以运用到商业创新和公益创新,包括战略创新、商业模式创新、运营创新、流程创新、服务创新、项目创新、产品创新等。

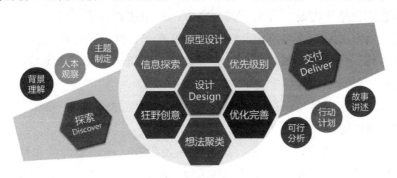

创新设计思维的流程

创新设计思维的流程和工具,在企业的应用中不断迭代,进行调整修正,这里的流程相对本书上一版本中的流程也有所改进。创新设计思维的流程更适合于商业设计,包括企业的战略设计、商业模式设计、服务设计、流程设计、运营设计、营销策略设计、销售计划设计、产品设计等,也可以用于公益设计、政府项目设计等。

在创新设计思维的整个七个步骤中,每一个又由三个核心循环组成:观察、思考和执行,或者看、想、做。

创新设计思维的核心三大循环

创新设计思维的核心循环就是观察、思考和执行三个循环的迭代。观察就是以最终用户的身份出现,观察具体的问题和现状,了解方方面面的信息,在不同的阶段,围绕着主题再仔细观察、审视、发现问题,并进行改善。比如,在第一阶段就反复了解客户的需求和存在的问题,找出问题的根源;在第二阶段,充分论证大家

三个核心

提出的点子和原型是否具有创意,是否可以进一步优化或者换一种思维模式,发现更狂野的点子和想法;在第三阶段观察该方案如何落地实施,如何讲故事进行推广等。思考就是在获得信息的基础上,认真地思考问题的来源,了解问题的真正内涵,发现问题的根源后,进行深层次的探索,并思考其在不同阶段

的问题。比如在第一阶段思考问题的实质和需求;第二阶段思考解决问题的方法是否具有足够的创新性,是否可以实现,是否具有价值;第三阶段思考如何实施落地,如何进行推广,如何让用户接受,等等。执行就是将观察到的问题、信息进行交流沟通,大家一起分享自己的想法和点子,将点子通过原型实现,再将原型进行制作和模拟,使得想法具有可行性。在任何阶段,都要进行这三个循环。将一个整体的项目拆分成很多不同的小项目,就像我们前面讲过的投飞镖和扔长矛的区别一样,我们通常是一气呵成的,就像掷出一只长矛,要一次成功。这里将长矛换成一个一个的小飞镖来击中靶心,降低了风险,而且可以快速实现。

看清情况,了解能做什么;思考并深入研究,确定要做的事情;然后执行。关键是将大型流程分解成很多只飞镖,即观察、思考、执行的相互关联周期,每个周期都是风险低的小型试验。每个实验中得到的经验教训都可以为下一个周期所用。

创新设计思维适应的领域

创新设计思维可以使用在任何领域、任何行业。我们讲过,创新设计思维可用来对任何复杂问题、复杂场景设计一套创新的解决方案、产品、服务、流程、战略等。我们已经将它使用在企业(高科技、重工、汽车、医药、航空、零售、机场、餐饮、电商、银行、保险、证券、快消品、农业)、学校(北京大学、清华大学、国家行政学院、中国传媒大学、西安欧亚学院、101中学)、公益(中国慈善联合会、中国扶贫基金会、老牛基金会)、政府(发改委、海淀大学生创新创业孵化园、龙岩地税、哈巴河政府)、医疗(亚心医院、莱复康·云健康)。讨论的主题也五花八门,包括企业的战略制定、五年规划、营销模式、运营流程、产品创新、市场创新、社会公益、大学改革、政府文化、组织转型。

创新设计思维应用的领域

创新设计思维与设计思维的区别

创新设计思维是设计思维的拓展,是将商业思维和设计思维紧密结合的产物。之所以叫创新设计思维,其一是设计思维是为了设计新的产品、服务或者组织亟待解决问题的创新方案的。其二是在原来设计思维的基础上,引入了解决不同问题的工具,也就是设计思维的创新。其三是一提到设计思维就需要解释半天,设计的含义不是普通设计,而是对于任何复杂问题设计创新的解决方案。创新设计思维与设计思维最大的区别如下。

- 除了以客户为中心的同理心理念,创新设计思维增加了目标导向,这是创新设计思维的关键所在。
- 创新设计思维在原来设计思维的流程中加入了一系列的工具(包括解决客户行为的"客户旅程地图"、企业商业模式的"商业模式画布"、企业战略的"全局分析地图"等工具),使得创意设计既可以真正做到发散,也可以快速实现收敛。这样可将设计思维与商业思维紧密结合起来。
- 创新设计思维从原来的产品设计,过渡到了商业设计:包括企业战略设计、商业模式设计、流程设计、服务设计、营销设计、运营设计、品牌设计、生产设计、产品设计等。
- 创新设计思维可以引入到企业作为企业的创新文化,强调部门之间、企业上下游之间的相互协作,联合创新。
- 创新设计思维强调个人积极向上的开放心态,积极地找问题,然后寻求创新的解决方案,而非被动地接受任务。
- 创新设计思维强调物理空间和心理空间的共同开放。

创新设计思维和设计思维的最大区别是目标导向,在解决问题时,希望人们首先忘掉现状,忘掉自己的身份和角色,以人为本设计一个美好理想的未来,将设计的未来分为理想家、批评家和现实家的想法,然后再观察现状,研究从现在到未来的实现存在哪些瓶颈,即以目标为导向,反向向回推,寻找需要什么样的资源、技术、战略和行动才可以实现美好的未来,其获得的结果往往是颠覆性的。而设计思维强调的不是以现状问题为出发点,而是以用户为中心,以人为本,寻找满足客户渴望的服务、内容或者产品。总而言之,商业思维是寻找问题答案和解决方案的思维模式,设计思维是以人为本,站在客户角度寻找创新方案的思维模式,而创新设计思维是以人为本、目标导向,寻找颠覆性创新方案的思维模式。我们需要将三者结合起来使用,既要解决问题,还要获得创新,有时还需要获得颠覆性的创新。

创新设计思维的落地方法

创新设计思维是一种关于人性的心态,一种思维模式,一种创新的方法论。一个企业或者组织希望将组织建成一个创新设计思维型的组织,就需要普及其思维模式。一般情况下,有三种落地的方法,第一是举办创新设计思维工作坊;第二是培养企业的创新设计思维导师,让导师带领完成企业创新设计思维工作坊或者带领大家完成某项创新设计项目;第三是创建创新企业的文化,在企业或者组织中通过创新设计思维训练和工作坊,使得人人都具有创新设计的思维。

举办创新设计思维工作坊

创新设计思维工作坊具体实施的方法就是通过创新设计思维的导师带领引导参与者完成一个主题的设计。参与者以设计师的身份出现,大家通过创新设计思维的7个步骤,根据不同的讨论主题,利用设计好的工具,最终获得讨论主题的创新解决方案、产品、报告或者原型。同时,创新设计思维工作坊也教会参与者一套创新设计思维的流程和方法论,以便在组织中进行推广,使得创新设计思维变为组织中的一种思维模式和解决问题的工具和方法论。

为了成功引导一期创新设计思维工作坊,导师首先要和客户设定好讨论的主题和子主题,每个设计小组由8名左右的设计师组成,他们可以来自各个不同的部门、不同的专业或者不同的层级,在不涉及商业机密的情况下,也可能会来自于组织外的客户,比如心理学家、数学家、物理学家、MBA学员、营销专家、语言学家、艺术家、生物学家、客户等,他们最好具有设计经验,但不是该主题的行业专家。在引导师的带领下,按照创新设计思维的流程一步一步进行设计。

在工作坊一开始可以为设计师做一个创新设计训练营,时间可长可短,让他们了解该行业客户的现状、需求和发展，学习一些具体的即兴表演、头脑风暴、模型制作等。创新人员的组成由讨论主题的设计范围决定，最好有一些非本行业、非该讨论主题的人员参加。时间最短为半天时间，一般为2天时间，也可以长达10天，根据希望达到的目标而定。

创新设计思维工作坊一般每期不超过32人，分为4组，在第十二章会专门介绍如何成功地举办创新设计思维工作坊，过程会按照以下顺序完成。

- 简要介绍创新设计思维的概念，让设计小组成员知道什么是创新设计思维，创新设计思维的发展历史以及演进。
- 通过介绍相关案例让大家知道创新设计思维最后能获得的成果是什么。
- 热身游戏：围绕要解决的问题，让大家体会到某些哲理，并且起到热身作用，让每个人积极参与，敢于大胆发言，产生一些奇异的点子和想法。
- 采用专门为创新设计思维设计的工具一步一步引导进行背景的了解、问题的分析、点子的收集、点子的分类和点子的优先级划分等。
- 采用故事画板，将分类的想法、点子用像连环画一样的形式直观地画出来。
- 利用画笔、乐高积木、橡皮泥、电子元器件等道具，汇聚离散的点子，并画草图，完善直观的原型设计。
- 最后将原型按照故事情节，以讲故事、演小品的方式表现出来。

创新设计思维工作坊由于采用的是头脑风暴,鼓励右脑思维,加之热身游戏使得大家敢于积极地参与,经常会遇到建议或想法过于发散的情况,最后几乎没有一个结论的情况。最担心的是跑题,或者有领导式的人物"误导"大家的想法,所以做创新设计思维工作坊时需要注意以下几个方面。

- 确切的设计主题:保证大家目标明确,对设计的主题做充分的了解。
- 设计好使用的工具:每次项目开始之前,认真研究主题,确定使用的工具,在右脑思维的基础上,利用左脑逻辑思维的引导工具,保证正确地将参与者聚焦到讨论的主题上,按照工具的逻辑,一步一步进行头脑风暴,最后获得需要的结果。
- 成员积极地参与:提出更多、更狂野的点子和想法,充分发挥大家的积极性。
- 参与人员多样化:在设计小组中最好有各个方面的角色、各种各样的人才,保证从各种不同角度考虑解决方案。
- 不扼杀不同点子:很多好的点子几乎都被扼杀在萌芽阶段,所以在整个头脑风暴过程中严格要求不许说"不可能",不许批评,不许议论,不许说"不行",对别人指出的现象主管人员不许解释"原因是这样的……"。为什么大家会说不可能,就是因为按照惯性思维模式,逻辑推理认为不可能,从而很难做到创新。
- 很强势的引导师:因为头脑风暴是很多发散思维的聚集,对于发散思维获得的点子必须整理分类,实现民主之后,一定要集中,但是引导师不能误导和引导大家的想法，这样就起不到真正的发散作用。
- 头脑风暴时的规则：人人参与，发散思维，集思广益。
- 利用神奇便签贴：为了让点子分类容易实现，大家利用便签贴写上你的想法，每张只写一条，每条只写关键词，最好不超过10个字。如果点子贴的位置不对，或者分类不对，移动便签贴很容易实现重新分类、重新定位。

神奇的便签贴

在设计思维过程中，不管是头脑风暴、故事画板，还是原型设计，神奇的便签贴起到了很大的作用，每个人将想法、观点、观察到的事实、存在的问题、想说的话等写到便签贴上，每张便签贴只能写一条，不超过10个字，字号尽量大，用粗一点的黑色笔来书写，以便拍照留档时清楚。使用便签贴的最大好处是当两个便签贴的内容一致时，可以揭掉一张，将内容聚类时可以随意移动，而不像写在白板上的内容，需要擦掉重写，这样既方便又省时间。不允许一张便签贴写一个以上的内容，原因是分类时如果两个内容不属于同一类，需要重新分成几张再写。聚类就是将离散的想法按照某种特征进行分类，可以按照任何方式聚类，比如按照部门、特征、地域等，从点信息到分类信息就是大数据的分析方法。

便签贴

培养创新设计思维导师

对于创新设计思维的导师,我们不仅要教会他们方法论,还需要教会他们培训组织的技巧、选题技能、设计工作坊议程、工具设计使用技能以及把控工作坊进程的技能。不但需要教会他们创新设计思维的思维模式,还要教会他们如何设计创新设计思维工作坊,包括事先的调研、主题的确认、主题的理解、采用的工具设计、游戏的采用、道具的准备、参加人员的选择、教室环境的检查,以及整个过程的引导、内容的记录、最后的总结模板等。

创建创新设计思维文化

创新设计思维文化的培养不但需要相对开放的物理空间,组织还需要建立创新的制度,开展员工创新思维模式的训练,它是一个长期的过程,一般一个项目需要最少半年到一年的时间。其包括咨询辅导,建立创新制度,训练员工思维模式,辅导员工在工作中利用创新设计思维的工具,特别是培养开放的、积极向上的心态等,建造创新的团队和创新的氛围。

创新文化由六部分组成:一是具有积极向上的、开放心态的各种不同角色、职业、文化的人;二是掌握快速迭代解决问题的方法;三是具有创新设计的物理空间;四是具有容忍错误的创新制度;五是具有创新项目的投资和高层的投入;六是具有以客户为中心的思维模式。

为了解决一个问题或者一次创新设计,可以聘请外面的创新设计思维导师进行引导,完成工作坊的工作,但是这样仅仅是一次训练,不适合企业长期创新型组织的培养。所以企业需要通过辅导,建成一个具有创新文化、创新基因的企业。对于培养企业或者组织的创新文化,宝洁公司全球设计官讲过:"将设计思维的思想注入公司,使它变成公司的基因。"

企业创新文化建设四部曲

(1) 建立创新兴趣型企业

个人或者部门开始对创新设计思维感兴趣,尝试着去做部门级的或者问题解决型的创新设计思维工作坊。这些往往是一些个人的行为,并非组织的整体行为。这时,其主要做以下工作:

- 做创新设计思维的介绍;
- 开展创新设计思维工作坊;
- 参观创新设计思维企业的物理空间等。

(2) 建设创新投资型企业

企业开始采用创新设计思维，认为创新设计思维是企业的重要工具和思维方式，开始做一些创新项目，但是这只是基于一个个具体问题，而不是引入方法论。这时，其主要做以下工作：
- 利用创新设计思维工作坊解决问题；
- 定义创新设计思维的灯塔项目；
- 提供人力和空间的资源；
- 培养创新设计思维教练和引导师；
- 成立创新设计思维中心。

(3) 实现创新导入型企业

在企业中整体推广创新设计思维，特别是在员工的思想中注入创新设计思维的灵魂。这时，其主要做以下工作：
- 真正认识到创新设计思维的意义；
- 培养员工创新设计的能力；
- 在日常生活中使用创新设计思维；
- 员工具有同理心，在日常工作中想办法实现创新解决问题，而不是相互推脱。

(4) 完成创新广泛型企业

在企业中将创新设计思维作为企业的战略，与企业的上下游(供应商、终端客户以及企业利益相关者)联合创新。这时，其主要做以下工作：
- 将创新设计思维作为企业的战略；
- 规范创新流程和规模；
- 和利益相关者联合创新；
- 企业具有世界级的创新设计专家；
- 奖励创新和设计。

案例：戴姆勒建立创新型文化

戴姆勒引入了创新设计思维作为公司的创新文化，并且给项目起名叫"Stellar"，整个过程分为四步。第一步通过介绍创新设计思维，使得相关人员了解什么是创新设计思维。第二步培养创新设计思维的意识，建立一个创新的团队，引入创新设计思维工作坊体验，证明创新设计思维工作坊是一种有效的解决问题的方法。第三步建立创新设计思维的环境，培养公司的创新设计思维种子教练,并且建立一个创新的空间,用于培训、工作坊、创新项目设计等,快速在公司形成一个创新设计思维的氛围。在大家都要经过的空场,戴姆勒利用三个透明的集装箱建成创新设计思维教室,让员工进行体验,并且当一个教室达到七八个人的时候,就将教室升到高空,使得过路的人都会发现这个奇特的教室以及大家"高声喧哗"的游戏和工作坊,从而吸引大家的注意力,愿意体验创新设计思维工作坊,让三个透明的集装箱教室轮流升空。在短短的一个月时间里,有近6 000人参与了体验。第四步建立创新战略,即在公司建立创新的战略和价值,将创新设计思维的方法论融入日常的工作,经常举办由客户、供应商共同参与创新的项目,并且将各个空间建设成为有利于创新的开放空间。

案例:SAP的设计思维文化

SAP这几年的产品研发、咨询服务、客户支持和内部管理全都采用了设计思维的模式,以客户为中心、目标导向、敏捷开发、快速反应、允许试错。2016年创新产品的营业额超过了核心业务ERP的营业额。如此巨大的全球500强公司是如何快速转型的,这里值得探讨,也许会成为一个神话。

SAP公司成立于1972年德国的曼海姆,现在总部在德国的沃尔道夫,是全球最大的管理软件厂商,它的ERP软件占据了全球500强86%以上的市场份额。26个行业产品遍及全球,中国的大部分央企、国有企业、上市公司和民营企业都使用了SAP的管理软件,诸如中国石油、中海油、中石化、国家电网、海尔、联想、神华、吉利、比亚迪、长城、东风、一汽、娃哈哈、农夫山泉、苏宁、国美、三全水饺、海底捞、中国电信等。

2004年，SAP的创始人哈索·普拉特纳博士在公司董事会采用了设计思维，组建了设计思维咨询服务团队。从此，整个公司要求每个员工参加设计思维的培训，将设计思维融入员工的血液，变成公司的DNA，成为公司的文化。在公司的产品研发部门，有专门的设计思维队伍支持产品研发过程中设计思维人才的培养项目；在咨询服务部门，有专门的团队支持客户服务设计思维项目。2012年SAP成立商业创新团队，面向SAP的战略客户，进行联合创新，像西门子、宝马、戴姆勒、辉瑞、华为、中广核等也引入了设计思维作为公司创新的方法论。

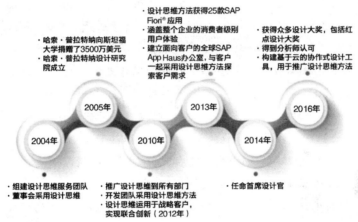

2007年开始，对于任何一个新的技术领域，SAP都会采取紧跟策略。首先其推出了自己的内存数据库和实时应用平台HANA。当国际上工业4.0兴起的时候，它就投入大量的人力物力研发制造执行系统(MES)，并很快推出了自己的制造执行系统ME；当国际上物联网热的时候，SAP就投入做IoT产品；当国际上数据分析开始热起来的时候，SAP收购了全球最大的商务智能厂商BOBJ和分析建模工具厂商KXEN，并研发自己的大数据系统；当全球移动热的时候，SAP收购了全球最大的移动厂商Sybase；当云开始热的时候，SAP投入研发自己的产品Business ByDesign，后来减弱了该款产品的研发，并且收购了全球最好的几家云厂商，如绩效管理最大的云公司Successfactors、采购管理全球最大的云公司Ariba、差旅报销全球最大的云公司Concur、服务采购与外聘员工管理领域的全球云技术领导商FieldGlass等；当全球的电商开始热的时候，SAP收购了全球最大的电商软件云供应商Hybris；当人工智能(AI)、机器学习(ML)、物联网(IoT)和区块链等热起来的时候，SAP推出了自己的创新平台(Leonardo)。

其实SAP的战略是正确的，ERP占据了大半个江山，对于新的技术，快速反应，投入研发并收购市场流行的产品，一旦发现方向错了或者技术路线错了，快速调整，这样不会有很大的损失，比如Bussiness ByDesign、Anywhere等。一旦这个技术成功了，其他的公司还没有快速反应，就会失去机会，甚至遭受灭顶之灾，而SAP会变成这方面的绝对权威。当创新产品已经可以支撑起整个公司的业务时，SAP推出自己的拳头产品S/4HANA，将传统的ERP产品移植到内存数据库HANA，这是一个全新的产品。

案例：爱立信创新文化的建立

作为一家老牌移动通信设备商，爱立信的业务转型从2009年开始，尝试了多种管理创新的手段，目标在交通、电力与媒体新行业找到新的业务增长点。

在研发团队中，除持续推动精益/敏捷来提升产品开发的弹性与对市场的响应速度外，也推动以人为本的设计思维创新流程与文化，让研发的产品更加贴近客户的需求。2010年，爱立信在某个产品的研发中心创立Innova创新管理平台，初衷是培养和释放员工的创新与创业者精神，并且建立组织创新文化。

爱立信推动创新设计思维落地的具体做法包括以下几点。

- 领导力：利用"我们如何在不增加预算与资源的情况下支持创新活动，刺激领导者思考如何更好地设计创新机制去支持创新活动"这个设计挑战，创新设计思维教练引导领导者思考与研讨如何设立创新目标、发展创新实践并且建立机制去支持团队创新文化与创新项目落地。

- 创新预算：从研发预算中，提取一定比例的预算支持探索性的创新项目。从硅谷风险投资的方式得到启发，利用多轮投资的方式投资创新项目，增加创新的产品组合并且降低失败的风险。经过多轮次的弹性化的资金和时间投放，通过不断实验改进，逐步提高创意的可行性，促进创意由最初的概念向商业化方向发展，同时降低创新的风险。

- 创新流程：设立创意转化为产品的孵化流程，让组织内部的6000名创新者利用创意管理平台IdeaBox进行跨部门与跨地域的合作。Innova的创意呈递、孵化与实施主要包括5个步骤，分别为：员工根据客户需求产生创意；部门内部对创意进行评估，选择有价值的创意提供第一轮投资；创意持有者对创意进行初步验证；根据第一轮实验结果筛选出优秀的创意进行第二轮投资，支持其进行原型化设计与改进；经过多轮投资发展后，将成熟的原型产品化。其特色包括：

- 鼓励以人为本的思维模式,将研发人员带向市场与客户,并将获得的趋势、用户需求与洞察带回组织中;
- 利用快速原型进行行动,支持实验精神和从迭代中学习的文化;
- 善用敏捷开发模式及精益启动的思维与实践,将创意概念逐步落实到能对客户产生价值的产品。

● 在线创意管理工具:在爱立信,员工创意的产生有多种方式。创新经理会根据客户的特定需求或者工作过程中产生的问题提出创新需求,员工可以根据这些需求提出解决方案。此外,员工在处理日常工作事务中也会根据其掌握的技术知识、工作经验主动提出新的想法。员工将创意发到在线创意管理工具IdeaBox中,其他员工可以对其进行评论或提出修改建议;评估团队不定期对IdeaBox中的所有观点进行评估,并将结果反馈给员工;员工对多番修正的创意进行原型设计,以进一步推进创意的商业化。

● 创新设计思维教练:设计思维教练是设计思维方法专家,也是内部的创新顾问,更是协助推动创新项目落地重要的推手。设计思维教练利用专业的创新方法与内部的创新网络协助推进创新项目从点子到落地,设计与引导各种创新思维工作坊进行创新产品、服务与流程创新,并且协助经理建立与促进创新文化。

● 外部生态系统:利用公司外部的创新与创业生态系统(如跟高校、外部大型企业、孵化器与新创企业等合作)引入外部观点,共同合作探索新的创新机会。

经过四年,这一平台就已经拥有6000名内部用户,催生了超过4000个创意,其中超过450个创意获得平台提供的第一轮资金支持,45个获得第二轮资金支持。已经有5个创意变成了公司的产品功能,为公司创造了巨大的商业价值。

本案例的内容由原爱立信东北亚区研发中心战略与组织发展负责人、创新教练张正明先生提供。

案例:西安欧亚学院利用创新设计思维建立"以学生为中心"的教学和服务

西安欧亚学院是创建于1995年的一所私立高校,现在已经成为中国民办高校转型发展的标杆。其转型的核心,在于利用创新设计思维,坚持"以学生为中心"的教育理念，并持续推进教学和服务改革。西安欧亚学院院长胡建波教授在2017年欧亚经济论坛教育分会做主题为"基于设计思维的高校变革与创新"的演讲，他认为创新设计思维的"用户同理心+原型机制+容忍失败"是做好高校改革的一个非常有用的利器。以下仅举几例。

1. 毕业设计变为学生作品

2008年以前，欧亚学院新闻系学生的毕业设计大多是名为《红楼梦探幽》这样的论文，学生驾驭不了，老师们也感受不到指导毕业设计的意义。胡建波院长要求新闻系的老师们做教学改革，让学生能做点有用、有趣的东西来。改革的启发来自于一篇有关全球新闻和传媒教育的翘楚美国密苏里大学新闻学院的文章——《新闻的使命》。老师们了解到，密苏里新闻学院素来坚持"职业导向"，注重培育学生们清晰的思考能力，优异的写作能力，有影响力的演说能力，并从多学科、多方面应用来诠释、理解新闻。经过深思熟虑，胡院长下了"死命令"：以美国密苏里大学新闻学院为标杆，把他们的教授请进来，同时自己改起来，进行深度改革。学院建立"社会人"实践基地，设置了涵盖报纸、杂志、网络、电视、广播、广告、公关、多媒体等领域的九大媒体实践基地，并且全部面向社会，独立运营，真正玩起了媒体实践。学院还为媒体实践基地提供对外合作援助，比如把校园电视台的节目提供给省市电视台；承接西安一家地方报纸的两个版面，交由学生采写编辑；为企业制作宣传片，提供视频服务。有了实践教学改革的支撑，学生毕业时也不再写毕业论文，而是要求在两个月内，学生每人策划、设计、采编、印刷一本杂志。学生拿着自己编的杂志，很容易就找到了工作。2010年，老师们还真的把密苏里大学新闻学院的教授请到了欧亚，谈成了合作，举办了首届密苏里西安教学周，之后每年办一届，传递和交流全球最前沿的新媒体思想和手段。

回顾欧亚新闻系的教学改革，就是一个从启发到构思再到实施的设计思维过程，并且敢于大胆想象，提出与全球最顶尖的新闻学院合作的"狂野点子"，最终获得了突破。这样的教学改革迅速扩展到欧亚学院的多个二级院系，2010年开始，这个学院将过去几年的成功经验和失败教训做了一次系统总结，结合全新思考进行体系化梳理，提出要实行以学生为中心、为生活做准备的教育，以每一个学生的健康成长和终身幸福为本，办一所以"国际化、应用型、新体验"教育理念为特征的应用型私立大学。如今，欧亚学院正在运行的教学体系最大的创新在于改变过去以传授为主的培养模式，以学生对知识的有效应用作为教学评价效果。

2. 率先给学生宿舍装空调

西安高校云集，但以前却没有任何一家高校为学生宿舍装空调。每到炎热的夏天，学生在网上到处吐槽，其中不乏在微博上给胡院长留言诉苦的学生，以至于胡院长在有一年毕业典礼致辞中半调侃地说："四年来，你们在学业中付出了很多艰辛，也在热浪滚滚的宿舍里洒下了很多汗水(笑声)。"胡院长要求给学生公寓安装空调，刚开始被视为一个不可能的"疯狂"想法，因为从来没有哪家高校给学生装过空调，后勤、基建、公寓管理等部门也摆出了财务投入、费用收取、安装范围、安全隐患等很多现实困难。后来，在一一排除了这些困难后，发现空调还是装不了，原因是学院还没有接入市政电网，供电系统承载不起。这好像一下子被逼到了死角，没法解决这个问题，装空调的想法只好搁浅。又过了一年，胡院长再次提出，今年必须给学生装空调，供电的问题要是解决不了，就把行政楼和校长办公室全部断电，给学生公寓安装的空调用。这下后勤的工程师急了，说还有一路供给锅炉房的电，夏天不用，可以转接过来。就这样，问题终于解决了。电力供应不了太多，就先只给学生宿舍的五、六两个顶层安装空调，并且要全宿舍学生都同意安装才行。就这样，2011年，欧亚学院在西安高校中率先为学生公寓装上了空调，之后每年都增加安装数量。2013年供电线路扩容，宿舍实现了空调全覆盖。西安的高校也纷纷效仿，空调开始成为大学生宿舍的一项"标配"。回想起来，欧亚学院给学生装空调这个引领性的创举，一是得益于胡院长强烈的"客户"同理心——学生在宿舍里热，这个校长坐不住；二是得益于"装不上空调绝不罢休"的劲头，不管困难有多大，都去想办法解决，把"不可能"变成"可能"。

3. "客厅计划"与大学生社区

欧亚学院经过调研发现，图书馆的座位经常不够用，每到考试期间更加拥挤。学生超过70%的日常行为都是在公寓和宿舍中进行的，但一间六人住的宿舍根本承载不了这么多需求；而且学生课外活动方式单一，活动空间不够，违纪人数较多，学生管理压力较大。对此，欧亚学院实施"客厅计划"，邀请知名建筑设计师在各个宿舍楼之间建造充满设计感的连接建筑，给学生提供大量的公共活动空间，不同宿舍、不同专业的学生可在其中举办各类公共活动。这样就将学生的活动场所从宿舍移到了客厅，宿舍只成为睡觉的地方，不同专业、年级、背景的学生互相交流融合的机会也大大增加了。

2015年，欧亚学院开始在新生中实施无差别住宿，2015级6000多名学生不再按学院、学科入住宿舍，而是要求每个宿舍至少有来自三个专业的学生"混住"：一是有利于不同专业思维的碰撞；二是有利于学生拓宽社交面；三是有利于各个学院相关活动资讯的跨专业传播。

与社区化改革同步推进的是大学生社团改革。该学院共有81个学生社团，学校要求每个学生必须参加一个社团，因为学校的大型活动不再以学院和专业为单位，而逐渐转为以社区和社团为单位。欧亚学院除建设以兴趣为导向的社团外，最大特色是组建了很多服务于学校及二级学院具体事务需求的社团。例如，有专业为举办各类论坛提供支持工作的社团，有专业从事助教工作的社团……甚至很多学院教学楼的环境卫生都是由专业社团在负责。学校以类似外包的方式将这些工作交给专业社团，提供大量勤工助学岗位，锻炼学生的工作能力。随着欧亚学院产学研人才培养模式的推进，各类专业社团参与企业项目的机会也越来越多。

通过"社区+社团"学生管理新模式的实施，欧亚学院的学生活动变得更加丰富和有目的性，目标感和价值感更强。2015年，清华大学教育研究院"中国大学生学习与发展追踪研究(CCSS)"显示，欧亚学院学生的社会实践、社团活动时间远高于国内同类高校的平均水平。

4. 俱乐部模式的大学体育课程

欧亚学院原来的体育课都是传统课程模式，与其他课程一样一节一节正常排课，但是从全校的课表里可以发现，早上第一、二节的"黄金"时段都被体育课占用了，原因是体育场馆和教师不够用，只能全天候连着排课。另外，传统的体育课程项目学生也不感兴趣，经常缺课，因体育课挂科而无法毕业的现象时有发生。针对这些问题，欧亚通识教育学院和体育教研室进行了多轮讨论和方案论证，最后抛弃了"以增加学校投入为前提"的常规现实想法，提出了体育俱乐部制的解决思路。

体育俱乐部打破集中时间段上课的方式，采用学生自愿选择与教师选拔相结合的方式，实施初级班、中级班、高级班分级制教学，满足绝大多数学生的运动喜好和锻炼需要，关注部分学生提升专业运动技能的需求，在此基础上打造高水平竞技与表演团队。体育俱乐部还开发了"预约系统"，开展预约制教学管理，使学生可根据自身兴趣、习惯、时间自主参与运动，还可实时查询成绩动态及体质健康测试结果，也降低了阴雨天气、实习实训、创新创业等因素对学生体育课程学习的影响。此外，采用手机运动app同步实现学生运动成绩的自动记录和即时反馈，提升学生参与体育运动的积极性，促进学生养成健康运动习惯。此外，欧亚通识教育学院还开发了旨在培养学生国际化视野、卓越气质和优雅仪态为目标的双语教学网球核心课和华尔兹核心课，以及以普及科学健康生活习惯为目标的4门公共选修课，形成了以体育俱乐部为主体、以特色课程为补充的全新大学体育课程体系。

体育俱乐部模式变左脑思维为右脑思维，不增加资源投入，通过重组体育教学资源与各教育要素的匹配方式，极大地提升了资源的利用效率；同时也回归以学生为中心，让学生自主选择，改变了过去大学体育课程单一、枯燥、学生上课意愿不高的问题，为运动兴趣相近的学生提供大量机会共同开展体育活动或比赛交流，课程内容和形式满足了学生的个性化需求，提高了学生的课程参与度，效果非常显著。

如今，欧亚学院正在告别传统的高等教育模式，学生所学的专业都已经与产业对接，大多数老师都具备行业背景，还邀请企业的资深人士全程参与到教学当中，通过产学合作，学生可以习得面向未来的职业技能，为未来20年乃至40年后的工作做好准备，更重要的是学生将以一个职业人的角度去看这个世界。欧亚学院以企业的需求为导向，以学生为中心培养学校的人才，提供"国际化、应用型、新体验"的教育。这种"以学生为中心"的朴素理念，让欧亚越来越厚积薄发。

案例

宝洁打造创新设计型组织时，雷富礼初任首席执行官，但他却决定采取一些大胆行为，以打破宝洁的颓势。他相信，借助设计思维可以让公司避免在创新和效率之间做出取舍。他率领高层领导团队，坚决把宝洁公司变为设计型组织。2001年，雷富礼上任第一年，便任命克劳迪亚·科奇卡担任公司有史以来的第一位设计战略和创新副总裁，他的任务是培养宝洁公司的设计思维能力，最终将宝洁公司打造成顶级的设计思维型企业。

科奇卡指派设计师加入业务团队，目的是将设计职能融入组织内部，业务部门人人变成设计思维的专家。科奇卡认为，亲身体验才是最重要的。一旦宝洁公司从最高领导层到最基层员工都亲身体验了设计思维，他们就会彻底改变自己的看法。

宝洁的做法是，让位于英国伦敦的宝洁全球美发产品事业部设计出一个项目方案蓝本，并称之为设计工坊。设计工坊是设计思维的具体操作，他们从参与体验的人员那里获得一系列反馈信息，然后对这些信息进行分析和整合，并借此不断改进和完善美妆、护肤、染发、衣物清洁和家庭护理等各类相关产品的运营活动。这套培训课程专门为整个业务团队设计，通过参与该课程，大家可以体验到设计思维的运用之妙，可以感悟到设计思维是如何解决实际问题的。

在宝洁公司转型为设计思维型组织之后，巨大的改变发生了。它由一家低增长、微盈利、品牌乏力的成熟型企业转变成了真正的成长型公司，其年利润增长率高达15%，旗下15大品牌中，有13个品牌扩大了市场份额，收入达到700亿美元，收入增长率持续保持在10%以上，这使得宝洁公司成为全世界十大最有价值的公司之一。与几年前相比，宝洁公司的创新性和运营效率已大幅提升。

设计思维可以产生巨大的商业价值，宝洁公司的转型故事有力地证明了这一点，而我们要做的就是，将创新设计思维注入各个企业，变成企业的DNA。

本章首先讲述了设计思维的概况，包括它的定义、三大要素、发展历史、核心流程，探讨了设计思维与设计、设计思维与商业思维之间的区别，以及创新设计思维模式、目标、特征步骤、核心循环。最后讲解了创新设计思维如何落地，包括举办创新设计思维工作坊、培养创新设计思维导师和创建创新企业文化，特别强调了创新设计思维是将商业思维和设计思维结合的产物，它具有一套完整的方法论。

Innovative

Design 第三章
创新设计思维的
十二大特征

Thinking

在上一章我们介绍了创新设计思维的定义，创新设计思维与设计思维的区别，在本章我们介绍创新设计思维的十二大特征，让大家认识创新设计思维的思维模式、创新创意的方法、创新的展现形式等。

1. 以客户为中心的创新思维

以客户为中心，完全站在客户的角度考虑问题，即同理心态、感同身受、同感共情、换位思考、神入或者移情，完全进入他人的境界和情感。当前的营销模式已从原来完全以企业为中心的4P模式(产品、价格、促销、渠道)，转变成以客户为中心的4C模式(客户、成本、沟通、便捷)，但是如何将以客户为中心和创新紧密联系起来，创新设计思维起到了桥梁作用。我们强调的心智模式，就是完全将自己的感情投入，以客户的身份、思想出现。比如到医院看病，以病人的身份进行体验，发现病人需要什么，如何设计医院的流程使得病人看病时尽量少耗费精力在各科室间走动。

案例：电梯里的开关

看看下边的照片，你会想到什么？你一看就知道是电梯的开关，可是能发现有什么异样吗？这是我2008年9月16日在长沙一个五星级酒店里拍的照片，当时在研究客户服务，对这些奇葩的东西异常感兴趣。

我们都知道，两个箭头向里表示关门，两个箭头向外表示开门，从图片中大家会发现，铜板上向里的箭头已经摸得光光亮亮，可是就是关不上门，设计师的意图是它表示按左边的圆圈是关门。事实证明，客人基本上都按了箭头而不是按了圆圈，这是谁的错？设计师可能会责怪大家，明明表示让你们按左边的圆圈，你们为什么要按箭头呀！

当大家都错了的时候，往往是设计师错了，因为设计师没有了解客户的心态和行为。这在日常生活中会经常见到，比如很多公司的规章制度、业务流程都是站在自己的角度制定的，当客户不满或者投诉时，公司工作人员经常会说，这是公司的规定，我有什么办法呀？又如每个人用便签贴时，一般都是从下向上揭开，然后贴到墙上，再认真按一按，可是过不了多久，就会发现便签贴掉落了，这时大家往往怀疑便签贴质量有问题，或者便签贴放的时间太长了，后来才知道是自己的错，便签贴应该从左到右揭开，才会粘得牢靠。当所有人都错了的时候，其实是设计师错了。

不要以为自己想象的客户需求就是真正的需求。创新设计思维强调观察，利用同理心，了解客户的真正需求，而不是我想客户如何如何，我以为客户如何如何。

同理心

同理心，就是进入并了解他人的内心世界，并将这种了解传达给他人的一种技术与能力。同理心又叫作换位思考、感同身受、同感共情、神入等，即透过自己对自己的认识来认识他人。

同理心是个心理学概念。它的基本意思是说，一个人要想真正了解别人，就要学会站在别人的角度来看问题，也就是人们在日常生活中经常提到的设身处地、将心比心。心理学家发现，不论在人际交往中发现什么问题，只要你坚持设身处地、将心比心，尽量了解并重视他人的想法、感受，想他人所想到的、看他人所看到的、听他人所听到的、感受他人所感受到的，发现他人的真正痛点、渴望，来设计以客户为中心的服务和产品，就比较容易找到解决问题的方法。

故事：小兔钓鱼

从前有一只小兔子在冬天的湖里钓鱼，它在冰上钻了一个小洞，然后将自己的尾巴伸到洞下去钓鱼，可是钓了半天，也没有钓到一条鱼，最后冻得不行了，不得不将尾巴拉上来。就在这时，随着尾巴蹦上来一条鱼，生气地骂道："如果你再拿胡萝卜来忽悠我，我就把你吃了。"哈哈，原来兔子自己喜欢吃胡萝卜，就以为鱼也喜欢吃胡萝卜，它用了胡萝卜做鱼饵。

这个故事说明，屁股决定脑袋，大家一般都是会以自己的想法代替别人的想法，所以很难理解别人的痛苦、快乐、烦恼等感受。

2. 以目标导向的创新设计

为了做到真正的创新设计思维，不是以纯粹逻辑思维解决问题，首先不要考虑研究问题的现状和参与者的身份，要完全站在最终用户的角度来设计一个美好的未来,也就是顶层设计。比如超市连锁企业希望设计一个以客户为中心的流程时,先不要考虑现在的超市流程是什么样,这样就避免了惯性思维模式,也不需要考虑自己是超市的管理者,即不要总是站在自己的角度和现在的处境考虑问题。又如前面我们讲的IDEO手推车的设计,就不是让原来设计手推车的专家进行设计,而是由一帮懂得创新设计流程的专家设计。如果是纯粹希望解决问题,就需要研究现状,找到问题的答案。然而在希望获得创新的,甚至颠覆性的解决方案时,就不希望考虑现状和问题所在,而是站在未来的角度考虑问题。

首先设计一个美好的未来,然后再找到现在到未来有多大的差距,还存在哪些阻力、哪些瓶颈,接下来分析如何做或者需要具备哪些条件,才可以解决这些瓶颈、克服难点,一步一步向回推,找到解决方案。例如在探讨如何降低割草机噪音时,不是基于现状考虑添加润滑剂、增加减震系统等,而是想象未来如果不需要割草机,那么如何实现,最后想到使用化学药品使得草不长高,或者转基因使得草的DNA发生变化,从而草不再长高,这样就不需要割草机了。这时瓶颈就出现了,如何研发出这样的化学药品就变成了第一重要的事情。

案例:未来的汽车

未来的汽车将会是海陆空三栖绿色环保交通工具,由硬件和软件组成,不需要汽油,远程加能或者太阳能自动充电。在生命周期(比如20年)之内,车是不会坏的,而到了生命周期,就该淘汰了。在生命周期之内,如果车的任何一个部位出现问题,汽车自身的软件就可以做到自适应维护,就像人们身上的小伤口可以自己愈合一样。当然如果自适应维护在当下技术上有一定的难度,我们就倒退一步考虑,汽车如果真的出了毛病,车上的驾驶舱就会告诉我们,车的哪个部位出了毛病,如何去修理。如果这一步还有一定的困难,再倒退一步,汽车的传感器自动将信息传到"调控中心",汽车的乘客(不是司机,因为未来的汽车不需要司机)可以接到远程专家的建议,知道如何修理汽车。如果这些还有困难,那么就直接派人到现场维修，其实这些就是实现未来汽车自适应维护的路线图。

创新型项目的设计流程

在一般情况下，解决问题都是从当下出发，发现存在的问题，找到引起问题的根源，然后再找到解决方案，这是传统解决问题的方法，属于交付型、低头干活型。SAP的于嵘先生经常会讲到创新型项目的流程和各个人群的职责和角色分工。

对于创新型项目，我们一般是从未来出发。

(1) 美好未来：定义美好的未来是什么样的，未来越狂野，越美好，需要的资源和成本一般会越高。

(2) 当下状况：考虑现状，现状是存在的事实，一般情况下，是吐槽阶段，很多人会给出很多不尽如人意的地方。

(3) 差异探索：若要实现美好的未来，从现状出发，会存在多大的差异，要从差异中找到其瓶颈。一般情况下，大家都知道，瓶颈是现状，但是现状不一定是瓶颈。

(4) 解决方案：如何打破瓶颈，需要什么样的资源、什么样的技术、什么样的支持、什么样的环境，才可以实现美好的未来，我们会考虑很多种不同的途径实现美好的未来，这样就形成了实现美好未来的各种解决方案。在一般情况下，一开始的方案大部分是逻辑思维的方案，缺少创新性。通过右脑训练，让大家一步一步迭代而获得创新的解决方案。

(5) 可行性研究：有了创新型的方案，有一些可能是狂野的想法，落地还有一定的距离。这时就需要研究方案的可行性或者制作原型。

(6) 成本分析：欲让方案落地，就需要一定的成本，比如科研成本、人力成本、材料成本、实验成本等，成本分析的目的是确定该项目要不要上线。

(7) 投入产出：如果项目上线，就需要做投入产出分析，研究项目投入会给组织带来多大的效益。

(8) 路线图：一旦决定投入这一创新项目，就需要制定项目的路线图、关键验收点、验收标准，制订实现方案的具体实施方案。

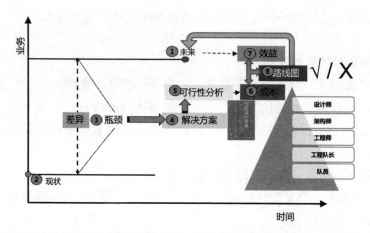

上面我们讨论了创新项目的流程和步骤,但是对应于每一个步骤,由谁来完成,如何分工,它们的职责是什么呢?下面我们来研究创新型项目的分工和相应的职责。一般一个好的创新型项目就和建一座高楼一样,有严格的分工。

(1) 董事会:需要有资金和美好的梦想,他们事先会有一个美好的整体视图,也有一定的资金,希望将他们的梦想变成现实。他们的职责就是梦想的设计者。

(2) 设计师:根据董事会(出资方)的梦想,设计业务的原型,制作愿景效果图,他们一般先不会考虑落地,所以才会有创新。

(3) 架构师:根据设计师的业务原型,设计落地的解决方案。他们需要计算各种参数,设计原型的结构,分析原型的可行性,当他们发现设计师的原型实现存在一定困难的时候,就需要和设计师进行沟通、协商,来调整完善解决方案。

(4) 工程师:将设计师和架构师设计的方案进行落地,主要解决技术实现的问题,并且将超大型整体创新型项目分解成多个可执行的小项目,比如地基基础、水电预留预埋、结构施工、屋面、内外装修、水电装修、环境建设等,同时还要制定不同阶段的验收标准、里程碑等。

(5) 工程经理:按照工程师分配的子项目,严格按照设计图纸进行施工,指挥协调资源完成任务,他们不能修改图纸,只能认真完成任务。

(6) 施工队员:执行力更强,严格完成自己的执行任务。

若某创新项目没有设计师、架构师、工程师,只有工程经理、施工队和原材料,项目就要动工,项目只能由包工头来决定项目的未来,项目的风险一般会很大,此时项目的进度、质量、目标都不可控。创新设计思维的目标就是培养企业的设计师。

3. 右脑思维，打破常规的创新创意

如果希望创意更有新意，就需要充分发挥右脑的作用，利用右脑思维，不按常规出牌。在一般情况下，人们的逻辑思维已成定式，所以打破固化思维非常重要。创新一定要经常练习右脑思维，获得打破常规的想法。比如在考虑超市购物如何以客户为中心时，打破常规的想法是客人买东西不再需要到超市，而是借助"物联网""大数据分析""云"技术(工业4.0)，让家里的厨房(电冰箱、微波炉、烤箱、榨汁机等)和卫生间(洗衣机、马桶、化妆品等)的传感器直接将数据传给超市，然后超市根据客户的需求进行补货，快递到家。

相声、小品演员的右脑相对比较发达，他们经常不按常规出牌，当人们的思维都朝着一个固定的方向思考时，他们却会拐一个弯，出其不意地抖出包袱，引起大家哄堂大笑。可以说，经常听相声、看小品有利于右脑的训练。

案例

十多年前，我在香山召开的一次电信增值服务的大会上发言，台下很多人都认为我疯了，为什么？因为在讲到电信行业的增值服务会有什么内容时，我说：

"将来的手机可以听收音机，可以看电视，可以照相；人们出差时再也不需要带身份证，需要身份证的地方只要刷一下手机；以后人们也不需要带银行卡，需要刷卡的地方只要刷一下手机；以后出差，男同胞不需要带刮胡刀，刮胡子时只要刮一下手机；以后人们下班回家，就用手机提前定制吃什么饭，回到家里饭正好做好；回家开门用手机，开空调用手机，家里没有电视机，只要将手机放到桌面上，主人对手机讲'屏幕变'，屏幕就开始变大，直到主人说'停'，就正好是主人希望的大小；以后人们不用去看病，只要对着手机就可以看医生，当医生说需要透视，只要将手机在胸前扫描，医生就看到了透视结果；以后人们出门也不用再开车，手机会像变形金刚一样，变成一个飞船。当然，根据达尔文的进化论，既然人们离不开手机，迟早有一天，人们的大脑中就会长出一个手机，想给谁打电话，脑子一想，电话就过去了。"

当时的演讲，好似非常疯狂，但是仅仅十年多的时间，这些功能大部分已经实现。智能手机几乎具有电脑的一切功能，而且比电脑更方便，它将电视、电话、网络、照相机、摄像机等集为一体。中国深圳制造的"VVE"手机的

投影功能可以将"屏幕"变大,莱复康的云医院将手机作为终端实现了很多的"远程医疗服务"。

游戏:走迷宫

在5分钟之内,请大家在下图中找到从"开始"点到"结束"点的路径。

大部分人会讲他已经找到了,问如何找到的,他们会讲,从"结束"点向上找的,会很快找到一条道路。这时问大家还有谁找到了不同的道路,有人可能会回答,可以从迷宫的外面走一个正方形的半边就过去了。这时再让大家仔细观察,还有没有其他的路径,如果大家没有发现,可以提醒,仔细观察"开始"点是谁在走迷宫呀,这时大家会恍然大悟,蜜蜂呀,难道蜜蜂飞过去一定要拐弯吗,难道不能直接飞过去吗。要让游戏做得更有意思,可以将迷宫打印到一张A4的纸上,发给每一个参与者,然后让他们走迷宫。这时最简单的方案就是将A4的纸对折,使得"开始"点和"结束"点重合,不需要飞,就可以直接从"开始"点到"结束"点了。

小贴士

在创新的过程中,大胆狂野的想法往往需要打破常规、否定常规。比如人们都知道餐馆提供就餐服务,客人根据餐饮消费付款。如果否定常规,餐馆不用提供就餐服务,而是提供做饭的厨房,客人自己体验或者自助做饭,餐馆按时收服务费,而餐饮免费。这样就可以产生创意!

4. 集思广益，民主集中的创新方式

广泛征集大家的建议和意见，没有领导和员工之分，没有专家和外行之分，没有老师和学生之分，集思广益，然后进行汇总。当别人提出想法时，不批评、不议论、不评价、不指责，然后在别人想法的基础上获得更有用、更狂野的想法，最后获得更好、更有效的创新方案。这是创新设计思维的重点。我们特别强调利用右脑，进行发散思维，但是还需要主题聚焦，最后将大家的想法点子进行集中，大家可以通过投票的方式，决定创意的优先级，获得有用的创意，这就是创新设计思维的民主集中的特征。

创新设计思维解决问题的过程就是一个发散，收敛，再发散，再收敛的过程。在发散时，经常容易跑题，将讨论的范围越扩越大，所以开始时，尽量将主题的范围设定得小一些，但是也不能过于狭窄。聚焦主题不跑题是头脑风暴中非常重要的原则。在发散的过程中，鼓励大家从多个维度思考，点子多多益善，这时追求的是量，而不是质，鼓励大家有狂野的想法，在别人想法的基础上获得更狂野、更有效的想法。然后对想法进行聚类，相同的或者相近的想法仅保留一个，考察想法的完整性，对想法进行完善，接下来对想法进行优化，通过投票获得想法的优先级，这是一个聚焦的过程。一般情况下，最少进行两次发散收敛，第一次是观察现象，通过发散思维发现问题，然后聚焦找到核心的挑战或者关键问题；然后对于选定的问题，再通过发散获得很多解决方案；最后通过民主集中的模式，选出大家公认的既创新又具可行性的解决方案。

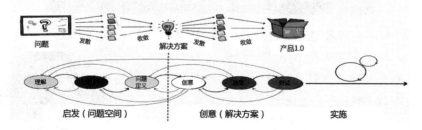

我经常说："要将事情做成，就专断；要将事情做不成，就民主；要将事情做好，就民主集中。"记得以前的一位老板，年初承诺，如果第一季度超额完成任务，就组织大家出去春游。经过大家的努力，第一季度开门红，超额完成任务。这时"聪明"的老板给大家一个命题，每个团队讨论去哪里春游。结果五个部门给出了完全不同的目的地：黄山、华山、崂山、杭州、张家界，那么去哪里春游呀？老板讲去哪里都不合适，都会有四个部门不满意，结果春游

暂时取消。

游戏："指"定组长

在工作坊开始前，很多情况下每组没有组长，如何快速解决组长的问题，我们这里玩一个游戏"指"定组长。

首先给大家指出组长的作用，就是带领小组，在给定的时间完成任务，围绕着讨论的主题(挑战)，设计出一套创新的解决方案。所以组长必须具备以下几个条件：一是有一定的领导能力；二是有一定的威信；三是有一定的组织能力，但是要求不选本组职务最高的成员。

然后问问大家，每个组的人员是否相互认识，如果不认识，窥视所有成员每人一秒钟，每个人就会有一个直觉的印象，谁会是合适的组长候选人。接下来引导师发令"当我喊一二三到三的时候，大家就指你认为可以是组长的那一位"，结果非常快地选出了组长。

这样的做法具有短平快的特征，至于结果如何，先不用考虑。在工作坊的过程中，当大家发现组长不完全称职时怎么办？大部分人认为重新换一位，这是大忌，因为重新选了组长，原来的组长就很难在后面的工作中发挥自己的作用了。最好的解决方案就是再补充一位副组长，协助组长工作。

5. 万事皆可能，开放的创新心态

在整个创新设计思维的过程中，特别在创意设计阶段，一定要具有开放的心态，认为万

事皆可能,所以不批评、不议论、不说"不可能"、不说"你错了"等,因为大家认为不可能,主要是按照常规认为不可能,这样就很难创新,如果将大家认为的不可能变成可能,才会实现创新。所以一定要具有开放的思想,接受任何狂野的点子。

在创新设计思维工作坊或者大家讨论问题解决问题的过程中,必须持有积极向上的心态,对于任何问题,不管好坏都会有解决方案,先将事情做成,然后将事情做好。最怕的是还没有开始,很多人就会讲"不可能""不行""没有时间""缺少资源""成本太高""简直就是天马行空"等,这样往往会把好的创意消灭在萌芽阶段。有时还没有做就自己怀疑,"我不会""我没学过""这不是我的事情""这是其他人的事情,和我没有关系",等大家试一试,就会发现自己的巨大潜力。所以创新设计思维需要开放的心态,需要自信。

游戏:穿越A4

每个小组仅仅用一把剪刀和一张A4的纸,不许剪断,不许用胶带或者胶水粘,在10分钟之内,剪一个能让全小组成员真人同时穿过去的纸圆圈。做得快的小组获胜。当然也不允许团队照一张合影,然后将A4纸剪穿一个洞,最后将拍摄合影的手机从洞中穿过去,我们要求的是真人同时站成一圈,然后让纸圆圈套过整个小组。

这个游戏表明,很多人认为不可能的事情,只要动脑,就会把不可能变成可能。如果把大家公认的不可能变成可能,那就是颠覆性的创新。

案例

在一个暴风雨的夜里,你驾车经过一个车站。车站有三个人在等巴士,其中一个是病得快死的老妇人,一个是曾经救过你命的医生,还有一个是你长久以来的梦中情人。如果你只能带上其中一个乘客走,你会选择哪个?

最佳的答案是,让医生开车送病危的老妇人去医院,你下车陪着梦中情人等车。这是两全其美的事情,可是如果只想着你能带一个人,而且不放弃你自己的车，那么总会有一些遗憾。

案例：一分钱买油

有个地主喜欢刁难长工，一天他给了一个小孩一文钱，让他去买油。在场的人都心里暗骂：这老家伙太狠了，不可能的，一文钱怎么够买油啊，商铺也不会卖的。

孩子拿着一文钱来到油店，他什么都没说，把油瓶递给伙计。伙计打满油之后伸手要钱，孩子装模作样地在口袋里一摸，然后苦着脸告诉伙计说钱丢了。伙计无奈，只好把瓶子里的油倒出来，把空瓶还给孩子。孩子到家后，告诉地主："一文钱只能买这么多油！"说着，他把瓶子递给地主，瓶子壁上的油已经慢慢流到了瓶底。

6. 变换角度，寻找异样的创新路径

重新审视讨论的主题，如果一条道不容易走通，可以换一条道路，条条大路通罗马。在很多情况下，大家经常会说的一句话就是"我也没办法"。是真的没办法，还是没有主动去想办法。创新设计思维教会大家对于任何的问题，都会有解决方案，不一定要找一个100%完善的方案，先有一个方案，不管好坏，先将事情做成，再将事情做好，然后进一步迭代。

对于解决问题的思维模式，需要积极向上的态度，不是没有方案，而是我们没有积极主动地找方案。事情都是一分为二的，对于任何事情，以积极向上的正面态度去对待，结果可能就完全不同了，比如创新和犯错误有多大区别；德国人做事的风格好听叫严谨，不好听叫死板；学习好听叫培训，不好听叫洗脑；做事不受外界干扰，好听叫有主见，不好听叫固执；等等，所以创新设计思维教会大家积极向上的心态，多一些正能量。

对待任何的事情，变换一种角度考虑问题，一些没有答案的难题也许就迎刃而解了。

当爱迪生为寻找合适的灯芯失败了上千次后，他仍没有放弃。于是有人嘲讽他，而他却风趣地说道："至少我也收获了一千多根失败的灯芯！"爱迪生换了一种角度回答，既消除了自己的尴尬，又缓和了气氛，也使人们看到了他的良好心态。因而，换一种角度，便是一种豁达。当面对着同一朵花时，林黛玉不禁发出"花谢花飞花满天，红消香断有谁怜"的孤独和感伤，而龚自珍却发出了"落红不是无情物，化作春泥更护花"的绝唱。同一朵花，却有不同的

感受,因而换一种角度,便是另一种境界。比如每天工作结束后,回家还要洗衣服,有人就会觉得特别累,如果换一种方式思考:我还有衣服可以洗,别人想洗可能还没有呢,这样就不感觉累了。天天出差,很多人认为非常辛苦,可我把出差视同公费旅游,这样也就不觉得很辛苦,天天都是快乐的。当客户认为产品价格太高时,一般企业就开始打折,可是如果我们换一种模式增加客户的增值服务而不是打折,这样会更有竞争力。

游戏:101-102=1

只移动一个数字,将右边数学算式变为等式:101-102=1。

大部分人认为将等号"="的一横移到减号"-"上面即可。再仔细审题,题中要求是只移动一个数字。大家此时再思考一下还有什么方法。其实当大家看到移动,又看到这个算式是横向排列时,基本上就固化认为横向移动,为什么不考虑纵向移动,这个题目马上就迎刃而解了。

游戏:动脑不会老

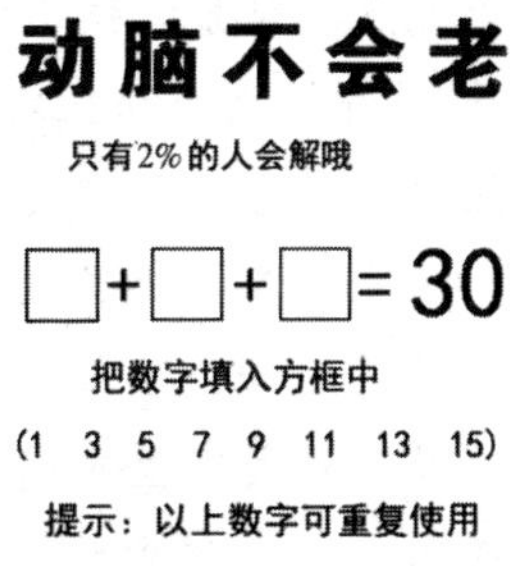

如右图所示,从1、3、5、7、9、11、13、15这8个数字中任选三个数字,填到三个框中,使得相加结果等于30。

这是一个非常有趣的练习,很多人从分析的角度认为,这是不可能的,因为将"1、3、5、7、9、11、13、15"这8个奇数任选三个加起来,还是奇数呀,如何能变成偶数30呢?如何将不可能变成可能,也许转换一种思维模式,就可以了。其实只要将9倒过来就变成6了,这时就会有很多种答案,比如6、11、13(6+11+13),15(6+9+15),等等。

游戏:火柴

给你6根火柴,不许折断,将其摆出边长和火柴相等的4个等边三角形,你如何可以做出来?

按照惯性,很多人会在桌面上试着摆弄半天,觉得好像是不可能的,或者一些非常聪明的人已经摆出了多个等边三角形,如下图所示,中间的图有8个正三角形(6个小的、2个大的)、右边的图有6个正三角形(4个小的、2个大的),但是它们的边长却小于火柴的长度。如果冲出平面,在三维空间中考虑,马上就可以获得答案了，就是一个正棱锥。

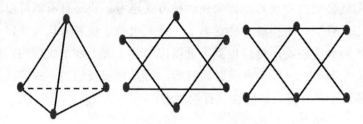

很多人几乎都认为这是不可能的，因为大家始终在平面上摆，头脑已经禁锢到了平面上，所以很难完成，总认为是不可能的。"人生而自由，却无处不在枷锁中。"要想挣脱枷锁，跳出框框，必须先知道自己已被监禁。

案例：大家"希望"航班晚点

我们都知道，没有人喜欢飞机晚点。最近中航信的航旅纵横app应用却让飞机晚点变成一种"快乐"！他们采取了让大家做"延误猜一猜"的游戏，在飞机起飞以前，每个人可以根据直觉或者航旅纵横提供的正点率来猜一猜飞机是否晚点，航旅纵横已经给押宝者提供了"建议值"，比如晚点10分钟押100个旅豆(每分钟10个旅豆)，第一次试玩该游戏，航旅纵横就自动送你600个旅豆。如果飞机正点，你就会损失100个旅豆，但是当飞机晚点1分钟，你就可以获得10个旅豆，其实仅仅损失90个旅豆。飞机晚点正好10分钟，你不赔也不赚。晚点超过10分钟，你每分钟可以赚取10个旅豆。由于旅豆可以兑换诸如"加油票"等商品，大家也就愿意参与。其实兑换奖品相当困难，但是大家认为反正没有成本，于是很愿意当作游戏来玩。这个游戏的结果却非常有意思，飞机晚点了，本来大家都不高兴，可是这一个小小的创意使得飞机即使晚点了，旅客却可以赚回来旅豆，心理反倒获得了一种平衡。

案例

古时有一位国王，梦见山倒了，水枯了，花也谢了，便叫王后给他解梦。王后说："大势不好。山倒了指山河要倒；水枯了指民众离心，君是船，民是水，水枯了，船也不能行了；花谢了指好景不长了。"国王惊出一身冷汗，从此患病，且愈来愈重。

一位大臣要参见国王，国王在病榻上说出他的心事，哪知大臣一听，大笑说："太好了，山倒了指从此天下太平；水枯指真龙现身，国王，你是真龙天子；花谢了，花谢见果子呀！"国王全身轻松，很快痊愈。

案例：牙膏口径增加1毫米

美国有一间生产牙膏的公司，产品优良，包装精美，深受广大消费者的喜爱，每年营业额蒸蒸日上。记录显示，前十年每年的营业增长率为10%～20%，令董事会雀跃万分。不过，进入第十一年、第十二年及第十三年时，业绩则停滞下来，每个月维持同样的数字。

董事会对此三年业绩表现感到不满，便召开全国经理级高层会议，以商讨对策。

会议中，有名年轻经理站起来，对董事会说："我手中有张纸，纸里有个建议，若您使用我的建议，必须另付我5万元！"

总裁听了很生气说："我每个月都支付你薪水，另有分红、奖励，现在叫你来开会讨论，你还要另外要求5万元，是否过分？"

"总裁先生，请别误会。若我的建议行不通，您可以将它丢弃，一分钱也不必付。"年轻的经理解释说。

"好！"总裁接过那张纸后，阅毕，马上签了一张5万元支票给那位年轻经理。

那张纸上只写了一句话：将现有的牙膏开口扩大1mm。

总裁马上下令更换新的包装。

试想，每天早上，每个消费者多用1mm的牙膏，每天牙膏的消费量将多出多少倍呢？这个决定，使该公司第十四年的营业额增加了32%。

【故事启示】 提到销量增加，大家一般会想到增加客户购买力、销售策划、促销方式、价格提升等，这里就换了一种思维模式，完全达到了增加销量的目的。正像一想到城市的堵车，就会想到汽车太多，道路太少，而不去考虑大家为什么用车，有没有办法让大家不用车也可以解决问题。一个小小的改变，往往会引起意料不到的效果。当我们面对新知识、新事物或新创意时，千万别将脑袋密封，置之于后，应该将脑袋打开1mm，接受新知识、新事物。也许一个新的创见，能让我们从中获得不少启示，从而改进业绩，改善生活。

7. 双管齐下，思维与方法相结合的创新理念

设计思维强调右脑思维、天马行空。而创新设计思维是设计思维的推广，不但包含右脑思维、天马行空，还包含左脑思维、逻辑推理。创新设计思维是

右脑和左脑相结合、感性和理性相结合、直觉和分析相结合、设计思维和商业思维相结合、创新流程和设计工具相结合,整体而言就是中国传统文化下的"思维"和西方精细化管理的"方法"相结合。

设计思维强调创新设计的流程,但是在设计的过程中一般采取头脑风暴的模式,经常会过于发散而缺少聚焦,而且大家争论不休,还经常伴随着批评和指责。如何降低这样的时间耗费,加快获得创新结果的速度,就需要创新设计的工具。英国学者爱德华·德·博诺(Edward de Bono)博士分析了头脑风暴的过程,提出了"平行思维法",将思维模式分为六个维度:白帽信息收集、绿帽创意建议、黑帽批评指责、黄帽优势表扬、红帽情感直觉、蓝帽引导控制。每次头脑风暴可以从这六个维度分别讨论,降低了争吵的成本。可是,我们知道,这六顶帽子戴帽的顺序是一个最大的问题,而且对于不同的问题可能顺序完全不同,而且考虑的因素也不够细化。如何解决这样的问题,这需要一套工具,也就是根据讨论的主题、问题相关的要素和流程来进行工具设计。比如讨论的问题是相关消费者时,可以利用客户旅程地图。它包括该问题的利益相关者,主要客户的特征画像,与主题相关的客户行为,每一个行为客户的痛点、难点和期望以及对应于每个行为客户的接触点,然后根据客户的痛点来设计让客户的痛点不再成为痛点的解决方案,同时讨论减少客户接触点的服务流程。这里的工具就是一个流程的引导,一步一步获得讨论问题的解决方案。在做想法设计的过程中,可以利用一张简单的A4纸(本书中的第一个工具),解决头脑风暴过程中的争吵和时间浪费的问题。这样做比六顶思考帽更有效,但是对于引导师的能力要求更强,因为引导师必须掌握流程和主要关联要素等。

8. 天马行空,超越现实的创新胆魄

在了解客户需求的时候,不是简单的问卷调查,也不是简单的拜访,而是需要利用同理心进行观察,我们讲过,"去过是用脚和身体,而看过是通过眼睛,观察过是通过心,感受过是通过神和魂"。充分地了解客户,超越客户的期望,就会做出意想不到的创意。在很多情况下,就需要更离奇的、天马行空的解决方案。

特斯拉的老板埃隆·马斯克希望将人送到火星也是天马行空的想法,因为人们都认为这是不可能的,可是他的想法是改造人类适应于火星的环境,或者在火星上建造适合人类居住的环境。在埃隆·马斯克的眼中,人类如果仅仅在地球上生活,无法从容面对未来,可能会遇到资源枯竭等不可避免的灾难,

我们要找到另外适合人类生存的地方去繁衍文明，由于火星的组成和结构与地球极为相似，所以目前它的可能性最大！10年送人类到火星、20万美元单程票、40年建立火星城市，埃隆·马斯克的"火星移民计划"终于露出了庐山真面目。

超越现实的创意，实现了就是创新，就是英雄，没有实现就是狂想，就是妄想，就是骗子。衡量的最简单的标准就是他们是否给人类带来了价值。埃隆·马斯克至少已制造出可以回收的物美价廉的火箭，这就是一个了不起的贡献。

早年的很多科幻片，很多都展现了超越现实的技术，如今很多已实现，这就是颠覆性的创新。在科幻大片《环太平洋》中，你是否被那庞大的机甲战士与怪兽间的决斗震撼了？机甲驾驶员只需要戴上一个特殊头盔，通过心灵同感后，就可以用意念和肢体动作操作庞大的机甲。这项技术已被运用到现实当中，早年间，美国空军就在测试用脑波控制战斗机，而现在美国一家公司已经将这一技术应用到最新研制的一款遥控直升机。这种遥控直升机并非由传统的操纵杆进行控制，而是通过大脑思维，该设备由一个耳机装置监控脑电波，并保持某种符合要求的状态向直升机发送操作指令，从而操纵直升机。凡是看过《霹雳游侠》的人都对片中那辆无人驾驶汽车基特记忆深刻，都曾经梦想能够拥有一辆和基特一样的无人驾驶汽车。无人驾驶技术距离我们其实已经很近了，谷歌正在测试无人驾驶全自动汽车，目前已经累计测试行驶了48万公里，谷歌的工程人员使用7辆试验车，其中6辆是丰田普锐斯，一辆是奥迪TT。这些车在加州几条道路上测试，其中包括旧金山湾区的九曲花街。这些车辆使用照相机、雷达感应器和激光测距机来"看"交通状况，并且使用详细地图来为前方的道路导航。

故事：长工和地主
地主问长工，你知道我的头有多重，长工答1斤8两，地主说不对，长工就去拿刀和秤，要称一称，地主吓坏了；地主刁难长工将房子里面的东西搬到外面晒晒太阳时，长工就上到房顶揭瓦。

9. 群策群力，众商团队的创新协作

在组织创新时，一般都需要复合型人才，T型人才是指按知识结构区分出来的一种新型人才类型。用字母"T"来表示他们的知识结构特点。"一"表

示有广博的知识面，"|"表示知识的深度。两者的结合，既有较深的专业知识，又有广博的知识面，这类人才是集深与博于一身的人才。这种人才结构不仅在横向上具备比较广泛的一般性知识修养，而且在纵向的专业知识上具有较深的理解能力和独到见解，有较强的创新能力。可是现实生活中，很难找到这样的人才，培养也需要较长的周期。如何解决这样的问题，就是创新型组织亟待解决的问题。

谈到人才时，大家都会想到IQ(智商)，当然I在英文中是代表智慧(Intelligence)，但是一般情况下，单独的"I"在英文中表示"我"，可见智商是针对个人而言的。创新的团队，就需要像IDEO公司设计团队一样，由不同学科、不同性别、不同肤色、不同角色的人才组成，我们称之为众商(WeQ)团队，这样就从"T字形"人才变成了"圆柱形"的创新团队。只有群策群力，才会获得很多意想不到的创意。

案例：扶贫月捐项目

我们在给中国扶贫基金会做创新设计思维工作坊时，讨论的主题是"如何快速有效地推广月捐项目"。这个工作坊我们邀请了扶贫基金会的工作人员、月捐志愿者、潜在的月捐人、扶贫的对象、其他公益组织的工作人员、儿童基金会职员等。这样的设计团队，就是一个众商(WeQ)团队。

我们将主题分为四个子主题：如何快速吸引更多的有效捐款者？如何快速赢得更多的有效捐款者？如何更有效地留住捐款者持续捐款？如何快速找到需要月捐支持的对象？由于人员有不同的角色，所以在工作坊的过程中给出的意见、建议完全不同。通过一天的工作坊，大家针对月捐人对项目的不信任问题，提出了在一些大城市建立"月捐对象体验营"的建议，这样比每个月捐者参与扶贫对象的成长记录成本更低，更方便，而且可以以点带面。体验营有偏远地区儿童的真实录像，虚拟现实的电影室、远程视频、学生学习动态记录、透明捐款查询、分析、监控、真人表演、偏远儿童生活体验等，可以将体验营变成一个儿童"乐园"。大家开始没有认识到自己的成果，直到大家看到宜家的"难民体验营"创新项目，才知道我们"平民"也可以设计出不比"创新专家"差的创新方案。

10. 敏捷开发，反复迭代的创新模式

敏捷开发原本是软件开发的一个名词，是指以用户的需求进化为核心，采用迭代、循序渐进的方法进行项目开发。在敏捷开发中，项目在构建初期被切分成多个子项目，各个子项目的成果都经过测试，具备可视、可集成和可运行使用的特征。换言之，就是把一个大项目分为多个相互联系，但也可独立运行的小项目，并分别完成，在此过程中小项目一直处于可使用状态。

对于很多的创业公司，他们一开始没有自己的产品，需要研发一款快速赚钱的产品，这时敏捷开发非常重要，先将事情做成，然后将事情做好。先开发一款产品，快速上市，和客户共同成长，从客户的反馈和投诉中了解客户的需求，从而调整自己的产品。也可以将客户拉进自己的研发过程，以达到快速实现产品的研制和使用。

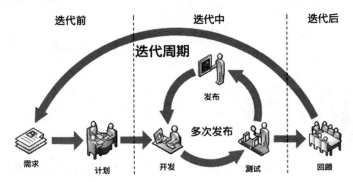

我们知道企业产品发展的规律是"人无我有，人有我优，人优我廉，人廉我转"。对于一些国际化的大公司，当它们的产品在全球占据了大部分市场，但是在市场上几乎达到饱和的时候，企业如何转型，就是一个非常尖锐的问题。企业不转型，就是等死，可是转型转不好，风险很大，还等于找死。如果都是死，找死可能还会有很多的机会，等死就只有死路一条。

11. 直觉展现，快速原型的创新制作

产品或者解决方案在设计过程当中，需要经常与用户就开发、测试等方案中的各种问题进行沟通，在沟通过程中，有辅助介质的沟通会有效得多，比如需要向用户说明设计方案的时候，单纯的口头沟通肯定没有有实质交付物的沟通来得顺畅，这里的实质交付物可以是文档、草图、原型，而原型则比前两

者要好，首先文档要靠文字描述出来，文字描述会有歧义，且长篇累牍的文档会降低用户认真阅读的积极性，文档还有一个缺陷，就是会夹杂文档编写人员的个人因素，无法完全细致地把每个功能点都提到或者描述清楚；草图，最多只能描述出一个主题的框架，具体到每个功能点的时候无法具体表述出来；原型，因为效果接近模型，甚至可以做到和DEMO差不多，可以给用户一个非常直观的感受，细到每个功能点，每个交互，都可以在原型上表现出来，这样在沟通的过程中就能大大减少沟通的时间，且能借助原型的展示，降低沟通与实际的差异。

原型的制作成本和演示成本都比较低，除非比较复杂或者保真度要求比较高的原型。在描述一个功能的时候，可能出现花了很多时间仍不能完全描述清楚的现象，且由于用户在理解方面存在差异，必然效果不会好。若有原型的演示，就会一目了然，用户可以根据自身的判断，再结合演示者的描述，轻松理解产品功能。原型还有一个好处就是能吸引演示对象的注意力，一般的沟通如果没有依托任何介质，其讲话效果往往不好，下面的人各干各的，但如果有PPT或者原型在上面演示，必然能引起大家的注意力，我想这点大家感同身受。

原型设计是将大家的想法、解决方案进行直观的展示，制作的过程就是对方案的又一次审视、迭代。一般情况下，原来的想法是离散的，相互没有整体钩稽关系的，通过原型的制作，可对离散的想法进行完善，并进行跨部门、跨利益相关者的又一次整合，即在以前想法的基础上再次获得狂野的点子，有效方案将再次迭代完善。

案例：马克思雕像

2016年10月，中国打算在2018年马克思诞辰200周年之际，向特里尔市赠送一座马克思铜像，但这个消息却在当地民众中引发了讨论。因为这座雕像尺寸有点大，高4.9米，加上底座足足有6.3米，特里尔市虽然有个马克思故居，按理说放在那附近最合适，可是马克思故居附近没有摆放那么大物件的空间，所以雕像计划被放置在西蒙史蒂夫特广场。有些市民觉得，西蒙史蒂夫特广场是为了纪念来自拜占庭帝国的"隐士"西蒙的，不适合在这里放其他人的纪念雕塑。还有当地民众从艺术的角度出发，觉得这座马克思雕像属于现实主义艺术风格，在一个古典主义风格的广场上竖起这么一座雕像，搭配起来不是很合适。

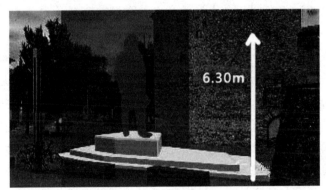

为了消除当地民众的顾虑，2017年3月初，特里尔市政府特地竖起了一个和马克思雕像同尺寸的木板仿制品，放在西蒙史蒂夫特广场上，向民众展示高度。不少当地人路过时都拿出手机拍照，还说这座雕塑"没有想象的那么大"。

这座木质原型说服了特里尔市的市民，议会最后以42票赞成、7票反对的表决结果，决定接受中国送的一座马克思雕像。由此可见原型设计的重要性。

游戏：商业密码

你们公司的业务员就要上飞机谈一笔大生意，飞机起飞前公司机要负责人获悉竞争对手有办法获得你们的往来文件，这时离机门关闭仅仅只剩下5分钟，你如何快速制作一套密码，而且让你的业务员在5分钟之内记住,以便后面往来文书中的数字由代码表示。

机要员快速制作了如图的密码,让业务员看一眼,并很快地记住,你有什么绝招吗?

在5分钟之内,离散的记忆是非常困难的,只要仔细观察,马上会发现利用九宫格和一个黑色的正方形就可以完全记住了。你知道如何做了吧?

案例:贝聿铭卢浮宫的金字塔

当密特朗总理以国宾的礼遇将贝聿铭请到巴黎,为三百年前的古典主义经典作品卢浮宫设计新的扩建时,法国人对贝聿铭要在卢浮宫的院子里建造一个玻璃金字塔的设想,表现了空前的反对。在贝聿铭的回忆里,在他投入卢浮宫扩建的13年中,有2年的时间都花在了吵架上。当他于1984年1月23日把金字塔方案当作"钻石"提交到历史古迹最高委员会时,得到的回答是:这巨大的破玩意只是一颗假钻石。当时90%的巴黎人反对建造玻璃金字塔。

人们一直小心翼翼地避免把古迹变成艺术大市场,而贝聿铭却希望"让人类最杰出的作品给最多的人来欣赏"。他反对一切将玻璃金字塔与石头金字塔的类比,因为后者为死人而建,前者则为活人而造。同时他相信一座透明金字塔可以通过反映周围那座建筑物褐色的石头而对旧皇宫沉重的存在表示足够的敬意。自认因卢浮宫而读懂了法国历史的贝聿铭并不难从埃菲尔铁塔中读出建筑的命运:建筑完成后要人接受不难,难就难在把它建造起来。因此他不惜在卢浮宫前建造了一个足尺模型,邀请6万巴黎人前往参观投票表示意见。结果,奇迹发生了,大部分人转变了原先的文化习惯,同意了这个"为活人建造"的玻璃金字塔设计。

由此可见,文字再华丽,也不如直观的原型更有说服力。这就是原型设计的重要性。

12. 讲故事演小品,生动形象的创新展示

对于创新设计思维工作坊做出来的结果、解决方案或者原型,都需要对客户、公司的主管、投资公司等做汇报,如何才能使得汇报更有效,就需要学会讲故事,特别是对美好未来的描述。如何讲好故事?需要以下几个关键的要素。

(1)良好开端:一个好的开端,可以很快抓住人的眼球,就像TED演讲一样,比如一位怀有使命的主人公遇到意料之外的障碍并陷入危机时,他会试图

克服障碍，继而故事发展至高潮，直至结尾。

(2) 清晰主线：围绕着核心，紧紧抓住一条故事线，以点带面，不要芝麻西瓜一把抓。从美好的未来讲起，然后讲述实现美好未来的最大痛点，以及痛点带来的后果或者恶果，找出最大瓶颈，提出创新解决方案。

(3) 价值体现：方案实现后，能带来多大的价值，特别是能实现的美好未来是什么样，对组织、个人，甚至社会有什么益处。

(4) 引人入胜：通过激发兴趣、制造悬念或危险等形成故事的张力，在观众中引起强烈反响。一般以倒叙的模式讲故事，通过抛出大家公认的问题或者悬念引出，然后讲解创新的方案。

(5) 细节提供：适当提供细节，呈现你的方案是切实可行的，而不是纸上谈兵。如果细节太少，故事会显得不够生动，如果太多，则会显得拖沓冗长。你一定要知道为什么讲故事，听众是谁，删除所有与主题无关的细节，但还要保留足够的细节，以便人们更好地想象发生的事情。

(6) 冲突情结：在讲解方案时，尽量埋下包袱，聚焦在故事冲突情节，在大家都认为没有解决方案的时候，抛出意想之外的解决方案。

(7) 强带入感：讲故事的人要入神，进入故事的情节，才会真正感人。丹尼尔·戴-刘易斯三次获得奥斯卡奖，在饰演《林肯》时，他入戏太深，完全走火入魔，在参加姨妈家的圣诞晚餐时，仍然用林肯的思维和语调说话，跟桌边的黑人小伙进行那个时代的对话——直到忍了他多年的表兄终于爆发，"礼貌"地把他请出了家门。这样的画面，贯穿着他的人生，轻者是被他用林肯名义发短信"骚扰"的"林肯夫人"莎莉·菲尔德，重者便是他在《纽约黑帮》挥舞屠刀吓呆的工作人员以及在《血色将至》里被一顿暴揍的合作演员。在《我的左脚》拍完后，他每天还不下轮椅，朋友说电影拍完了，我们自己走路吧，他却说："我瘫痪了，我能下得来吗？"

(8) 圆满结局：最后要有总结，方案是如何解决瓶颈的，带来多大的价值，整个路线图如何分步实现。故事或有趣，或感人，或给人启迪。心理学家埃莉诺·朗登(Eleanor Longden)愿意公开分享她自己的故事：读大学时，她开始在脑海里听到某种声音。后来，她被查出患有精神分裂症，被送进精神病院，几近自杀。不但故事本身非常精彩，而且从她的讲述中，你能够获得关于精神分裂症、精神疾病的启迪和智慧，并且对此类疾病有了全新的认识。以下是她演讲的结尾部分：最荣幸的事，莫过于帮人自我疗愈：见证一切，伸出援手，分担痛苦，并抱定他们康复的希望。同样，我还要对那些历经磨难的人说，我们不必永远沉浸在过去曾经历的灾难与痛苦当中，我们是独一无二的，是不可替代的。我们的初心永远都不会改变、扭曲或丧失，而光明永存。

本章论述了创新设计思维的十二大特征：创新设计思维的以客户为中心的同理心思维；以目标导向的创新设计；用右脑思维打破常规的设计创意；集思广益，采取民主集中的创新方式；具有开放的创新心态；变换角度寻找异样的创新路径；创新需要思维与方法相结合；具有超越现实的创新胆魄；进行创新协作；采用敏捷开发、反复迭代的创新模式；通过原型直觉展现创新制作；通过讲故事演小品等方式生动形象地展示创新方案。

Innovative

Design 第四章
创新设计思维工作坊
通用的工具

Thinking

不管组织是希望做创新设计思维工作坊，将企业建设成一个创新型的组织，还是培养创新设计思维的导师，都需要掌握创新设计思维的流程和工具，灵活地运用、开发这些工具。这些工具，是按照逻辑思维模式设计的工具，围绕着不同的问题，利用设计不同的工具，一步一步引导参与者完成设计的创新方案，工具是左脑的产物。而在头脑风暴时，鼓励狂野的点子，天马行空，但是要聚焦主题，狂野的创意点子和想法是右脑的产物。将以上两者紧密地结合在一起，就是创新设计思维的产物。在下面几章中，我们着重讲述每个不同工具使用的情景、时长、方法和获得的结果等。

本章主要介绍创新设计思维工作坊常用的通用工具，相对于第五章到第十一章介绍的工具而言，本章介绍的工具不直接地用于解决某个问题，而是辅助实现一些通用的功能，本章是以后各章的基础。如果有些人想尽快地了解创新设计思维工作坊如何去做，那么可以跳过这一章直接从第五章甚至第十二章开始阅读。

创新设计思维工作坊通用的形式

创新设计思维工作坊主要由4个重要的组件组成，即游戏、头脑风暴、原型设计和讲故事。在整个过程中，大家基本上是站立着积极参与互动，讲解的时间不会超过整个过程的20%。

1. 游戏

游戏的目的是"破冰""热身"，让大家兴奋起来，从而毫不拘束地大胆发言，锻炼右脑，产生狂野的点子。李白写出了很多狂野的诗句，将一个小小的瀑布写成"飞流直下三千尺，疑是银河落九天"，他的狂野诗句几乎都是在喝醉酒之后创作出来的。在工作坊时，我们的右脑思维，狂野的想法，是在右脑游戏以后产生的。游戏的另外一个目的是让大家有所感悟。比如"棉花糖"游戏让大家知道什么是原型法，"可乐瓶"游戏让大家理解创新作为一种思维模式的重要性，"一棵大树"游戏让大家开发右脑思维，快速获得创意，并且照一张奇特的合影，"七巧板"游戏将体验团队合作、战略和运营相结合，"故事接龙"游戏可以练习右脑，"有鱼无鱼"游戏让大家认识合作的重要性，等等。

2. 头脑风暴

头脑风暴的目的是让每个成员积极参与，多出点子，贡献想法，相互借鉴，发散思维，从而获得可用的、意想不到的狂野点子。为了顺利完成头脑风暴，不但要充分发散思维，而且要利用工具引导大家相对集中，借助这些工具可以得到最终希望获得的结果。

进行头脑风暴时有以下几点要求：
- 不评论、不讨论、不支持、不宣扬、不提问、不批评；
- 天马行空、异想天开，说出尽量多的点子；
- 越多越好，重数量而不重质量(但要把握时间)；
- 见解无专利，鼓励组员综合数种意见或在他人的意见上发挥自己的观点；
- 六项思考帽(平行思维，主持人把握)；
- 没高低层次之分，没有领导和员工之分，参与人员人人平等。

游戏： 头脑风暴的九大规则

在10分钟之内，将头脑风暴的九大规则利用绘画的形式表现出来，这一游戏就是让大家从直觉出发，快速画出规则描述的草图。

在一般情况下，将九个规则讲解给大家，半小时都不一定会记住，可是通过画草图的形式，可以让大家在短时间内牢牢掌握。

下图为在首都机场反恐项目的创新设计思维工作坊时，周陟先生的作品。很喜欢他将"鼓励狂野的点子"画得脑洞大开，一边往外跑飞机，一边往外跑火箭，还有"在别人想法的基础上获得更好的想法"画的是脑袋里面套脑袋，脑袋里面还套脑袋，最后产生一个新的创意。

画完了，给大家5～10分钟的时间，相互欣赏作品，就会发现，对于完全相同的描述，却有几乎完全不相同的描绘。由此可见，创新设计思维的小组需要各种不同见解的人员组成，会产生出各种不同的创意来。

3. 原型设计

原型设计的目的是将离散的点子、想法以及创新的概念利用绘画、积木、3D打印等直观的视觉艺术加以实现,从而使大家能有直观、充分的视觉认识,对于讨论的方案或者设计,保持在同一个频道,产生共同的认识,以防认识的偏离。然后做进一步完善,原型本身不是一个最终设计的产品,而是一个直观的体验,也不是一步到位的设计,而是一步一步改善的过程。比如直升飞机、降落伞、飞机的最初发明者达芬奇,就是在纸上画下一个草图,这就是最简单的原型法。又如电脑鼠标的发明就是在纸上画的一个草图,后来利用一个废旧的滚珠和一个小木盒做了原型。

案例:鼠标的发明

恩格尔巴特在加州大学伯克利分校获得博士文凭之后,在斯坦福研究所(SRI)组建了一个研究小组,开始从事新式的人机交互和互联网方面的研究。

20世纪60年代初,恩格尔巴特在参加一个会议时掏出随身携带的本子,画出了一张在底部使用两个互相垂直的轮子来跟踪动作的装置草图,这便是鼠标的雏形。1964年,他再次对这种装置进行完善并制作出了原型,即用丢弃在桌旁的一个滚珠,加上一个小木盒制作了一个鼠标。

1968年12月9日,恩格尔巴特在全球最大的专业技术学会——IEEE会议上展示了世界上第一款鼠标,这场展示令在场数千名电脑专家惊叹不已,成为科技史上重要的里程碑,被誉为"展示之母"。

后来也有人受恩格尔巴特的启发,做出了重大发现,苹果公司创始人史蒂夫·乔布斯就是其一。鼠标发明多年后,施乐帕洛阿尔托研究中心有一位叫作艾伦·凯的科学家,将鼠标应用于奥托电脑中。1979年,乔布斯拜访施乐帕洛阿尔托研究中心,看到奥托的技术后备受震撼,意识到使用鼠标的重大意义。后来,苹果将其用于麦金托什机上,让鼠标得以流行。1981年,苹果推出第一只商业化鼠标,也就是机械滚球鼠标,但仍旧是单键。随后微软公司对鼠标进行了改进,加入了左右击键。而我们所熟悉的三键鼠标雏形则是由IBM公司设计推出的,只不过中间键并不是滚轮，而是带有点击下拉功能的单键，如今此种型号的鼠标依然在使用。

4. 讲故事

创新设计思维工作坊的另一个非常重要的组成部分是讲故事。讲故事比书写的内容更能让大家理解，可以形象地、有声有色地将设计的原型表现出来。在开始获得了一手、二手资料的时候，可以利用故事的形式将对客户的体验讲给大家，进行汇报总结。在每个阶段，对讨论的结果进行汇报时，也可以采用讲故事的形式。在设计之后将设计结果向客户、领导汇报时，也可以采用讲故事的形式，使得结果更形象地表达出来。

讲故事需要遵循的原则具体如下。
- 要有冲击力，引人入胜。
- 最好是亲身经历，增加故事的可信度。
- 时间、地点、人物俱全，人物最好是和客户有关系的人物或者公众人物，让人感觉故事的真实性。
- 最好是大于等于客户公司规模的案例，让客户看到你做的项目是如何成功的，是如何让项目相关的所有人员获得收益的，以彰显故事的可类比性。
- 冲突情节：故事要能引起人的兴趣，就一定要有冲突情节，才可以达到故事高潮。
- 结局必须有成功的解决方案：故事一定是围绕着成功的解决方案进行的，最后在大家都没有办法时，显示我们是如何帮助客户解决问题的，突出故事的成功性。

下面是中央人民广播电台文艺频道广播故事会节目讲过的一个故事，故事本身非常平凡，可是有了冲突性情节，就使得故事非常感人，这里的故事做了大量的删减。

案例：面包的故事

那是一个周末的黄昏，我正要和同学去逛夜市，妈妈打来电话，声音欢欣雀跃："明天我们单位组织春游，你下课后帮我买一袋椰蓉面包好吗？""啊，你们还春游？"我差点笑出来，想都不想就一口回绝，"我跟朋友约好了要出去，没时间。"妈妈跟我讨价还价了半天说："实在抱歉，我今天真的没有时间,你还是帮我去买面包吧!"这时,我才很不情愿地答应下来。

一心想着速战速决,刚下课我就往糕饼店飞奔。可到了那儿,我的心一沉——店内外人山人海,排起了长队!我暗自叫苦。随着长龙缓慢地移动,我频频看表,踮起脚尖向前张望,足足站了快20分钟,我才进入店中。

我站得头重脚轻,饿得眼冒金星,想起朋友们都在等我,更是急得直跺脚。春天的暖柔的轻风绕满我的周身,新出炉的面包那醉人的芳香裹着我一触即发的火气。我心里暗暗埋怨妈妈,真不知道她怎么想的!一群老太太有什么好玩的?春游根本就是小孩子的事嘛!

前面有人因为插队吵了起来。我算了算,我是"第三炉"最后一个,有点盼头。就在这时,背后有人轻轻叫一声:"小姑娘。"

我转过头去,一位中年妇女企求地微笑着:"小姐,我们商量一下好吗?我排在你后面,得再等一炉。我儿子明天春游……我待会儿还得回去做饭,如果你不急的话,嗯……"她的神情里满含期待,看到我很不情愿的样子,随口就问:"请问你给谁买?"我很自然地回答她:"给我妈买,她明天也春游。"

真不明白,当我回答时,整个店居然在刹那间突然有了一种奇异的寂静,所有的目光同时投向我。站在我前面的一位大娘对我说:"姑娘呀,前边站,你先买!"我不好意思地说:"大娘,不着急,我有的是时间,等得及,等得及。"

大娘说:"姑娘呀,你等得及,等得及,可是我们这些做母亲的怎么等得及呀,妈妈已经盼了20年了,总期望也有一天,我们的姑娘长大成人,像你这样孝顺,也帮妈妈买面包呀。"这时整个队列闪开一条道,大家一再让我这样的"孝子"先去为妈妈买面包。

创新设计思维工作坊整个过程几乎都是参与行动式的,在参与的过程中需要大量的道具,在此罗列出一些最基本的常用道具,包括大白纸、便签贴、黑色小双头记号笔、各式彩色笔、胶带、双面贴、大头针、圆点贴,以及游戏所需要的道具。根据主题不同,游戏不同,道具也不尽相同。

创新设计思维工作坊需要的基本道具

大白纸(A1型号白板纸:60cm×90cm):一般每个小组最少10张,用途是贴到墙上,以便大家将自己的任何想法建议写到便签贴上,再贴到大白纸上,这样不会损坏墙面，而且聚类后可以在大白纸上分类画圈写记号，工作坊结束后还可以继续保留大家的原始设计。根据讨论的时间长短、内容的多少确定所需大白纸的数量。

便签贴：这是创新设计思维最重要的神秘工具，整个过程便签贴不离手，所以需求量非常大。一般情况下，如果是一天的工作坊，每个组就需要6种不同颜色的便签贴(每种颜色为一包：76mm×76mm)各两包，每组最少需要12包。大家将想法、信息、数据等写到便签贴上。

黑色小双头记号笔：整个过程都需要将信息记录在便签贴上，所以双头记号笔的较粗一头用来写便签贴，较细一头用来记笔记，每人一支。其可以回收重复利用。

胶带(封箱透明胶带：48mm)、**双面胶、大头针、白板磁铁贴**：一般情况下，可能只用一种，根据墙面的环境而定。如果墙面是可以用胶带粘上去的，就使用透明胶带将大白纸贴到墙上，如果墙面是软绵绵的，就用大头针将大白纸固定到墙面，有时也可以用双面贴来固定，在墙上不允许贴大白纸的环境下，我们就将大白纸用磁铁固定到白板上。最好将大白纸固定到墙上，这样可以腾出更大的空间进行讨论。

不干胶圆点贴：一般情况下可以准备两三种不同颜色的不干胶圆点贴各一张(24枚/张)，用来投票、强调重点。

A4纸：A4纸用来贴便签贴，而后相互交换提交建议，或者用来做小组签名，或者用来做草图。A4纸会在很多不同的场景下使用。

乐高积木：用来制作原型。每个小组一盒(最少100粒)，有时也可以买一大盒(500粒)平均分给每个小组。可以是任意一种乐高，当然如果是可编程的机器人乐高会更好。

橡皮泥：用来制作原型。每个小组一桶，可以用来表达原型制作的任意部分。

道具

创新设计思维工作坊需要的基本通用工具

在举办创新设计思维工作坊时，我们一直强调不许批评，不许议论，不指责，独立思考，可是在执行过程中，由于每个小组都会有领导，或者有相对权威的成员，往往他们的发言会将大家的想法"引导"到他的思维定式，这样就起不到独立思考、各抒己见的作用。有时我们强调只要有人说"不""不可能"之类的语言，就罚款50元，这也是很多企业实行管理经常使用的方法，但是这样一是很难杜绝大家的一些恶习，二是罚款打击了大家的积极性。杜绝批评、议论，应根据需要采用一些基本的工具。只规定规章制度不行，要让规章制度落地，还必须有工具和方法论，下面的独立启发贡献的方法，就是我们在长期举办创新设计思维工作坊总结的经验，并且让规定自动变为现实。

工具一、让不批评不议论落地：独立启发贡献

目标

在任何一个出点子、给想法的过程中，使得大家安静地独立思考，不批评，不议论，不指责，不说"不可能"，大胆提出自己"狂野"的想法，或者"吐槽"，使得信息更完善、更有各自独立的想法出现，并且保证在别人贡献的想法基础上受到启发，然后激发出更好、更狂野的点子和想法。

何时使用

- 在领导或者权威人士是小组的成员之一，员工不敢说话，他们担心领导发现自己讲了真话而受到压制的时候
- 在讨论现状，批评领导或者公司一些"错误"的时候
- 快速获得更多的点子和想法，为了避免没完没了的讨论而耽误时间的时候
- 独立思考，不受外界任何影响的时候
- 在别人想法的基础上获得更好灵感的时候

持续时长

8~15分钟

参与人数

每个小组4~8人

道具

每个小组大白纸若干张，每人1支黑色小双头记号笔，便签贴同种颜色每人至少6张，每人1张A4纸

步骤

(1) 每个人在横向A4纸的上半部分贴上三张同颜色的便签贴，然后针对讨论的要求，将自己的想法、点子或者问题等关键词写到这三张便签贴上，字写得尽量大点，每张便签贴不要超过10个字，每张便签贴上写一条，以便整理照片时可以看清楚。

独立启发贡献

(2) 写完三条后，顺时针方向传递，也就是将你写的A4纸交给你左边第一位，等每个人都拿到自己上一位的想法以后，在前人的三点建议的下面贴上三张便签贴，进行下一步。在这里强调为什么不是相互对换，因为当人数是奇数时，就无法保证每个人会有前人的点子了。

(3) 拿到前人传递来的三个点子(针对讨论的环节不同，贡献分别为点子、想法、意见、建议、问题)后，认真读懂含义，在此基础上得到启发，然后再贡献三个点子。比如在讨论如何做好绿色环保的问题时，上一个人贡献的建议是"出行拼车"，你可能得到启发，是做一个手机"拼车app"；当你看到前人贡献的是"单双日出行"，你可能会想到"骑自行车出门"，等等；当A4纸上的所有6个点子都做完后，大家站起来，到墙上贴好的大白纸或者白板前，将自己拿的A4纸上的6个想法或者点子等贴到大白纸或者白板上，一边贴，一边大声朗读给大家听，无须解释，并且尽量将其按照某一种类型进行分类。

(4) 等所有人都贴完了，大家在组长的带领下，将内容进行分类，这时就会体现出利用便签贴的优势了，完全相同的内容可以去掉，按照类别的不同，可以随意移动便签贴。

(5) 分类后，看看是否受到了大家整体建议的启发，是否还可以获得更好的想法，进行补充。

(6) 补充完后，开始进行小组汇报，有时可以采用白板书写，或者以草图的形式进行汇报，通过讲故事，以非常形象的、直观易懂的方式让大家理解前面讨论的结果和有建设意义的想法。

结果

通过独立启发贡献，大家可以独立贡献三个点子，并且在别人点子的基础上获得灵感，从而得到更多的想法。其避免了出现讨论、批评、指责等尴尬局面和扼杀好点子的现象。

小贴士

这种方法也可以循环传递若干次，每个人贡献9个点子，12个点子……但是我们也很清楚，当大家贡献出一定数量的点子时，就很难有更多的想法了，而且还需要分类、讨论，会花费更多的时间。

游戏：指令和行动

导师发出指令并带领大家一起完成如下的动作：导师举起右手并且让大家也举起右手，指令手尽量举高一点，然后在空中画一个小圈，再画一个大圈，再画一个更大的圈(导师一边发指令，一边做动作)，最后将自己的手放到自己的下巴下面。但是这时导师快速地将手放到腮帮子的下面，让大家放好后手不许移动，相互检查，看看大家的手是否放到了下巴下面。其实由于导师的动作误导，很多人将手放到了腮帮子的下面，而不是下巴下面。

这个游戏说明行动比指令更有效，若要执行规定，就必须有规范的流程和工具来实现。

让大家充分地发表自己的想法，提倡贡献狂野的点子，但是在很多情况下，由于大家的身份，对本身工作的理解，经常不假思索地就会根据自己现在的岗位和现状提出解决问题的想法和点子，这样就很难获得创新的创意。另外由于"屁股"决定了"脑袋"，所以他们经常会贡献一些比较现实的想法，特别是对于讨论的主题比较熟悉的人，更是容易从现实出发，自然而然地提出通

过逻辑推理得到的"理智"的想法。

如何鼓励大家提出狂野的创新想法？我们经常邀请一些对讨论主题不太熟悉的人员成为设计团队的成员，他们由于没有常规的活动和思维，所以经常会有一些奇特的想法出现。另外我们也有不少方法来鼓励狂野创新的想法出现，下面的"荒谬的解决方案"就是为了这一目的而设计的。

工具二、抛弃常规现实的想法：荒谬的解决方案

目标

为了找到创新的想法，鼓励狂野的点子和想法，我们常常需要抛弃常规的逻辑推理，仅仅探索狂野的、天马行空的点子以及想法的可行性。

何时使用

- 在已经获得了很多的想法，需要专门对狂野的想法研究可实现性的时候
- 对狂野的想法进行分析探索，希望将该狂野想法落地的时候，或者找到想法落地的条件、资源的时候
- 探讨一些轻率的想法，并发现实质性差异的时候
- 打破人们现实的观点，快速产生新想法的时候

持续时长

30~50分钟

参与人数

2~8人

道具

大白纸两张，黑色小双头记号笔每人1支，4种不同颜色的便签贴每人最少各10张。

步骤

(1) 在大家已经提出来的想法中，将看起来傻傻的、荒谬的、不现实的想法保留下来。将其余比较现实的、可逻辑推理得出的想法清除掉。对每个"傻"的建议进行探讨、修正，使得它们更加吸引人或者有创意、可实现，并且不失该想法的亮点。

(2) 我们在想法的旁边贴上两张大白纸。

(3) 将原来想法中的狂野的、不现实的、傻傻的想法揭下来，贴到这两张大白纸的最左边，后面只讨论这些"傻想法"的实现。

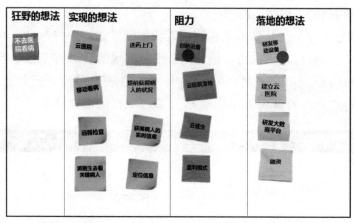

荒谬的解决方案

(4) 根据这些想法，进行讨论修正，将其修正成为更吸引人的想法，不要丢掉它奇特的光芒，不要冲淡它的趣味。

(5) 检查实现这些"傻想法"的阻力所在，比如技术缺乏，没有原材料，时机不成熟，等等。

(6) 围绕这些阻力，寻找更现实的解决方案，比如对于技术问题，是自己研发，还是外包、合作或购买专利等。

(7) 可以通过如下游戏来实现选择，一个小组建议一些狂野的想法，而另一个小组修正它(利用无偏见的判断)。

结果

确保可能会被否决的新想法得以保留，以此来调动大家的热情，调节大家的参与度和态度，并且可以真正获得一些创新的想法，将其落地实现。

小贴士

如果将大家认为不可能的方案变成了现实，就是颠覆性的创新。如何获得荒谬的解决方案，我们常用以下的几个方法。

(1) 让各种不同角色的人员参加，特别是邀请与讨论主题毫不相干，但是对讨论又非常感兴趣的人参加，他们往往会有一些与众不同的荒谬的创意出现。

(2) 邀请比较幽默、敢于吹牛的人参与讨论，他们的吹牛有时会带来与众不同的创意。

(3) 如果还没有新的天马行空的想法，就让大家开始做"右脑"游戏，比如"故事接龙"，让大家脑洞大开，获得狂野的想法。

(4) 让大家学会问"如果不……，还有没有其他的方案"等来获得荒谬的方案。

案例

在讨论病人无法忍受医院复杂的流程这个问题时，会产生很多主题，比如："医院如何改进流程使得病人更满意"；"内转外不转"就是以病人为中心，做到病人不动而医院动的流程……其中一个狂野的点子就是"如果病人不到医院看病"，这一想法看起来很狂野，然后就围绕着这一想法，寻找解决方案，首先看看如何使得该想法实施，大家想到了很多，比如借助移动设备实现远程医疗，在手机上安装传感器，收集病人的各种信息，并且将其发送到远程云医院，这些信息包括心电图、脑电图、血糖信息、血压、尿常规等。对于特殊病人，还可以有特殊的应用，实时获得相关的信息。通过云医院24小时值班，只要发现病人有异常现象，就根据GPS定位，发现病人的位置，然后在云医生中自动筛选出相关的专家直接去病人处进行急诊救助。有了这些想法，关键的难点就是现在没有这样的设备，如何研发，如果有了这样的设备，云医院如何建立，大数据分析平台何时建立，等等。这里的关键就是设备的研发生产。围绕着设备的研发生产，就存在是自行研发，还是寻找专利、合作研发或外包研发等选择。如果确定研发的模式，就存在研发人才(医生、医疗设备专家、发明创新者等)的组成，当然还有资金问题、如何落实等问题，这些是具体的行动计划和项目策划。

在很多情况下，大家列举了大量的想法，或者将想法做了分类，每一类都有一个标签，比如"销售流程""客户满意""产品设计""市场调研""售后服务"等，那么这些想法或者分类有时是有时间顺序或者优先级顺序的，当大家发现这种顺序是一个线性关系时，可以使用如下的互换排序法，找出时间顺序，或者流程先后，或者优先级的不同。互换排序法有时也被称为"卡片法"。

工具三、将想法进行合理的排序：互换排序法

目标

将主题关键词、吐槽、点子或者想法按照某种规律，比如重要性、紧

迫性、组织架构等进行优先级分类，以便大家更清楚讨论主题的核心重点是什么。

何时使用

- 当大家的点子、想法(线性的)比较多，需要决定优先级时
- 这些点子和想法是线性的，比如，按照时间排列的起床、吃早餐、上班、吃午餐、下班、回家就是一个线性关系
- 如果你希望利用科学的方法获得想法的优先级，而不是凭借自己的直觉和喜好来决定的时候

持续时长

根据问题的需要，一般时间比较短，不会超过20分钟

参与人数

每个小组8~10人

道具

不需要(利用原来贴好的便签贴，将其进行移动，重新排序即可)

步骤

(1) 当大家充分列举了想法点子之后，就需要大家通过简单的讨论做一些调整，按照某种规则、重要性、实用性、紧迫性等重新排序，这时我们就需要一个工具实现其排序，这就是互换排序法，也叫"打擂台"排序法。

(2) 对每一个点子进行简单的说明和讨论，一般由该点子的提议人进行解释，理解其含义，然后大家讨论，快速利用一对一的比较来进行排序。

(3) 将所有写有点子或者想法的便签贴按照任意顺序纵向贴成一列。

(4) 从最顶部开始，首先看看前两个便签贴的内容，它们是否是按照正确的顺序排列？将认为最重要的一个换到最顶部。

然后考虑第二个和第三个想法，第三个和第四个想法，重复上面的步骤。

(5) 将互换从顶部做到最底部，评估并且互换任何两个重要顺序不同的点子，将最重要的点子换到最上面。

(6) 做完后，从上到下评估，再循环一遍。

(7) 直到你再次做时，没有一个可以互换，这时得到的就是你认为最好的排序了。

结果

对关键词、吐槽、想法或者点子按照优先级进行重新排序，获得它们

的正确顺序。做下一步行动时，可以按照优先级的顺序执行。

案例：患者医院行为的排序

在医院，当讨论患者到医院的传统行为时，每个工作坊的设计师列举了不少患者的行为，这时需要重新排序，可以按照从早到晚的顺序排列，比如挂号、分诊、看病、划价、缴费、检验(透视、化验)、再看病、划价、缴费、取药等。

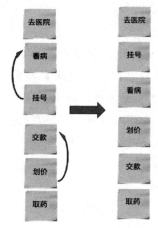

对于小组列出的想法、点子、问题、阻力、吐槽等，由于是相互离散的，看起来可能是毫不相关的想法，但是有些想法从某一角度来看可能接近，比如同属于技术问题，或者关于资源问题等，如何将这些点子按照某一规则进行聚类，从而将很多的点子简化成为关键的几个大类，使其更容易研究和讨论，这就需要聚类法。

工具四、相关因素聚类：聚类法

目标

将大量的想法重新归类，简化想法，将其归为更有组织的、有逻辑性的简单几类。

何时使用

- 对客户现场进行考察回来后，将遇到的、听到的、看到的信息、照片甚至录音进行整理时
- 将对未来的想法、点子进行整理时
- 大家已经罗列了很多的事实，需要对现状的理解和认识进行整理分类时

● 对建议的模型、成果进行重新认识整理时

持续时长

5~20分钟

参与人数

2~8人

道具

将写有内容的便签贴贴到大白纸上，不需要其他工具

步骤

小组成员将收集到的信息、数据写在便签贴上，然后将便签贴贴到墙上的大白纸或者白板上。然后将内容完全相同的信息去掉；对于其余的数据、信息进行分类，分类可以按照时间顺序(比如流程)、组织结构(比如人力资源部、财务部等)、某个群体(比如客户、供应商、分销商、生产等)、某种内容的近似程度(比如市场活动、问题阻力、需要条件、技术优势、竞争关系等)进行分类。

组长领导大家边讨论边将相关信息的便签贴移动到一起，不要将内容覆盖掉。将这个想法按照某种规则分完类之后，在每个类画一个圈将

聚类法

其分离开，然后在另一种颜色的便签贴的上半部分写上每个类的定义"标签"，并贴到该类的圆圈内。

结果

将离散的、杂乱无章的想法或者数据分成相对有共同特征的几个大类，从而获得更有效的想法或者信息，利用这些信息和想法，可以制作原型或者制订行动计划。

如果想法不是很多而且是线性关系的时候，就可以将其想法按照优先级或者时间序列排序。然而当想法或者聚类后的分类不具有线性关系时，可能需要将想法或者分类进行优先级的划分，我们可以采取常用的"举手投票法"，非常快捷，但是这种投票方法一来易产生"盲从""跟风"的情况，二来也不便于统计。我们可以改用中国古代常用的"画正字"方法，即通过人们的直觉，按照民主集中的模式进行优先级评估。

工具五、简单易用的直觉排序法:"画正字"排序法

目标

凭直觉,为已经聚类的各个类或者一些点子快速排出优先级,以便后续完善想法,以及在做行动计划或者原型设计时做好充分的准备。

何时使用

- 当所有的点子、想法或者信息被分类以后,需要判断这些类的优先级和顺序时
- 你有很多的想法,但是没有一个评估标准,还希望找到它们的优先级时
- 为节省评估的时间,依靠大家的直觉印象,快速排序时
- 快速收缩到尽可能小范围的解决方案时

持续时长

5～10分钟

参与人数

2～8人

道具

每个人1支黑色小双头记号笔,1包其他鲜艳颜色的便签贴

步骤

(1) 在已经完成聚类的大白纸上,每个类贴上一张颜色鲜艳的便签贴,在标签的中间画一横,然后在横线的上面标上该类的"名称"。

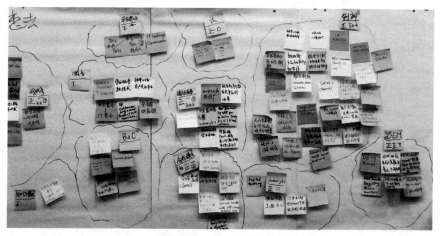

聚类画"正"投票法

(2) 按照类别的多少，一般每个人投类数/2(取不超过类数/2的最大整数)的票，比如分类数为8时，每个小组成员就投4票，如果分类数为7时，每个小组成员投3票。

(3) 投票的方法是每个人在你投票的类"标签"横线下面加一票，即"画正字"。

(4) 对投票结果进行统计，按照投票数从高到低排序。

结果

基于团队观点，快速对若干类想法进行评估，获得重要的类以及重要的点子。

相对于"举手投票法"，"画正字"投票法速度快，便于统计得票数，但是仍然存在跟风的现象。

"画正字"投票是中国传统的投票方法，在西方，很多人采用圆点投票法，其方法和含义几乎相同。

工具六、凭直觉投票排序法：圆点投票法

目标

为了将已经聚类的各个类排出优先级，利用"圆点投票法"来找出分类的优先级，从而了解要讨论主题的更进一步的信息，以便后续进行设计；更充分地理解信息是否已经满足了我们的要求，如果分完类，排完序，发现还需要增加内容，可以更好地添加补充信息。

何时使用

- 当所有的点子、想法或者信息被分类以后，需要判断这些类的优先级和顺序时
- 有很多的想法，但是没有一个评估标准，还希望找到它们的优先级时
- 靠着大家的直觉印象，快速排序，节省评估的时间
- 确认每个人都已经了解了每个想法，然后进行评估时
- 快速收缩到尽可能小范围的解决方案

持续时长

5~10分钟

参与人数

   2~8人

道具

   "圆点贴"每人最多7张

步骤

   每个人用"圆点贴"进行"投票",将"圆点贴"贴到自己认为最喜欢的分类或者想法上

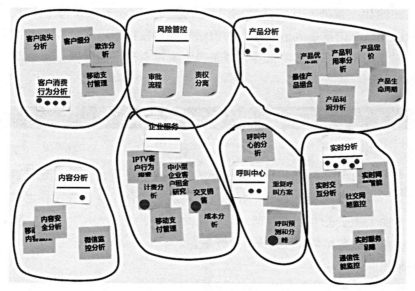

   (1) 每个人拿上类数/2张"圆点不干胶贴";在墙上贴好的已分类的想法上,用记号笔将每个类圈起来,并且标上一个分类的"标签",在标签的上半部分写上分类的名字,在中间画一条线,然后每个人根据自己认为的重要性,投类数/2的票,将"圆点贴"贴到对应的类标签的下半部分。

   (2) 接下来统计每个类的"圆点"数量,数量多的优先级排在前面。

   (3) 对于选中的不超过类数/2之外的类(也就是不重要的类)的离散点子,大家可以投票选出三条公认的最重要的点子,将这些点子也标上同一种或者另外一种颜色的"圆点贴"。

   (4) 将圆点多的类进行重点讨论,有的点子所在的类虽然没有被选为重要的类,但是该单独的点子却被认为是重点关注的点子加以进一步的讨论。

结果

   基于团队观点,快速对若干类想法进行评估,获得重要的类以及重要

的点子,并且得到它们的优先级。

小贴士

比如原来的类是9类,每个人投4票,如果是8类,也投4票;如果是11类或者10类就投5票。对于没有选中优先级的类(不重要类)的重要点子,要再进行投票,选出3个漏掉的点子,这叫亡羊补牢。

上面的让不批评不议论落地的"独立启发贡献"方法,每个人轮换了一次,也就是只有一次后人借鉴前人的想法受到启发得到更狂野或者更有效的点子。有时我们希望有更多的借鉴,或者当大家没有想法的时候,就出现了下面的启发接龙法。

工具七、想法激荡:启发接龙法

目标

很多好的创意都源于借鉴前人好的想法或者狂野的点子,获得启发而得到更好或者更狂野的点子,有时也是多种元素的组合。启发接龙法就是一个产生创意,分享创意,随后以团队的力量,通过大家的合作、观察和想法,使创意更加丰富有趣的简单方法。

何时使用

- 在大家出点子、贡献想法的时候
- 在大家将项目计划转变成行动步骤的时候
- 在为客户会议做准备需要创意的时候
- 当团队已经致力于解决一个问题,但暂时没有想法需要激发想法的时候

持续时长

20～40分钟

参与人数

2～8人

道具

大白纸2张,每人2种颜色的便签贴,每种颜色最少10张,黑色小双头记号笔每人1支,宽胶带1卷,A4纸每人最少2张

步骤

(1) 将两张大白纸贴在墙上,在纸的左上角写上需要讨论的主题并画一幅相应的图画,例如题目为"O2O如何实现"。

(2) 每人在A4的纸上贴一张便签贴,各自独立写下自己的想法,大家需要保持安静,不需要讨论。

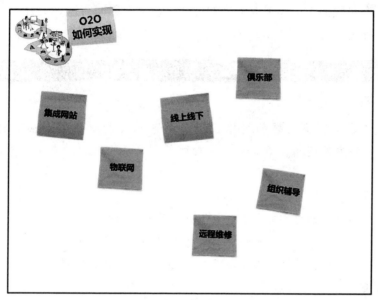

启发接龙法

(3) 当每个人写完自己的想法后,让每个参与者把自己的A4纸传递给左边的队员。

(4) 每个参与者仔细阅读前人的建议,然后把它看成"想法接龙",参考前人的想法,在此内容的启发下,将一个新的想法或者完善前人的想法写在便签贴上,然后贴到A4纸上前人想法的旁边,然后继续向左传递。

(5) 继续这样的操作,直到A4纸上贴满了6~8张想法。

(6) 一旦完成,每个人将自己最后拿到的A4纸上所有想法的便签贴贴在讨论主题和图画的周围。然后将其大声念给大家,使得人人都知道是什么意思,对于不懂的,可以进行解释或者讨论。

(7) 请组员回顾所有的创新想法,可以将想法进行聚类,然后每个人对自己认为最吸引人的想法通过圆点投票法或者"画正字"法进行投票,然后进行讨论。

结果

每个人都可以看到彼此的想法，使得在评判想法之前，激发更多的想法，同时也为团队提供了共同创新的空间，因此也有了更多想法的激荡。

前面我们有了想法激荡的方法，在没有想法时，通过刺激可获得一些好的点子，有时我们也可以采取另外的方法，在"理屈词穷""山穷水尽"的时候，用"反义问题游戏"来实现。

工具八、反义问题游戏：失败模拟

目标

打破传统解决问题的思路，通过讲述相反的故事，来挑战你的假设，转变观察的视角，以客户为中心而获得更多的想法，得到更好的解决方案。

何时使用

- 当小组正致力于某个难题，但是都没有任何想法的时候
- 在项目一开始，大家还没有目标而需要获得构思的时候
- 在准备销售计划或者在与客户会面前准备方案的时候

持续时长

10~40分钟

参与人数

2~8人

道具

大白纸2张，4种颜色的便签贴各2包，黑色小双头记号笔每人1支，宽胶带1卷，12色或者24色彩色笔1盒，橡皮泥1桶，乐高1桶

步骤

(1) 在小组讨论前，准备一个需要讨论的场景或者需要解决的问题。

(2) 提前将便签贴、记号笔、橡皮泥、乐高等材料放置在会议室周边，用于设计和描述解决方案。

(3) 把小组再分成3~4人的小团队，并向他们说明要一起解决的问题：其实是问题的反义问题(例如，如果问题是促进销售，那么参与者需要对如何让客户不买商品进行头脑风暴)，把问题反向得越极端越好。

(4) 给参与者15～20分钟时间，为反义问题想到解决方案，并对方案进行展示。鼓励参与者创造出尽量多的想法，想法没有对错。

(5) 将想法写到便签贴上，然后贴到墙上的大白纸上，分类、排序。

(6) 接下来将结果画出来，或者用橡皮泥、乐高做出来，进行直观的展示。

(7) 当计时完成时，请每个组分享他们为反义问题提出的解决方案。

(8) 大家讨论在游戏中的体会与感受。

结果

反义问题游戏帮助参与者在想法枯竭的时候得到放松。在团队一起解决问题，但是还没有思路的时候，这个游戏非常有帮助。这样更容易发现目前解决方案不合理的地方，或者了解哪些方案是不适合的。

案例：反恐项目

在某机场做反恐项目时，我们的主题是"如何将反恐做得更有效"。我们首先考虑"恐怖分子如何做才会更猖狂"。如何解决这一相反问题，我们让每一个设计师都将自己扮演成"恐怖分子"，然后考虑如果你是"恐怖分子"，如何将机场炸掉，如何在机场制造混乱，在哪些方面可能会实施成功。这样大家很快找到很多漏洞，再换位考虑，如果我们是机场的保安人员，如何做可以防止恐怖的袭击，找出方案。这也是反义游戏解决问题的思路。

本章讲解了创新设计思维工作坊几个不同的形式，强调创新设计思维工作坊一般由四部分组成：玩游戏、头脑风暴、画画做原型和讲故事。为了让后面几章内容得以顺利应用，本章详解了通用的诸如聚类、排序、优先级等工具，解释了经常使用的道具，比如便签贴、大白纸、黑色小双头记号笔、乐高、橡皮泥等。本章是后面章节的基础。

第五章
七步骤之一:讨论问题的背景理解

创新设计思维由三大阶段和七大步骤组成，从本章开始，我们分别介绍这七大步骤和其对应的工具。我们前面也讲述过，所有的步骤都是由很多的小循环看一看、想一想和做一做组成，而且这些步骤也可以完全跨阶段、跨步骤循环，也就是说，当做第二阶段设计的时候，也许发现主题定错了，或者需要调整主题，所以就要循环到第一阶段的人文观察甚至背景研究，等主题重新设定了，再重新做第二阶段的设计。

本章的内容，可以用于企业商业模式、企业战略、企业发展方向等研究，也可用于创业背景研究，还可用在创新设计思维三大阶段的第二大阶段——设计阶段。

获得讨论问题相关信息的方法

在获得信息进行观察时，一定要从整体出发，从每一个维度进行观察，了解整个过程的每个细节，体验每一个步骤，不带任何偏见地理解问题的本质。在观察时，很多情况下，大家会片面地、带有偏见地观察问题，将自己事先固有的认识带到观察过程中，这样就会带来很大的偏差，脱离事情的真实情景。

小故事

两位武士走到同一棵树下。第一位武士说在树下看到了金色的盾牌，第二位武士则说他看到的是银色的盾牌，两人为此争吵不休，厮杀了几天也分不出胜负。当他们累得坐在地上喘息时，才发现：盾牌的一面是金色的，另一面是银色的。原来，这是一个双面盾牌。

从事物或者环境的各个不同角度看问题，才能掌握整体全局的信息。所以在所有的体验或者观察中，一定要以客户的身份，从头到尾地将整个流程体验一遍，就会发现很多没有发现的细节和潜在的问题。

小测试

仔细观察，在下图中找到至少9个人的人头像。

除了全面地观察问题，还需要消除偏见，不要带着个人的感情或者判断进行观察，这样会带来很多的偏见和差异。

比如当你在驾校学车时，有一些老师认为自己会了，学员就应该知道，总认为学员太笨，老师会讲"手刹你都不知道"。像"备刹""入库"这些基本的名词，学员没有接触之前可能根本不知道，老师却认为学员应该知道这些。在酒店吃早餐时，有些酒店不会在盛菜的器皿边上放上标签，他们不认为有此必要，主要是自己知道器皿中盛放的是什么菜，就不假思索地误认为客人也应该知道。在销售和客户沟通时，经常用一些自己熟悉的术语，比如ERP、CRM、SCM、IoT、HRM、BOM等，他自己熟悉，可是客户根本听不懂。

如果参与工作坊的每一个小组对设计问题的背景比较清楚，这时就可以直接进入创新设计思维的第四步，同时回顾一下需要研究问题的范围、背景、问题出现的原因及解决问题所需要的条件等。如果参与人员对问题背景不完全了解，就需要认真研究背景，对背景的前因后果做充分了解，对需要研究的范围、领域相关信息进行探索。

一般情况下，参加工作坊或者设计的人员，来自各个不同的企业或者部门，这样就可以获得几乎完全不同的想法和点子，往往这些人中，有一些可能对这个行业或者业务完全不了解，为了更好地进行设计，就必须获得一手和二手资料。获得资料的方式和采用的工具可能完全不同，有亲身体验、有调研、有研究、有观察、有提问、有拜访等。可以从企业的宏观到微观进行探索，探索的范围取决于需要讨论问题的大小。研究关于企业的战略、发展方向、五年规划、十年规划等问题，就需要研究很多宏观的信息；研究企业、社会、技术、上下游等，就需要利用比如PEST分析法、五力分析法、平衡计分卡方法、商业模式画布等进行研究；研究企业的活动策划、运营流程、资源分配等，就需要利用SWOT分析方法等。

工具九、宏观经济分析研究：PEST分析法

PEST分析是指宏观环境的分析，P是政治(politics)，E是经济(economy)，S是社会(society)，T是技术(technology)。在分析一个企业集团所处背景的时候，通常通过这四个因素来分析企业集团所面临的状况。

目标

通过对政治、经济、社会和技术四个方面的研究，探讨制订企业在发展战略的定位。或者通过PEST的研究发现企业战略定位的问题，制定进一步探讨的主题，找到解决方案。

何时使用

- 对企业的战略定位做充分理解的时候
- 在探讨企业战略方面存在的问题的时候
- 在制定企业的战略或者中长期规划的时候
- 在对企业的整体行业地位做认真研究的时候
- 在对讨论的主题做充分理解，希望获得整体视图的时候

持续时长

40~60分钟

参与人数

每个小组2~8人

道具

每个小组4张大白纸，4种颜色的便签贴每人最少10张，每人1支黑色小双头记号笔，大胶带1卷

步骤

PEST主要从四大方面研究宏观经济对企业的影响。

（一）政治要素P(Politics)：是指对组织经营活动具有实际与潜在影响的政治力量和有关的法律、法规等因素。当政治制度与体制、政府对组织所经营业务的态度发生变化时，当政府发布了对企业经营具有约束力的法律、法规时，企业的经营战略必须随之做出调整。法律环境主要包括政府制定的对企业经营具有约束力的法律、法规，如反不正当竞争法、税法、环境保护法以及外贸法规等，政治、法律环境实际上是和经济环境密不可分的一组因素。处于竞争中的企业必须仔细研究相关的政策和思路，这些相关的法律和政策能够影响各个行业的运作和利润。

（二）经济要素E(Economiy)：是指一个国家的经济制度、经济结构、产业布局、资源状况、经济发展水平以及未来的经济走势等。构成经济环境的关键要素包括GDP的变化发展趋势、利率水平、通货膨胀程度及趋势、失业率、居民可支配收入水平、汇率水平、能源供给成本、市场机制的完善程度、市场需求状况等。由于企业是处于宏观大环境中的微观个体，经济环境

决定和影响其自身战略的制定，经济全球化还带来了国家之间经济上的相互依赖，企业在各种战略的决策过程中还需要关注、搜索、监测、预测和评估本国以外其他国家的经济状况。

(三) 社会要素S(Society)：是指组织所在社会中成员的民族特征、文化传统、价值观念、宗教信仰、教育水平以及风俗习惯等因素。构成社会环境的要素包括人口规模、年龄结构、种族结构、收入分布、消费结构和水平、人口流动性等。其中人口规模直接影响着一个国家或地区市场的容量，年龄结构则决定消费品的种类及推广方式。自然环境是指企业业务涉及地区市场的地理、气候、资源、生态等环境。不同的地区企业由于其所处自然环境的不同，对于企业战略会有一定程度的影响。我国是一个幅员辽阔的国家，这种影响尤其明显，如同一种产品在我国东南部的广东地区的市场营销战略与在西藏等西北高寒地区的会有较大差距，但很多时候此点会被忽略。

(四) 技术要素T(Technology)：技术要素不仅仅包括那些引起革命性变化的发明，还包括与企业生产有关的新技术、新工艺、新材料的出现和发展趋势以及应用前景。在过去的半个世纪里，最迅速的变化就发生在技术领域，像阿里巴巴、百度、腾讯、华为等高技术公司的崛起改变着世界和人类的生活方式。同样，技术领先的医院、大学等非营利组织，也比没有采用先进技术的同类组织具有更强的竞争力。最近的人工智能(AI)、物联网(IoT)、虚拟现实(AR)、基因技术、机器人、3D打印机、生物科技、发电及电池、纳米技术等都会影响整个社会的发展，也会影响企业的定位。

(1) 每组在墙上贴上4张大白纸，纸横向上下各两张拼在一起，按照下图标出各个象限的内容，4个象限的颜色各不相同。

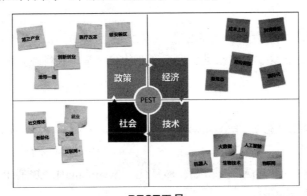

PEST工具

(2) 每个人拿一支黑色小双头记号笔，4种颜色的便签贴至少各10张。

(3) 对于讨论的四大部分，大家提出自己的观点和看法，首先做政策的分析，这里一般包括政策和法律，诸如企业和政府之间的关系、环境保护法、外交状况、产业政策、专利法、政府财政支出、政府预算、政府其他法规、政府管制、特种关税、专利数量、政府采购规模和政策、进出口限制、税法修改、专利法修改、劳动保护法修改、公司法和合同法修改、财政与货币政策，等等。每个人在规定颜色的便签贴上写上自己的观点，然后贴到这个区域。

(4) 探讨经济现状和发展的趋势，一般这里也会包含环境的影响，诸如经济形态、可支配收入水平、利率规模经济、消费模式、政府预算赤字、劳动生产率水平、股票市场趋势、地区之间的收入和消费习惯差别、劳动力及资本输出、财政政策、贷款的难易程度、居民的消费倾向、通货膨胀率、货币市场模式、国民生产总值变化趋势、就业状况、汇率、价格变动、税率、货币政策，等等。每个人在规定颜色的便签贴上写上自己的观点，然后贴到这个区域。

(5) 探讨社会对企业发展的影响，诸如老龄化、社会媒体、特殊利益集团、对政府的信任和依赖、对退休的态度、社会责任感、对经商的态度、对售后服务的态度、生活方式、公众道德观念、对环境污染的态度、收入差距、购买习惯、对休闲的态度，等等。每个人在规定颜色的便签贴上写上自己的观点，然后贴到这个区域。

(6) 探讨技术对企业的影响，诸如生命科学、人工智能、大数据、3D打印机、机器人、物联网、虚拟现实、量子通信，等等，每个人在规定颜色的便签贴上写上自己的观点，然后贴到这个区域。

结果

通过PEST的分析，获得企业在社会中的整体位置，从政治(和法律)、经济(和环境)、社会、技术出发，发现企业的优劣势，获得企业定位的问题。

小贴士

对于PEST分析，经常可以推广到广义的分析，比如SLEPT是研究社会、法律、经济、政策和技术五大方面；STEEPLE包含社会(Social)、技术(Technological)、经济(Economic)、环境(Environmental)、政策(Political)、法律(Legal)和道德(Ethical)。

工具十、企业整体战略的研究：波特五力分析法

五力分析模型由迈克尔·波特(Michael Porter)于20世纪80年代初提出，对企业战略制定产生了全球性的深远影响，用于竞争战略的分析，可以有效地分析客户的竞争环境。五力分别是供应商的讨价还价能力、购买者的讨价还价能力、潜在竞争者进入的能力、替代品的替代能力、行业内竞争者现在的竞争能力。

目标

通过波特五力分析法，充分理解企业的战略，研究企业发展的机遇与挑战，发现企业战略方面存在的问题，制定企业战略方面的主题；制定企业的战略目标或者中长期规划，利用波特五力分析法来全面了解企业在社会上所处的位置。

何时使用

- 对企业的战略做充分理解的时候
- 在探讨企业战略方面存在问题的时候
- 在制定企业的战略或者中长期规划的时候
- 在对企业的整体行业地位做认真研究的时候
- 在对讨论的主题做充分理解，希望获得整体视图的时候

持续时长

40～60分钟

参与人数

每个小组2～8人

道具

每个小组5张大白纸，5种颜色的便签贴每人最少20张，每人1支黑色小双头记号笔，大胶带1卷

步骤

从5个方面对企业所在的行业、发展趋势等做充分研究，包括"客户""供应商""行业内部""替代品""潜在介入者"。

(1) 每组在墙上贴上5张大白纸，纵向拼在一起，按照下图标出各个象限的内容。

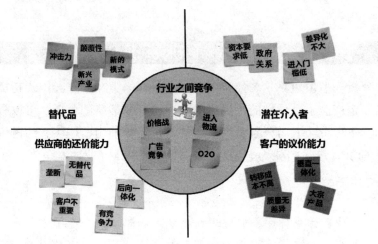

波特五力分析法1

(2) 每个人拿1支黑色小双头记号笔,5种颜色的便签贴最少各10张。

(3) 对于讨论的五大部分,大家提出自己的观点和看法,首先做行业之间的竞争分析,可以列出竞争对手,然后找出行业之间现在经营的状况,比如"打价格战""相互之间控股""上市融资""收购战""O2O线上线下经营""进入物流行列""生产转服务",等等。

(4) 探讨客户的议价能力,首先找出该行业的客户群体,比如"大型企业""零售客户"等,再探讨在这个行业现在客户的现状。例如:"客户的转移成本不高",由于产品的差异化很小,所以客户"忠诚度不高";客户"大宗产品"的购买,使得价格缩水;"垂直一体化"使得客户自己也开始介入到这个行业的上下游产品生产中;等等。

(5) 对供应商的讨价还价能力进行讨论,比如供应商的相对"垄断",导致没有讨价的资格,供应商的产品"没有替代品",使得产品的价格居高不下。

(6) 讨论潜在进入者,比如由于行业进入的"门槛不高","资金需求不多",而且行业利润率高,所以很容易有"潜在介入者"。"政府的支持"有可能使得一些大型企业转型或者介入到这个行业,加剧了这个行业的竞争。

(7) 讨论替代品,这是这个行业可能产生毁灭性打击的主要要素,比如:"数码相机"的出现,使得"胶卷行业"(像柯达、富士等)受到严重打击;"苹果智能"手机的出现,使得诺基亚、摩托罗拉等几乎没有立足之地;特斯拉汽车的出现,可能会使石油石化行业倒闭;O2O的出现对实体专卖店形成了巨大的冲击;将来像"腾讯"网上银行的出现,可能会使得实体银行遇到严重的挑战,等等。

结果

通过波特五力分析法,充分了解这个行业的发展趋势和未来的预测,从而确认该行业的企业走向和战略调整转型,制订企业的中长期战略规划。

汇报模板

对于波特五力分析法,我们可以获得如下的汇报模板,也可以采取其他的非图形化的文字模板,以便更好地总结汇报。它以一个可视化的界面,从5个方面一目了然地了解该行业的整体竞争视图;并围绕着讨论的主题,进行进一步的研究,发现瓶颈,找到机会,实现创新的设想和解决方案,更重要的是了解该项目是否值得继续投入或者是否需要进一步创新,获得全新的解决方案。

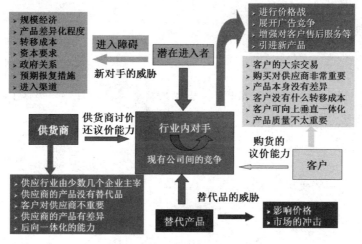

波特五力分析法2

为了了解客户企业的概况、背景、现状、竞争优势以及行业的趋势、技术发展,从而对企业做充分的理解,我们常常利用全局分析地图来实现对企业及其行业的整体理解。

工具十一、获得客户的整体视图:全局分析地图

目标

利用简单的图形工具,理解客户、客户的生态环境以及他们之间的关系,充分理解客户的相关背景信息、行业分析、竞争优势、供应商状况、内

部管理等,从而对该客户做充分的理解,发现存在的最大问题,制定企业战略相关的主题,或者制订企业战略相关的解决方案。

何时使用
- 在讨论研究设计的主题,对客户有了初步了解的时候
- 在主题制定之前,对设定主题的背景做事前研究的时候
- 在探索相关主题时,需要了解各个维度以及他们之间是如何相互影响的,用来研究、理解和汇集信息的时候
- 在做企业级客户销售计划,需要了解客户整体状况的时候
- 在做客户的战略规划,需要全面了解客户所在行业的业务、技术、竞争状况等动态的时候

持续时长
40～60分钟

参与人数
每个小组2～8人

道具
每个小组4张大白纸,6种颜色的便签贴每人最少10张,每人1支黑色小双头记号笔,大胶带纸1卷

步骤
为了充分地了解客户的生态系统,包括从六大方面对客户及其相关的行业做深入的了解,在这里使用全局分析地图。

全局分析地图1

(1) 每组在墙上贴上4张大白纸，横向，上下各两张，按照上图画出6个方面的分布。

(2) 每个人拿1支黑色小双头记号笔，6种颜色便签贴各10张。

(3) 将要研究的客户名称写到最中间的圆圈内。

(4) 所有人使用同一种颜色的便签贴，写上对客户的客户群体以及客户内部的利益相关者的理解，并贴到客户、利益相关者栏目中。

(5) 用另一种颜色的便签贴，分别写上客户内部状况，包括客户的愿景、绩效和人员、IT的状况和价值使命等，写完后，贴到最下面的栏目中。

(6) 用另一种颜色的便签贴，写上行业的趋势和威胁，贴到对应的栏目。

(7) 用不同颜色的便签贴，写下竞争状况、经济的趋势和社会趋势，最后是技术趋势，并且贴到相应的栏目中。

注：各种不同颜色是为了更好地区别讨论的不同维度，最好相邻的维度颜色不同，就像给地图涂色一样。

结果

建立可以和客户对话的直观文档。讨论不同观点，或者了解不熟悉的客户背景和阻力，从而产生新的想法和思想，为未来的想法和路径铺垫一条道路。

汇报模板

对于全局分析地图，我们可以获得如下的汇报模板，也可以采取其他的非图形化的文字模板，以便更好地总结汇报。有时在开始做客户项目计划时，销售人员首先给大家讲解客户的背景，这时大家可以拿上笔和便签贴，将听到的相关信息写下来，然后贴到对应的栏目，这样既可以提高大家的注意力，又可以充分理解要讨论客户的相关信息，以便更好地讨论客户的项目，获得理想的计划、方案以及行动计划。

当对企业及其行业的信息做了充分的理解后，我们就需要了解企业客户本身的盈利模式，包括客户群体、供应商、合作伙伴及分销商等的现状和问题，一般我们会利用商业模式画布来实现。

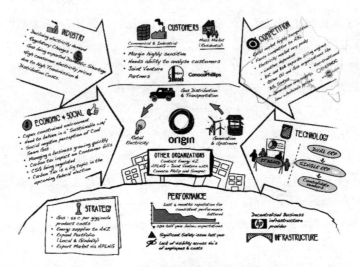

全局分析地图2

工具十二、了解客户的盈利模式：商业模式画布

目标

利用商业模式画布，进行引导，探索企业的整体盈利和运营模式。从各个不同的角度出发，充分理解客户的产品、服务、运营、成本、利润、合作伙伴等，进行深层次的探索。

何时使用

- 在做销售项目规划的时候，理解客户的背景
- 在研究讨论主题的客户背景的时候
- 在制定企业商务模式的时候
- 在探讨客户的企业战略规划主题的时候

持续时长

30~60分钟

参与人数

每个小组2~8人

道具

每个小组5张大白纸，9种颜色的便签贴每人最少10张，每人1支黑色小双头记号笔

步骤

为了对客户的盈利模式做充分的了解，我们需要对客户的九大结构模

块做详细的了解。

(1) 利用提供的说明,在模板上进行直观的表示,并收集客户商务模型,从而建立直观的客户理解。

(2) 每组在墙上贴上5张大白纸,纵向贴,按照下面的图形画出9个方面的分布图。

(3) 每个人拿一支小双头黑色记号笔和9种颜色的便签贴各10张。

画布的左边代表效率,右边代表价值。

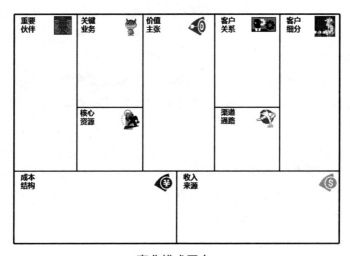

商业模式画布

从右到左、从上到下,对客户企业进行充分的理解。对于每一个模块,利用不同颜色的便签贴,每张仅写一个观点,字号要尽量大,每张不超过10字,然后贴到对应的模块中。

九大结构模块的定义和含义

(1) 客户细分构造模块用来描绘一个企业想要接触和服务的不同人群或组织,这里是指客户的群体。

(2) 价值主张构造模块用来描绘为特定客户细分创造价值的系列产品和服务,这里主要是指企业的产品、服务或者解决方案。

(3) 渠道通路构造模块用来描绘公司是如何沟通、接触其客户细分而传递其价值主张,也就是公司的销售或者服务的渠道。

(4) 客户关系构造模块用来描绘公司与特定客户细分群体建立的关系类型,这里是指包括战略合作伙伴、联盟客户、普通客户、渠道客户、直接销售客户等。

(5) 收入来源构造模块用来描绘公司从每个客户群体中获取的现金收入(包括一次性收入和经常性收入)，比如产品销售收入、服务收入、投资理财、第三方业务等。

(6) 核心资源构造模块用来描绘让商业模式有效运转所必需的最重要因素，比如产品、专家、原材料、专利等。

(7) 关键业务构造模块用来描绘确保其商业模式可行，企业必须做的最重要事情，比如不同业态、分公司、机构做市场推广等。

(8) 重要伙伴构造模块用来描绘让商业模式有效运作所需的供应商与合作伙伴的网络，比如战略供应商、销售渠道、分销商、物流、IT外包、人力资源外包等。

(9) 成本结构构造模块用来描绘运营一个商业模式所引发的所有成本，比如销售成本、人力资源成本、服务成本、原材料成本、生产成本、运营成本、物流成本、消耗成本等。

结果

建立一个图形化的文档，确保对客户整个企业的充分了解。讨论不同的观点，产生新的想法和思想；理解客户的公司，通过更进一步的设计思维活动建立一个好的想法或者解决方案。

在研究了企业的整体视图商业模式画布之后，我们经常需要研究客户的盈利模式，经常通过平衡计分卡来探讨企业股东价值、客户满意度、企业内部的规范和流程以及学习和创新的能力。

工具十三、探讨客户和终端客户间的关系：平衡计分卡方法

目标

充分了解企业的盈利模式，获得企业的主营业务和客户之间的关系；

了解企业的整体视图，从表示企业盈利能力的财务指标，到获得盈利的核心客户满意度指标，再到内部流程与规范的运营指标，最后到企业的创新成长能力指标，研究几个方面的关联关系，探讨企业的整体发展。

何时使用

- 探讨企业发展的相互关联关系的时候
- 探讨企业和客户、服务、产品、关系、创新、成长等之间的关联关系的时候

第五章 七步骤之一：讨论问题的背景理解 129

- 希望找到公司成长的最大瓶颈的时候
- 在制订企业整体发展规划的时候

持续时长

40~60分钟

参与人数

2~8人

道具

每组大白纸4张，黑色小双头记号笔每人1支，4种颜色的便签贴每人最少10张，宽透明胶带1卷

步骤

平衡计分卡是由哈佛商学院教授罗伯特·卡普兰(Robert Kaplan)和复兴方案公司总裁戴维·诺顿(David Norton)在对美国12家优秀企业进行为期一年的研究后创建的一套企业绩效评价体系，后来在实践中扩展为一种战略管理工具。平衡计分卡首先是绩效衡量工具，进而发展为战略实施工具，因而平衡计分卡具有绩效评价和战略实施双重功能，可概括为以绩效评价为特征的战略管理工具。

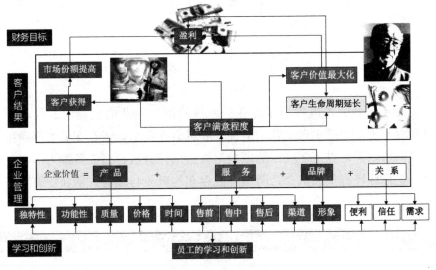

平衡计分卡方法1

(1) 用宽透明胶带或者大头针从左到右纵向将4张大白纸贴到或者钉到墙上。

(2) 如下图所示，分别标上"财务盈利""客户满意度""内部流程"和"成长创新"四大部分，再在每个部分标出相应的子内容，比如在"客

户满意度"中标出"市场份额""客户保持""交叉销售"等,在"内部流程中"标出"产品""服务""品牌""关系"等。大家拿上便签贴和笔,将对应栏目中的内容贴进去,然后进行讨论,发现问题,找出瓶颈,最后找到解决方案。

财务盈利	客户满意度	内部流程		成长创新
	市场份额	产品	服务	
	客户保持			
		品牌	关系	
	交叉销售			

平衡计分卡方法2

结果

利用平衡计分卡,充分了解企业的盈利模式、盈利状况、板块的状况、客户群体的贡献度、企业内部的运作模式以及创新的能力,从而发现企业发展的瓶颈,找到相应的解决方案。

汇报模板

上面的模板既可以作为讨论时的模板,也可以作为汇报的模板。

前面从宏观的角度探讨了行业的发展状况、企业的运营模式等,接下来需要探讨对于讨论的主题,我们的优势和机会在哪里?还存在着哪些挑战和劣势?我们可以借助以下工具,清晰地把握全局,分析自己在资源方面的优势与劣势,把握环境提供的机会,防范可能存在的风险与威胁,从而更有效地制订其解决方案。

工具十四、探讨优势、劣势、机会和挑战:SWOT分析法

目标

讨论企业的现状,发现机会、找到问题、解决方案;

详细了解我们讨论主题的几个关键点,考虑外部、内部条件,也从机会挑战开始,研究其主题落地的可行性。

何时使用

- 在研究主题的现状和挑战的时候
- 在希望对讨论的主题进行想法建议之前
- 对已经产生的想法进行落地可行性检查的时候

持续时长

30~40分钟

参与人数

每个小组3~8人

道具

每组大白纸4张,黑色小双头记号笔每人1支,4种颜色的便签贴每人最少10张,宽透明胶带1卷

步骤

利用SWOT分析方法,分析讨论主题的优势、劣势、机会和挑战。这里的S是英文Strengths的缩写,表示优势;W是英文Weaknesses的缩写,表示劣势;O是英文Opportunities的缩写,表示机会;T是英文Threats的缩写,表示威胁。这里优势和劣势是指企业内部的,挑战和机会是指企业外部的。

(1) 用宽透明胶带贴或者大头钉将4张大白纸贴到或者钉到墙上,大白纸横向贴,上面两张,下面两张,拼成一个大的长方形。

SWOT分析法1

(2) 在中间画上一个坐标轴,4个象限分别表示"优势""劣势""机

会"和"挑战"。

(3) 首先讨论优势。比如以国家电网公司为例,企业在行业中占有相对的"垄断"地位,具有高精尖的"人才"专家,有很多的技术"专利"等。

(4) 然后讨论劣势。比如"体制"的原因,使得大家缺乏主人翁的意识,公司比较老,有很多的退休员工,整体个人"产出太低",企业太大,"很难调头",等等。

(5) 接下来讨论机会。比如特斯拉电动汽车、比亚迪电动汽车纷纷上市,使得这些设备需要大量的"电能",从而会有很大的机遇,加之很多科技园区的出现,产生大量"电力"的需求,等等。

(6) 最后讨论挑战。由于看到了新能源的重要性,各大行业和企业都进入这一行业,比如石油石化将"加油站"改造成"充电桩"等。

结果

利用SWOT分析法,整体理解讨论问题的整体视图,找到可行的机会,给出相应的解决方案。

• 具备完整的电力营销网 • 拥有强大的输电网络 • 拥有高素质的技术性人才	• 市场营销和服务观念与手段较落后 • 配电网比较落后 • 供电管理中间层造成电价高 • 组织机构僵化,人员冗余
• 相对垄断行业 • 经济迅速发展,需求很大 • 相对客户弱势 • 客户环保,电力替代其他	• 新进入者的威胁 • 替代品的威胁 • 外国竞争者的进入 • 消费者直接从电力公司购电 • 客户直接生产电力

SWOT分析法2

汇报模板

对于SWOT分析,我们可以采用如上的汇报模板,这里将讨论的结果罗列到SWOT的4个象限,让大家一目了然地看到讨论的结果,这一过程也是对其结果的一个总结和认识。

小贴士

在很多情况下，为了研究创新的解决方案，增强的九宫格SWOT分析法会更管用，如下图所示：

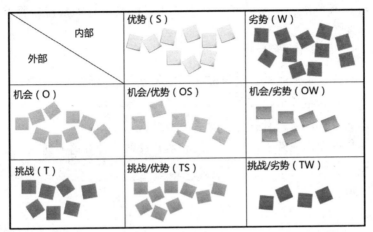

SWOT分析更多的是罗列出公司做任何一件任务、完成任何一件目标需要对"优势/劣势/机会/挑战"的研究，更重要的是获得解决方案。增强的SWOT分析，增加了以下四个部分的内容：

- 杠杆效应(机会/优势)：产生于内部优势与外部机会相互一致和适应时。在这种情形下，企业可以用自身内部优势撬起外部机会，使机会与优势充分结合发挥出来。然而，机会往往是稍瞬即逝的，因此企业必须敏锐地捕捉机会，把握时机，以寻求更大的发展。
- 抑制性(机会/劣势)：抑制性意味着妨碍、阻止、影响与控制。当环境提供的机会与企业内部资源优势不相适合，或者不能相互重叠时，企业的优势再大也将得不到发挥。在这种情形下，企业就需要提供和追加某种资源，以促进内部资源劣势向优势方面转化，从而迎合或适应外部机会。
- 脆弱性(挑战/优势)：脆弱性意味着优势的程度或强度的降低、减少。当环境状况对公司优势构成威胁时，优势得不到充分发挥，出现优势不优的脆弱局面。在这种情形下，企业必须克服威胁，以发挥优势。
- 问题性(挑战/劣势)：当企业内部劣势与企业外部威胁相遇时，企业就面临着严峻挑战，如果处理不当，可能直接威胁到企业的生死存亡。

工具十五、了解组织最基本的背景信息:组织客户画像

目标

在和组织打交道之前,需要充分理解客户,了解客户组织的整体状况,从组织的性质、产品、客户、供应商到组织架构,从而获得客户的整体背景信息。

何时使用

- 在和客户接触之前,需要对客户做充分了解的时候
- 在定义主题之前,对客户的背景进行理解的时候
- 在做销售计划,对客户充分理解的时候
- 在拜访客户决策者之前,找到和客户的共同语言的时候

持续时长

30~50分钟

参与人数

每个小组2~8人

道具

每组大白纸3张,黑色小双头记号笔每人1支,6种颜色的便签贴每人最少10张,宽透明胶带1卷

步骤

整体概况法是对需要研究组织整体概况的了解,包括组织的名称、Logo、性质、愿景、使命、发展历史、股权结构、组织架构、核心业务、业务流程、战略供应商、客户群体、行业地位、竞争对手、近期事件、热点报道,等等。

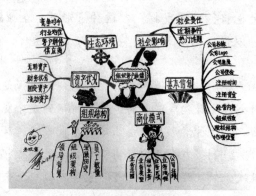

组织客户画像

(1) 用宽透明胶带贴或者大头钉将3张大白纸贴到或者钉到墙上，3张大白纸纵向贴，拼成一个大的长方形。

(2) 将长方形平均分为六大块，上面三块，下面三块。每一块代表一个维度，从左到右上面分别标为"基本信息""商业模式""组织结构"；下面分别写上"资产状况""生态环境""社会影响"，然后在每一块中贴上一张标志颜色的便签贴，每个维度颜色不同。

(3) 在讨论之前，小组的每个人，或者至少一个人，认真研究客户公司的网站、"百度"搜索公司的相关信息，将收集到的信息写在PPT里，按照上面的六个维度进行整理，再给大家一一进行介绍。

组织客户名称		
基本信息	商业模式	组织结构
资产状况	生态环境	社会影响

(4) 其余人认真听，边听边在自己拿的便签贴上记笔记，将听到的内容写到便签贴上，要求所写便签贴的颜色和对应维度的颜色相同，每张便签贴上写一条。

(5) 等介绍完一个维度，暂停介绍，每个人将记录贴到大白纸对应的维度，边贴边念，后面人发现自己记录的和前面人的相同时，仅保留一条。

(6) 对于组织结构，可以事先准备好，画在组织结构中。在讨论组织结构时，大家再认证观察，发现之间的关系。

(7) 对每个维度进行分类，最后获得每个维度的所有信息。每个维度可以成为下面介绍的内容。

(8) 基本信息包括：组织名称、Logo、愿景、使命、注册时间、注册资金、经营内容、组织性质、股权结构、地理位置等。

(9) 商业模式包括：业务范围、业务类型、核心业务、业务区域、业务流程、公司业绩等。

(10) 组织结构包括：领导背景、组织架构、发展历史、员工数量等。

(11) 资产状况包括：财务状况、固定资产、流动资产、无形资产等。

(12) 生态环境包括：战略供应商、客户群体、竞争对手、行业地位等。

(13) 社会影响包括：社会责任、近期事件、热门报道等。

结果

通过组织客户画像，充分了解相关信息，在每个人的大脑中产生一个最基本的客户画像，对后面寻找问题、研究问题打下基础。

本章讨论了在研究需要寻求的问题时，对企业要做充分理解，包括讨论问题范围内存在的问题和瓶颈，从而为设计正确的主题打下基础。这里的工具大部分都是企业管理常用的工具，诸如研究宏观经济影响的PEST方法、研究企业竞争优势的波特五力分析法、研究企业战略的平衡计分卡方法、研究企业整体位置的全局分析地图、企业商业模式状况的商业模式画布、研究企业内外部优劣势的SWOT分析法、研究组织客户的整体画像等。

Innovative

Design 第六章
七步骤之二：以人为本的移情观察

Thinking

上一章我们讲解了如果要解决客户的问题，就要对客户的背景做充分的理解，或者对欲讨论问题的范围做充分的理解，要想办法寻找需要解决的问题，而不是先定义主题或者定义需要设计的挑战。因为对于大部分人而言，一般都是给定一个问题，然后想办法寻找解决方案。我们说过，找问题比解决问题更困难。如何找问题，不能单靠自己的直觉，或者自己的偏见，这需要认真探索，所以这时大部分是利用左脑思维来寻找问题的根源或者瓶颈。

在寻找问题的时候，首先要将自己放空，不要自己认为客户存在什么样的问题，自己认为客户是如何想的，而是需要通过科学的观察。

案例：老年公益项目设计

几年前，在带领一个公益团队做工作坊的时候，他们需要讨论的问题范围是有关老年人的问题，如何让他们生活得更幸福。一提到老年人，大家马上会想到，老年人最大的痛点是生活问题、就医问题、感情问题、孤独问题、娱乐问题等。一开始他们准备好了自己需要讨论的问题，事先也准备好了问卷，到社区去拜访老人，做客户访问。去之前，我特别强调，按照设计思维同理心的原则，不允许事先准备好问卷，因为问卷是我们自己事先准备的，想问的问题也是我们希望得到答案的问题，这样就锁定了范围，也就是将我们自己的思想强加给了客户。

在拜访客户之前，让学员将自己设定好的主题和问卷扔掉。不是去拜访，也不是去调研，更不是去访谈，而是去观察。

观察是有目的、有计划、有方向、比较持久的知觉。它是以视觉为主，融其他感觉为一体的综合感知，是知觉的一种高级形式。观察中包含着积极的思维活动，因此，人们也把它称为思维的知觉。

我们前面讲过"去过是用身体和脚去接受外面的世界，看过是用眼睛接受外面的世界，观察过是用心来接受外面的世界，感受过是用神和魂来感知外面的世界"。你每天都会经过某个地方，几乎从来没有发现这里美丽的风景，直到有一天你慢下脚步才发现这里竟然如此之美。天天路过，不等于看过；看过并发现路边的花很漂亮，不等于观察过。仔细观察后，你发现美丽的花有小虫子，这是用心观察发现的结果。这时，如果用神和魂去感受，会理解花会"很疼"。如何帮助它们去除痛苦呢？如果你能找到既不伤害昆虫，还可以让花活得更幸福的方法，那该多好呀！

所以要求所有的学员将自己设定好的主题和问卷"扔掉"，去仔细地观察。如何观察，可以利用我们本章讲解的工具"APEOM方法"去观察。结果回来后，他们很多人说"鲁博士，震撼了，我们前面设定的问题都不是老人最关心的问题"。学员调研的是北京的四合院，老年人的第一大问题就是上厕所问题，因为很多老的四合院没有厕所，特别是到了冬天，上厕所就是最大的问题了。老年人第二大问题是四世同堂，房子的面积太小，生活很不方便，他们最希望的是搬家，有属于自己的、大一点的房子。

小游戏：罗马数字

相信大部分人都见过瑞士手表，至少看到过照片或者广告，还有的人天天戴着瑞士手表，请问，瑞士手表上表示时间的数字是什么数字，相信大部分人会说是罗马数字。大家知道罗马数字是"I、II、III、IV、V、VI、VII……"，当问到大家瑞士手表上的"4"是如何写的时候，竟然连天天戴着瑞士手表的人都会回答"是IV"，因为大家都知道罗马字母的"4"是IV。仔细观察后，大家发现原来瑞士手表上的"4"不是"IV"，而是"IIII"。再问大家为什么是"IIII"，几乎没有人知道了。通过查阅资料，我发现是因为当年罗马教皇的名字缩写是"IV"，所以才改写成"IIII"，也有人说是为了表四周重量的平衡，才将三"杠"的IV换成了四"杠"的IIII。

这个游戏说明人人都有固化思维，而寻找问题时，一定要科学地看清问题，而不是自己根据经验来设定"问题"。这就是本章的重点，学会通过客观地观察获得正确的信息，为创新设计思维的第三步骤主题设定打下基础。

了解了项目的背景，并对客户的内部运作有了充分的理解以后，我们就需要对客户进行拜访调研，在调研的时候，要以用户的身份进行体验，以用户为中心。如何站在用户的角度探讨问题，就需要同理心地图，充分了解用户的需求、想法、体验和不满。

工具十六、将自己扮演成最终用户的角色：同理心地图

目标

同理心地图可以帮助讨论、提升对客户的真正理解；

讨论观察到了什么，从而推断出客户群体信念和情感是什么；

完全站在客户的角度，充分理解他们的需求、痛点以及需要解决的问题。

何时使用

- 在观察阶段需要移情的时候
- 在使用客户旅程地图之前,对角色进行分析,从各个角度理解用户的时候
- 在方案设计、产品设计之前的想法酝酿阶段,以客户为中心的时候
- 在想法合成阶段,完全站在客户的角度考虑问题的时候
- 讨论与客户相关主题的时候

持续时长

20～30分钟

参与人数

每个小组3～8人

道具

每组大白纸4张,黑色小双头记号笔每人1支,6种颜色的便签贴每人各10张,宽透明胶带1卷

步骤

利用提供的说明,制作零售商客户模型,建立直观的客户理解。

(1) 用宽透明胶带贴或者大头钉将4张大白纸贴到或者钉到墙上,大白纸横向贴,上面两张,下面两张,拼成一个大的长方形。

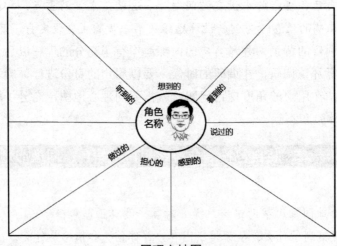

同理心地图

(2) 在中间画上一个圈,如果研究的角色是人,就写上角色的姓名,如果研究的角色是部门,就在圆圈上写部门的名称。

(3) 将与角色相关的区域分成7份，分别标注为"想到的""看到的""说过的""感到的""担心的""做过的"和"听到的"。

(4) 以小组为单位，移情到角色身份来描述每个部分角色的经历、经验以及听到、看到和感受到的信息。

(5) 将小组的意见综合，找出角色确实想要什么，驱动该人动机的要素是什么，以及我们可以为他做点什么。

结果

帮助合成观察，找出没有想到的探索结果，以此产生一个移情用户角色的身份，来评估我们的假设正确与否，讨论我们的价值和使命是否满足用户的需求，是否能解决用户的问题。

小贴士

在同理心地图中，大家要像电影演员一样，将客户的特征集中到一个演员的身上，他并不代表一个人，而是一个群体。比如糖尿病病人，他们一般是中老年人，多饮、多尿、多食和消瘦，疲乏无力。在整个活动中，可以给这个角色起名为"唐童酷"(唐痛苦)，男性，52岁。这时我们不管参与者是男性还是女性，不管年龄有多大，这时一律都是52岁的男性，名字就叫"唐童酷"，而且在后面和客户相关的讨论和汇报时，一律不许说"他"，而必须说"我唐童酷……"

当我们学会了同理心地图，对客户或者用户做了充分理解后，我们就可以去做客户拜访，或者客户体验，或者像电影演员一样做一段时间的"生活体验"来获得更真实的信息，一般有一手资料和二手资料。这里我们来学习如何获得一手信息和二手信息。

工具十七、信息收集的第一手、第二手资料：客户体验

目标

对客户、最终用户或者利益相关者体验有深层次的理解；获得一个投入感情的、相关的用户体验的故事；挑战(怀疑、反驳、对立)对主题的理解和假设；将思维模式转变成为以用户为中心，不仅仅站在用户的角度，还作为用户的一员，发现不满意或者不舒服的地方。

何时使用
- 在项目开始的计划阶段，需要列出对主题(或者项目)所了解的情况
- 研究探索问题的阶段
- 和状态探索同时使用
- 在设计原型阶段，需要将设计的原型和最终用户进行沟通体验的时候

持续时长

根据具体设计主题(或者产品)的状况而定，一般可能为半天、一天，如果是工作坊，这个阶段也可以通过下面的"未来/现状/瓶颈/想法"等工具来实现

参与人数

每个小组8～10人

道具

笔记本、笔(或者录音笔)、照相机、手机等可以用来记录情景的任何道具

步骤

第一手观察：用户亲身体验

购物

以用户的身份亲自到设计主题(或者产品)的单位做体验，类似电影演员体验生活。观察客户或者客户的客户，和他们进行交互式互动，获得客户的深层次的洞察，理解客户的整体视图。可以以多个心态进行观察，比如以心理学家、科学家、侦探、作家、架构师、艺术家、学徒等身份进行观察。艺术家可能是以艺术的审视角度进行观察，侦探以寻找蛛丝马迹的心态进行观察，建筑师则以空间和结构进行观察，科学家以完全的逻辑推理进行观察。

一手资料的获得需要到客户、客户的分销商、客户的客户处进行体验。可以直接打电话到客户的呼叫中心、服务热线进行体验。通过拜访公司的网站、淘宝体验店、注册公众账号、给公司发邮件等体验，也可以通过亲自体验一次购买、开一个账户、使用一次服务、得到一次帮助等来完成个人体验，获得一手信息。

作为一个用户，在每个环节中你会想到什么、会做什么、会担心什么。比如购买日用品时，可以亲自去商店购物，在网上商城亲自下单购买。

作为一个最终用户，试问自己，我为什么会进入这家商店，什么东西吸引了我，又是什么原因让我重复购买，在购买之前我担心什么、怀疑什么，等等。

将遇到的不满意、不懂得、不理解的情景拍下来，用手机或者摄像机录下来，用笔记本写下来。

如果这个行业你不完全清楚，可以邀请熟悉的人员，从头到尾体验一遍。比如，请一个经常入住五星级酒店的VIP客人体验从预订酒店、到达酒店、入住酒店、在酒店的活动、离店，直到最后酒店评价的全过程，将不满意的地方记录下来，然后告诉我们他的体验。

第二手观察：间接获得信息

(1) 阅读在线评论，浏览网站、百度百科、博客、微信、微博，利用百度搜索。

(2) 与供应商/最终用户/合作伙伴进行沟通。

(3) 询问朋友、家人的消费经历。

(4) 了解用户对服务的体验，或者供应商接触客户或者客户企业的方法。

(5) 通过调研客服中心了解客户的投诉、不满和退货原因。

(6) 通过研究行业的发展报告，了解网上客户的吐槽信息等。

结果

与客户的生态圈(包括供应商、用户、企业本身、合作伙伴等利益相关者)进行沟通，充分了解企业的痛点。利用了解到的用户期望模型，给他们讲故事，为解决问题提出新的解决方案。

案例

在为超市设计让客户满意的流程时，设计人员到超市进行体验，发现了如下问题：很多需要购买的货物找不到摆放的地方；结账时排长队；带着小孩很难购物；刷卡时经常刷了好多次刷不过去；老年人经常动作较慢；有时仅仅买一样东西，还需要等待很长的时间进行结账，无快速通道；手推车无法直接上电梯；有些想买的货物架子总是空的；购物时间过长；周边没有提供餐饮；在超市找不到洗手间；等等。将这些体验一一记录下来，再看如何解决，需要多大成本，值不值得修正，等等。

小贴士

我们这里多处提到客户、用户，客户是指直接和企业进行购买交易的企业或者人，用户是指产品或者服务的最终使用者。有时客户和用户可能是相同的，比如客人去电视专卖店买电视机，而且是他本人使用，这时客户和用户就是同一个人。但是同样是电视机，商场有时扮演分销商的角色，他们从厂商订货，是电视机厂商的客户(渠道、分销商，但是他们不是最终用户)，他们将电视卖给最终用户。另外前面讲的IDEO手推车的设计，其客户是商场，而用户是到商场购买东西的消费者。

工具十八、从用户体验获得想法：现场探索

目标

走出房间，到客户或者最终用户(客户的客户)处进行体验，获得新的想法，充分体验用户的需求以及痛点，更多地了解客户的不理解和困惑，找到满足客户需求或者超越客户需求的解决方案。

何时使用

- 在制定主题，需要对用户、客户以及相关人员获得第一手资料和信息的时候
- 在产品投放到市场之后，需要对产品进行进一步改进，而需要获得客户的体验的时候
- 做好了原型，希望将原型和客户进行沟通，了解他们对原型的真正感受的时候

持续时长

半天到一天时间

参与人数

2~8人

道具

笔记本、照相机、录像机，以及客户体验时客户、用户需要的工具

步骤

(1) 走进客户或者客户的客户，站在客户的角度考虑问题，而不是凭想象或者画草图。

(2) 以各种不同的角色，站在客户的客户的角度进行体验。

(3) 将每个人在体验中发现的问题，包括流程、环境、标志、产品、服务、感受、迷茫、不理解等写下来。

(4) 回到工作室，进行汇报、探讨、汇总。

(5) 分享和处理这些"原始体验数据"，确保可以辨识这些新的想法，解决发现的问题。

结果

移情于客户的客户，产生新的想法，解决客户的痛点，超越客户的需求，获得解决方案。对后续的整体解决方案提供素材，为讲故事获得最基本的信息，可以陈述最后的方案，解决客户的问题，有时还可以将原始的资料比如照片、录像制作成小电影。

在获得一手资料和二手资料的时候，如何使得体验或者调研更有效、更真实，不仅要完全以客户的身份去体验在整个过程中的发现、不满、不理解、不清楚、不知道等，还要在获得二手资料时注意观察，做到深层次的探索。需要不带任何偏见和个人意愿，真正获得客观问题的现状、环境、背景等，实现对具体现实的理解。在很多情况下，人们会带着自己的偏见观察问题、思考问题，正如"邻人偷斧"的成语故事一样。

小故事

有一个农夫丢失了一把斧头，怀疑是邻居的儿子偷的，于是观察他走路的样子，脸上的表情，感到言行举止就像偷斧头的贼。后来农夫找到了丢失的斧头，再看邻居的儿子，竟觉得言行举止中没有一点偷斧头的模样了。这则故事描述了农夫在心理定式作用下的心理活动过程。

游戏：徽标的秘密

看看下面联邦快递和亚马逊的徽标，你能在其中发现什么表示或者含义？

Fedex1　　　　　　　　　　Fedex

在一般情况下，大家的注意力一般会聚焦在"FedEx"这五个字母上，不会发现其中隐藏着的信息和机密，首先我们知道，联邦快递是做快递行业的，所以他们的徽标设计将快作为一个重要的元素设计了进去。仔细观察会发现，"E"和"X"之间有一个快递运动的标志，就是"右箭头"。往往大家带着固执和偏见，仅仅看到的是英文字母，就认为是英文，其实里面还隐含着他们的业务含义。

在"亚马逊"徽标中的英文中，大家看到的往往也是"amazon"，却没有发现其中还有一张从"a"到"z"的笑脸。其含义就是，黄色的箭头是个笑脸，表示"微笑迎接顾客"；黄色的箭头代表亚马逊河，像亚马逊河一样"宽广在线购"；箭头是从a指到z表示"从头到尾"的、所有的、应有尽有的意思；黄色的箭头表示总是"面带笑容"地在amazon网站上购物。

amazon1　　　　　　　　　　amazon

如何尽量降低人们的偏见，从而获得真实的信息，首先小组中每个人从多个维度观察，只对事实进行记录，相互不批评、不评论、不议论。下面我们介绍一个具体探索的工具。

工具十九、消除偏见的观察：观察APOEM方法

目标

利用APOEM工具，对访问的任何一个要讨论问题的背景和相关信息进行仔细观察，从6个维度对事实进行记录；

获得要讨论主题的背景、人物、活动、物体、环境、信息的客观详细资料；

充分理解主题要解决的问题、使用的对象以及主题产生的根源。

何时使用

- 在进行主题探索，到达主题相关的现场环境进行观察的时候
- 将获得的主题相关的任何信息进行汇总的时候
- 在对观察的相关信息进行记录时，全面地考虑6个维度，以防某个维度漏掉的时候
- 在获得二手资料，配合此工具进行调研的时候

持续时长

30~40分钟

参与人数

每个小组8~10人

道具

每个小组3张大白纸，6种颜色的便签贴每人最少10张，每人1支黑色小双头记号笔

步骤

为了充分了解所讨论主题的背景和相关信息，需要访问客户，将相关的事实记录下来，不需要讨论、评论，可以利用此工具将第一手资料收集到的信息进行汇总。

将小组聚焦在一个事件或者某一固定的时间段。如果是一个团队进行观察，可以分配不同的人就不同的任务或者聚焦在不同的区域进行观察。可以利用下面的工具进行观察，并获取信息。

(1) 每组在墙上纵向贴上3张大白纸，如下图所示。

客户: _____ 主题: _____

人（People）	活动（Actions）	物体（Objects）
所观察的是什么样的人？聚焦在几个人身上，描述他们的特征	人们确实在做什么？他们的有效活动是什么？	人们接触的或者手持的是什么？什么时候使用这些物体？如何使用这些物体？
人们显示出什么样的情感？反映出了什么情绪？	信息（Messages） 人们如何交流？他们说了或者发送了什么信息？	环境（Environment） 描述周围的环境，他们依赖于哪些体验使得工作更有效？

小提示：聚焦在一个事件或者某一固定的时间段上，如果是一个团队进行观察，可以分配不同的人在不同的任务或者聚焦在不同的区域进行观察。

观察(APOEM)

(2) 每个人拿1支黑色小双头记号笔和6种颜色的便签贴各10张。

(3) 将研究的客户名称写到顶部客户后面。

(4) 在主题后面标注讨论的是什么主题。

(5) 使用同一种颜色的便签贴，将主题相关的所有人(P)写在便签贴上，然后贴到"人"对应的栏目中。所观察的是什么样的人？聚焦在几个人身上，描述他们的特征，以及人们显示出什么样的情感？反映出了什么情绪等？

(6) 再利用另一种颜色的便签贴，写下人们确实在做什么，他们的有效活动是什么，并且将其贴到对应于活动(A)的一栏。

(7) 用另外一种颜色的便签贴写下通过观察所得到的信息，如人们如何交流，他们说了或者发送了什么，并且将其贴到对应于信息(M)的一栏。

(8) 依次将人们接触的或者手持的是什么，什么时候使用这些物体，如何使用这些物体，写到其他一种颜色的便签贴，并且贴到对应的物体(O)栏。

(9) 描述周围的环境，他们依赖于哪些体验使得工作更有效，写在其他一种不同颜色的便签贴上，然后贴到对应的环境(E)栏。

(10) 在贴便签贴时，小组的人都聚集在一起，大声念出来，以便小组其他的人可以听清楚。在贴的时候，尽量将同一类的贴到一起，完全相同的撕掉，也可以将拍的照片直接贴到对应的栏中。

(11) 画出整个讨论问题的场景。

结果

对观察所得(包括人员、心态、情感、参与的活动、相关的信息、利用的工具、周围的环境等)做汇总，并且制作出直观的整体视图，以便充分了解主题。

在对客户相关的人、事、物进行观察以后，通常要对有疑问的问题进行更深层次的观察，不仅仅是观察，还要剖析深层次的原因，这时要学会问问题，通过问题了解客户的真正痛点。下面给大家介绍如何进行深层次的探索。

工具二十、深层次探索：现场访谈调研

目标

通过客户调研，发现问题，了解客户的痛点，从而为获得解决方案奠定基础；

研究产生想法的方法，了解客户的真正需求；

揭示新的探索，更进一步地了解客户的体验和需要。

何时使用

- 在项目计划阶段，需要充分了解项目背景的时候
- 在做销售计划时，需要对客户的问题进行深入探讨的时候
- 对于客户进行了观察、体验，然后需要对客户进行深层次探索的时候
- 其他希望了解客户的状况、痛点、组织结构、竞争形势等的时候

持续时长

根据具体设计主题(或者产品)的状况而定，一般可能为一天或者一周，如果是工作坊，这个阶段也可以通过其他的工具，诸如"未来/现状/瓶颈/想法"的协同来实现。

参与人数

每个小组8～10人

道具

笔记本、笔(或者录音笔)、照相机、录像机等

步骤

根据设计的主题或者需要解决的问题，设计调研问卷，事先将问题发

给相关人员,让他们知道调研的目的、内容及形式,以便事前准备。可以采取面对面的访谈,也可以通过电话会议或者视频会议进行访谈,形式可以是一对一,也可以是一对多,还可以是多对多。

(1) 选择形式

- 单个访谈
    - 主要不是问,而是让客户多讲,了解他们对主题的见解、问题、阻力、难点、痛点等;
    - 让客户站在他们的客户角度出发,谈谈他们客户的日常活动,亲身体验等,从而发现自己如何做,才能满足他们客户(客户的客户)的需求;
    - 发现客户的客户需求与客户提供的服务之间的差距,从而发现矛盾的根源。
- 群体访谈

在访谈的过程中,首先让客户互换角色,让他们以他们的客户角色出现,了解客户的客户的需求。

相对于自己的生态系统,了解最终客户的感受,了解供应商的感受,等等。如果是企业内部的问题,可以考虑该主题涉及的最终用户,比如财务部,可以了解财务部所支持的客户是谁,客户的感受和体验;对于例外的问题,寻找有什么变通方式解决问题。

(2) 混合提问

在调研的过程中,通过提问,获得相关的信息,问题一般分为开放式问题和封闭式问题。

- 开放式问题

通过问开放式问题,比如,现在的现状如何,客户的不满是什么,客户经常投诉的问题有哪些,来获得讨论主题的整体视图。

对于有疑问的问题,通过问问题,澄清某些问题,理解背景、状态、难点、痛点。

了解客户的客户的痛点,以及客户服务的模式、流程、部门划分、职责等,发现差异,找出机会。

- 封闭式问题

在澄清一个问题时,多采用封闭式问题,比如客户有无退货,客户喜欢黑颜色还是白颜色，等等。通过这样的问题，确认我们的理解是否正确。

● 直接问题

在了解客户需求时，很多情况下，可以提出直接的问题，比如"你们对产品设计有何建议"。其目的是探索问题的根源、客户的想法，评估问题对现实的影响。

(3) 访谈指导

● 从具体问题入手

"告诉我关于……"，比如告诉我们关于公司是如何获得销售机会的？又如告诉我们销售合同签订后，你们是如何交付的？告诉我们关于公司的成本分布情况等？

● 进一步拓宽

"问题的关键是……"，比如：根据刚才的沟通，我们发现销售是通过市场活动和专门拜访客户获得销售机会的，那么问题的关键是如果客户没有参加我们的市场活动，并且销售没有接触到这个客户，那么如何获得该销售机会？

● 探索问题

"为什么？你是如何感受的？何时……如果……就会……"，比如：为什么不利用第三方咨询公司作为联盟，在他们咨询的过程中，有着很多客户的需求？

● 确认事实

"所以，如果……则……"，比如：如果我们和第三方咨询公司做了战略联盟，他们愿意将他们咨询客户的需求提交给我们，或者直接在有需求的客户中推广我们的解决方案或者产品，则你认为可以给我们带来多大的销售机会和销售收入？

(4) 了解差异

● 传统的探索

了解客户的问题、痛点，了解客户的需求，找到客户的机会，发现潜在的影响。

● 深层次聚焦

从客户的客户角度出发，研究动机和客户的客户的渴望；研究客户的客户的行为，从而发现客户如何做，才能满足客户的客户的需求；将情感移到客户的客户的感受,而不是客户的感受。

结果

揭示新的探索,对于未知的、不熟悉的、新的问题,需要新的、创新的解决方案来解决。挖掘深层次的需求,和客户变成合作伙伴,来帮助客户实现他们的未来和远景。

这里深层次的探索和传统调研最大的区别就是站在客户的客户(最终用户)角度考虑问题,而不是站在客户的角度考虑问题,更不是站在我们自己的角度考虑问题,比如前面的手推车设计,不是站在商场的角度,而是站在商场的客户——消费者的角度来设计手推车,所以这时调研是针对消费者的行为、不满、期望而完成的。

在做调研、深层次的探索时,一定要将自己扮演成客户的客户(最终客户)的角色,这里强调的是移情,也就是将自己的感情、感受、体验等全部移到用户的角色,而不是原来讲的换位思考,或者以客户为中心。而这些远远高于换位思考。

小贴士

很多的销售人员见到客户就只会讲自己的公司、自己的产品,很想尽快将产品推销给客户,但是往往越推销,越卖不出产品。根本不让客户讲话,这是销售人员的一个通病。为什么会这样,原因之一就是销售人员没有学会问问题。我曾在《大客户战略营销》一书中讲到问问题的技巧(SPIN),即要学会问四种问题。

(1) 刚一见面时学会问背景问题,以缓和气氛,但是不要多问。比如"张总,您是学什么的",如果张总回答"我是学物理的",马上就"套近乎"讲"我是学数学的,我们都是学理科的"。这样就可以拉近距离,缓解紧张的气氛。

(2) 了解客户的难点、最头疼的地方等,主要掌握客户为什么要做此项目,或者购买产品或者服务。比如"张总,您为什么会考虑做此项目呀",这样可以得到很多客户需要购买的背景和根源。

(3) 要问隐含性问题,通过对客户难点问题的提问,了解客户最头痛的问题,为什么要做此项目,为了突出专业性,充分了解客户的需求,所以要问一些"揭短"的问题,表明你知道客户真正的问题在哪里。比如"张总,当客户的订单已下,而且等着交货的时候,这时车床却出了故障,那您怎么做呀?"(这是为了卖车床)。

(4) 了解客户对销售人员提出的解决方案或者产品是否能给客户带来真正的效益,解决需求——效益问题。比如,"张总,如果您拥有一台新的车床,生产的能力比原来的车床提高25%,当客户下完订单,原来的交货期是6天,现在两个车床同时生产,交货的日期可以缩短到不足3天,一旦旧车床出了故障,新车床还可以继续生产,而且新车床是智能车床,不需要人工看管,可以大大地节省人力成本,请问这样的方案是否可以给企业带来更大的效益?"

通过问问题,真正了解客户的需求,根据客户的需求,提供自己的产品或者解决方案,以满足客户的需求。

案例

一个销售人员前去拜访一位客户企业的副总,当时副总说,他很忙没有时间。这个销售人员说:"我就在你的楼下,只需占用你宝贵的5分钟时间。"这样副总答应了销售人员的请求。当见到副总时,销售人员直截了当地和副总说:"我知道贵公司最近准备做客户关系管理项目,我最近刚完成了××公司的客户关系管理项目的实施,他们的林××总对我的项目非常满意。我很希望和贵公司合作,我没有太多的经验,但是有很多的教训,看看我是否能帮着贵公司实现目标,降低项目的风险。在合作前我很想了解贵公司为什么也要做客户关系管理?"

副总听了该销售人员在××公司实施过客户关系管理,又直呼林总的姓名,证明他和林总关系不错,而且了解林总的公司为什么做客户关系管理,副总很想了解竞争对手是如何做的,就直截了当地和销售人员讲他们为什么要做客户关系管理。这位副总开始讲他们公司的背景,最近出现的问题,希望通过客户关系管理解决。销售人员一边认真听,一边看手表,等5分钟到了时,销售人员提醒副总时间到了。这时副总站起来,走到门外对他的秘书讲:"我正在讨论一个重要的事情,请不要让别人打扰我。"然后和销售人员继续探讨了两个小时。

【案例分析】

(1) 销售人员的提问非常到位,在提问前做了很好的铺垫,让客户感受到他的专业性,值得信赖。

(2) 销售人员提到了竞争对手的林总,加大了副总对销售人员的兴趣,竞争对手林总都会和这个销售人员打交道,看来我也值得和他打交道。

(3) 林总公司是一个成功的案例,在业界有很好的口碑,在很多的杂志和报纸上都有报道(这是销售策划的成功案例),所以副总很想知道竞争对手是如何做的。

(4) 更重要的是,到5分钟时,销售人员主动提出时间到了,感动了副总,他认为这个销售人员是十分讲信用的,值得信赖。

从这个案例可以看出,学会问问题非常重要,一般情况下,客户不愿意直接讲述真正的想法,除非你能帮助他们解决问题,带来效益,和他们形成战略合作伙伴关系,让他们感觉谈话是值得的。

工具二十一、深究因果关系:5W2H

目标

发现未知的事实;

揭示因果、找到真正的需求;

找出连你的客户也不知道的问题。

何时使用

- 在讨论任何一个问题时,希望获得该问题全面视图的时候
- 制定访问指导之前
- 探索你的相关主题的时候
- 准备获得你不知道问题的答案,准备一些更有用的问题的时候
- 在完成行动计划时,需要知道谁、什么时候做什么事情,什么时候完成,验收的标准是什么,在什么地方完成等的时候

持续时长

要看在什么阶段使用,一般情况下,要多问问题,经常问问题

参与人数

没有严格限制

道具

大白纸,各种彩色中粗记号笔,7种不同颜色的便签贴5套

步骤

在墙上横向贴上4张大白纸,每张大白纸是纵向贴上的,然后每个人拿1支笔和便签贴10张,将与主题相关的任何想问的问题写出来,贴到大白纸上,接下来将问题按照5W2H进行分类。这7类问题具体如下:

5W2H

What：是什么？比如目的是什么？做什么工作？

How to do：怎么做？比如如何提高效率？如何实施？方法怎样？

Why：为什么？比如为什么要这么做？理由何在？原因是什么？为什么会造成这样的结果？

When：何时？比如什么时间完成？什么时机最适宜？

Where：何处？比如在哪里做？从哪里入手？

Who：谁？比如由谁来承担？谁来完成？谁负责？

How much(How many)：多少？比如做到什么程度？数量如何？质量水平如何？需要多少费用？利润如何？

结果

- 可以准确界定，清晰表述问题，提高工作效率。
- 有效掌控事件的本质，完全抓住事件的主骨架，把事件打回原形思考。
- 简单、方便，易于理解和使用，富有启发意义。
- 有助于思路的条理化，杜绝盲目性，有助于全面思考问题，从而避免在流程设计中遗漏项目。
- 探索新的想法和思想，通过引导，发现问题的根源，最后帮助客户解决难题。

一般做完5W2H后，可以利用鱼骨图的方法，将问题的答案进行分类。

制定某个访问或者进行问题探索时，一般会问一系列的问题，来获得问题的根源，然后结合背景，深层次地了解状况。关于为什么的问题应该问最少五次，来揭示因果关系。多问问题，比如：问题是什么？在什么地方发生的？何时发生的？为何发生的？(多问几个为什么)你如何解决这个问题？会涉及哪些人(谁)？损失有多大？你知道什么时候会解决该问题？

对于产品使用时的感受，只有用户自己最清楚。很多情况下，生产设计企业并不了解用户的真正感受，企业多以聚焦内部、脱离用户的方式做产品，缺乏对用户的关注。他们未意识到用户对其产品的每一次体验都会影响用户的体验满意度、品牌忠诚度和忍耐底线。如果使用用户体验地图，则能够很好地描绘出用户在体验产品时的情绪变化，并以此对产品进行改进、完善和优化。

从用户角度出发，以叙述故事的方式描述用户与公司相关产品之间的互动，并以可视化图形将其展示，这一过程的产出物即为用户体验地图。

用户体验地图能够帮助公司或者设计团队从用户的角度去考虑他们的产品，以此与用户建立一种相互尊重、依赖、信任的长期关系。

同时，用户体验地图也被用于评估公司产品、服务的当前状态以及预测未来可能出现的情况，挖掘用户的痛点、寻找新的机遇去建立更好的用户体验。

下面的用户体验地图就是一个很好的以客户的客户为中心设计的用户使用的情绪感受。

工具二十二、充分理解用户的情绪：用户体验地图

目标

使用用户体验地图是用户在使用产品或者服务过程中的真实体验，是他们在每一个节点喜怒哀乐的真实记录，让项目或者产品设计人员真正认识用户的体验，以便对产品和服务进行改进或者找到新的产品的设计机会。

在跨部门与其他团队进行讨论时用户体验地图可以帮助大家站在同一起跑线，以同一频道讲话。

何时使用

- 在了解用户的真实体验、感受的时候
- 在对原有产品重新进行设计，需要了解用户的真实不满和痛点的时候

第六章 七步骤之二：以人为本的移情观察

- 在跨部门需要对产品设计达成共识，了解用户的真实体验的时候
- 在了解产品的缺陷或者产品不人性化的时候
- 在挖掘产品或者服务用户的痛点、渴望、期望，从而预测未来可能出现情况的时候

持续时长

40～120分钟

参与人数

3～8人

道具

大白纸4张，黑色双头细粗记号笔每人1支，6种不同颜色的便签贴各1包(100张)，5种颜色的彩色水笔1套

步骤

(1) 在墙上纵向贴上4张大白纸并拼成一张更大的白纸，然后按照如下的图将大白纸的内容标签写好，分别标上"角色""阶段""活动""情绪""想法""感受""经验""机会"等，并在每一个部分贴上一张便签贴，标志该部分需要用的便签贴的颜色，尽量将两个相邻部分的颜色区分开。

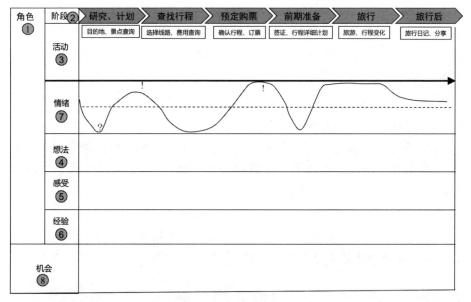

(2) 对于给定设计的产品或者服务，讨论关键的角色，然后写到角色对

应颜色的便签贴上，贴到角色部分。

(3) 小组开始讨论，对于产品的使用或者服务整个过程需要哪些步骤，比如"出国旅行"的体验，一般大的步骤包括：事先研究准备、事中旅游活动、事后总结分享；也可以分得更细一些，如研究计划、查找行程、预订机票、前期准备、旅行、后期分享等。

(4) 然后大家在不同活动颜色的便签贴上写下每个步骤的行动，贴到对应的步骤中，按时间顺序排列。比如：上网查哪些旅行地比较火爆、有你期望的景点或者人文，再查找周期长短，路线计划，交通工具，费用、景点特色等。接下来查找行程，包括选择哪条路线，比如欧洲游，对比各个旅行社的计划、报价，对比自由行的利弊，最后决定如何出行。当定了行程，就需要查询是否需要签证，如果需要签证，就需要查询签证所需的材料，预订机票、酒店，确保签证的正常申请，到银行出银行流水账单等。再计划详细行程，比如飞机往返的航班，出发和到达的时间，酒店预订，如何到达酒店，每一天的行程，酒店、餐馆、交通工具安排等。事先准备好当地的风土人情，法律法规，比如租车是否需要国际驾照，右舵车还是左舵车等，是否需要携带药品，以及照相机、摄像机、适合当地的电源插座转换头等。在旅行的过程中，是否有行程变化，是否遇到了突发事件，如何处理，当时的心情如何。回到国内后对这次旅行进行总结，完成客户体验地图，对于每一个活动，将想法、感受、经验一一记录下来，开心的、不开心的都记录下来，在对应颜色的便签贴上将其写下来，贴到对应的部分。

(5) 最后根据客户的体验，对于每个节点客户的情绪做一总结，按照坐标的模式对情绪进行量化，非常好为+100，非常差为-100。

(6) 对于情绪打分低的，要找到客户体验中发现的问题，列出产品或者服务设计的机会，比如需要一个旅游全视角app，包括签证指南、旅游规划、事先准备等，应用需简单易用，满足客户行为。

结果

对老的产品或者服务等，要充分了解客户的感受，从而发现新产品设计的机会或者老产品需要改进的内容等。

第六章 七步骤之二：以人为本的移情观察

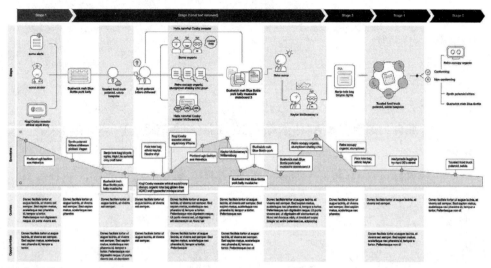

小贴士

在做客户体验地图的时候，一般可以通过问卷，或者一批真正愿意讲真心话的客户朋友进行体验总结，在设计问卷的时候，要按照客户的行为设计，将问卷分发给真正愿意给产品或者服务提出建议的人，特别是产品或者服务的常客，或者VIP客户。客户体验地图应该是一个统计结果，而不是某一个人的感受。因为设计是面向这个客户群体的，而不是个人，所以这里的角色是客户群体，而不是一个人。

工具二十三、可视化激发深层次探索：直观模拟

目标

将客户访谈的结果记录下来，并且有充分的理解，和客户产生共鸣；

直观地理解客户讨论的问题，或者对客户描述的内容做直观展示，从而与客户的理解或者描述保持一致，打开人们的思维和创造力。

何时使用

- 在访谈的过程中，和客户沟通的时候
- 问题陈述已经完全确定，向客户确认自己理解的完整性或者一致性的时候
- 需要深层次了解问题的实质的时候
- 在想法、点子确定以后，将想法直观地展现出来的时候

持续时长

10~30分钟

参与人数

1~10人

道具

各种颜色的彩色笔,A4的纸每人至少2张(或者笔记本)

步骤

如果讨论的问题(如有关物体、流程)可以直观地表现出来时,可将与客户沟通的内容或者客户描述的情景画出来。确保将相关物体的部件相互连接起来,问题的相互要素连接起来,辨识他们之间的关系。

直观模拟

(1) 当考虑的问题可直观表现出来时,要求每个人将客户、状态或者问题用画图的模式画出来,向客户确认,比如:客户有一辆车,那么是哪种车?然后让客户花费5分钟的时间将他的车画出来——它有哪些特性,将特性标识出来。

(2) 在和客户沟通的过程中,可以将直观模拟图像画出来,然后向客户确认你的理解是否正确,再让客户进行校正。

(3) 如果有必要,可以问一些问题帮助客户将问题分解。"谁是驾驶员/乘客?外形/电机/车轮是什么样的?是否是混合动力/电动车/新能源车?"如果你有时间,而且希望在某一方面聚焦,就问一些关于这方面的问题。比如:"街道道路如何?""其他的车如何?"

(4) 完成后,每个人向大家展示自己的草图并解释含义,其余的人可以问问题。

(5) 在大量信息中,抓住主要的问题,画在白板、大白纸、便签贴上进行讨论。

结果

对问题进一步理解，直观地将物体、环境、流程等画出来，然后和相关人员确认，循序渐进地了解需要研究的环境、物体的详细构造和相互关系。

案例

在和公司沟通交流时，首先可以通过提问，认真听取客户的陈述，了解A公司的运营流程，以及存在的问题。结果发现，每次当A公司的客户需要产品时，A公司一般喜欢供应标准的基本产品，而不是客户化的产品，因为那样成本过高，而且生产周期会拉长。由于A公司的客户往往不是这方面的专家，所以就接受了A公司的建议，签订了合同，交付了产品，客户也付了首付款。结果客户没有交付全款，而是出现了各种各样的问题。究竟是什么原因造成了这种后果，A公司希望通过一次创新设计思维解决他们的问题。通过调研，我们画出了如下的直观模拟图，并且在每个节点找出问题。我们站在客户的角度问了一系列的问题，最后发现问题出在客户的信任度上。那么"如何和客户快速地建立信任关系"以及"客户得到什么样的价值"就被列为本次创新设计思维工作坊的主题。运用这套在沟通过程中绘画的方法，就能更直观、快速、有效地与客户交流，获得信息，最后达成一致。

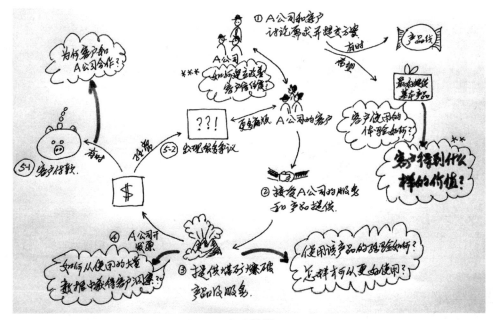

直观模拟

本章我们主要讨论了如何做好客户体验，获得真实的客户背景和信息，包括亲身体验、利益相关者访谈、学会提问、掌握观察的6个方面、将事实用绘画的形式记录下来以及不带偏见地获得真实的信息、环境、状态和痛点。这是进行观察的重要部分，需要参与者完全以客户的身份进行参与和体验，从而发现问题，找到真正的解决方案。

Innovative

Design 第七章

七步骤之三：制定
设计的主题研究

Thinking

在创新设计思维的整个过程中,最重要的环节是设定主题,主题就是需要解决的问题或者需要设计的产品。只有设计正确的主题,才能表达真正的意图和思想,才能使得整个过程和结果做得更有效。主题就是我们设计的目标方向。

某公司每个部门做得都很好,但是整个企业的业绩并不理想,其最大的问题就是跨部门之间的沟通经常出现问题。如何解决这个问题,讨论的主题可最直观、最简单地定义为"如何做好跨部门的有效沟通"。

某一国际企业发现现在的会展系统不理想,客户经常抱怨,主题就定为"如何研发出让客户满意的会展系统",更进一步希望系统具有前瞻性,主题定为"未来的会展系统什么样"。

某零售企业很难获得客户的背景和行为信息,讨论的主题设定为"如何有效获得客户的信息"。

以上都是一些最朴素的主题,如何使得主题设计得更有效,更容易理解,我们必须使用一些有效的工具和方法论。

设定合适主题的原则

设定合适的主题是解决问题最重要的一步:
- 要找到合适的主题或者挑战;
- 要对主题有充分的理解,达成共识,知道主题具体的含义是什么,所以主题要设定得相对明了;
- 制定的主题范围不太宽泛也不太狭窄。

1. 找到合适的主题或者挑战

我们知道,寻找问题比解决问题更困难。寻找问题需要发现到底是什么原因引起了问题,或者需要解决什么样的问题。记得在《你的灯亮着吗?》一书中,有这么一个故事,在繁华喧闹的城市中心刚建成一座办公大楼,入住率相当不错,但是电梯的速度太慢,导致业主投诉抱怨很大。

如何解决这一问题?首先是站在谁的角度来解决问题。

如果站在物业的角度解决,有很多的方案,比如:提高租金,让业主住的少点,收入还不少,就可以减轻电梯的负担;将大楼的设计师告到法庭,为什么设计的电梯不够用,获得大楼的补偿;请黑社会将大楼一把火烧了,获得保险公司的理赔；找电梯公司检查，可是该大楼是新楼，而且刚刚验收过；等等。

如果站在业主的角度，就会想如何让业主满意，方案也有很多，比如在旁边的大楼和本楼之间建一座天桥，利用旁边大楼的电梯；再增加一部电梯；分峰上班；将电梯错层或者分为高低层等；最后有人提出更好的高招，在每层电梯的周围墙壁上镶嵌上玻璃镜子，然后在镜子的下面放上各种不同颜色的水笔，大家在等电梯时可以任意地照镜子、画画，结果物业采取了这一方案，很快大家的抱怨声小多了，经常业主还没有画完，电梯就来了，他们还小声抱怨电梯来得太快。

一年后，电梯公司检查电梯的时候，才发现电闸上面电死了一只老鼠，一直还挂粘在上面，导致电压不稳定，才使得电梯的速度太慢，等清除了死老鼠，电梯的速度大大提高，满足了整个大楼业主的需求。这个故事很简单，想了那么多的解决方案，可是问题没有找对。这才是所有问题的关键。

2. 设定明了的主题

对于设定的主题，需要简单明了，大家一看就明白是什么意思，需要设计什么。一般情况下主题设定的格式为"在什么样的条件下，为哪个部门/单位/人群，设计/重新设计一个什么样的解决方案"。

简单明了的主题常常是一个问句，让设计团队的人一看就知道要获得什么结果，比如寻找方法、定义内容、探索未来。对于新产品，就可以设计很多不同的主题，比如"如何提高新产品的销售率"。关键在如何，就是用什么样的办法提高新产品的销售率，这样大家一看就知道是寻求销售的办法，所以方案是围绕着办法展开的。比如主题"如何设计一个适应当下市场的新产品"，就需要讨论怎样设计，即寻找设计的方法。比如主题"设计什么样的新产品，才能适应于当下的市场"，这时的目的是寻找什么样的新产品。比如主题"什么样的人来设计新产品更合适"，就是在找设计新产品的人群。最怕的，也是经常听到的讨论主题是"新产品"，这下就麻烦了，到底是要讨论新产品的哪一方面？这时需要和客户认真讨论，理解客户的问题和背景，知道他们的难点和痛点，找出真正需要设计的主题。

在一般情况下，客户很难给出主题，我们在和客户沟通时，要问他们最紧迫、最棘手、最希望解决的问题是什么，对背景做充分的理解，然后制定出需要讨论的主题或者挑战。如果客户不知道具体如何去定义，可以采用抛砖引玉的方式，给客户展示一些以前做过的范例供客户参考，也可以到客户处体验，发现问题，再设定主题。

3. 主题不要太宽泛也不要太狭窄

在设定主题的时候，一定要遵循主题既不能太大、太宽泛，也不能太小、太狭窄的原则。在宽泛的主题下，大家往往找不到明确的思路，很难在有限的时间内完成设计任务，也难以产生合适的想法和解决方案。对于太宽泛的主题，要加以适当的限定，否则这些想法会远远超过原先设定的范围。而太狭窄的主题，没有足够探索的空间进行思考，不能很好地反映讨论的整体性。机会空间被限定得过窄，真正探索问题的机会可能会受到一定的阻碍。

有一种误解，认为创新设计思维意味着没有任何的限制，没有任何的边界，完全天马行空。但是任何事物的研究都不应该完全偏离事实，设计人员清楚，只有深入地研究，提出有效的问题，划定适当的范围，制定合适的讨论主题，才能帮助产生广泛使用的创造性想法。所以在主题设计的时候，需要给太宽泛的主题加上适当的限制条件，或者将一个太宽泛的主题分解成若干个子主题。

比如某公司在信息化方面做了不少工作，但是缺乏整体的规划和统一的平台，每个信息系统都是相应的信息孤岛，他们希望将讨论的主题设定为"如何设计企业的整体信息化规划"，这一主题就可能太宽泛，很难在有限的时间内完成，即便是按照"原型法"的原则，先设计一个雏形，然后慢慢地完善它，也存在很大的困难。可以对太宽泛的主题分为若干个子主题，针对每一个子主题做一次创新设计思维工作坊，才可以一步一步获得实施的路径。比如将主题修正为"如何有效地设计企业整体信息化规划""企业信息化规划应该从哪几个方面进行考虑""整体信息化规划的架构如何设计""整体信息化的路径是什么"，等等。也可以将一个太宽泛的主题加上一定的限制条件，变得适合讨论，比如"在对标企业信息化基础上如何设计企业的整体信息化架构"等。

如果你希望设计系的学生设计一个"装花用的花瓶"，那么你会得到一大堆的花瓶，这些花瓶每个可能都不错，但是远不能认为是出色。其实设计花瓶的主要目的是装花，不是仅仅用来摆设的。然而如果让学生设计一个"体验鲜花的新方式"，你将得到的不仅仅是有吸引力的花瓶，还会得到很多其他有价值的东西。如果你让他们设计一个"体验美的新方式"，那么他们设计的范围就太广了，甚至无从下手，即便是得到一些创新的想法，可能完全是你不希望要的、无价值的东西，而且想法相互也没有相关性。良好思路，合适的主题是获得有价值思维的推动力，从而产生高价值、相关的创新见解，最后得到切实可行的想法。

如何衡量主题的大小

一个设计的主题是不是太宽泛，可以简单地看这个主题是否包含了多个维度，一般情况下，如果一个主题包含多个维度，在设计时间有限的情况下，比如一天或者两天，这个主题就可能太宽泛，太大了。如果给一个主题限定了几个条件，很快就讨论完了，这个主题就太狭窄了。

比如"企业的五年规划"，这个主题可能包含企业的发展方向(专业化、多元化)、商业模式(生产型、销售型、研究型、贸易型、混合型)、战略规划(国际化、收购并购)、管控模式(财务管控、战略管控、运营管控)、组织架构(扁平化、事业部、分公司)、业务组合(多元化产业、多业态产业、单一优势产品)、投融资规划(上市、融资)、运营战略(人才战略、财务战略、品牌战略、市场战略)等。这样的主题相对就太大了，包含了太多的维度。如果加上一定的限制条件，这个主题就可能比较合适，比如"在商业模式不变的情况下，如何设计产品的五年规划"或者改为"五年规划应该包含哪几个维度""如何制订五年规划的管控模式"等，这样就将主题缩小到某一个维度，相对比较合适。也可以在一次工作坊时，将主题分为若干个子主题，比如"五年规划的商业模式如何设计""如何制订五年的战略规划""什么样的管控模式适合于公司的五年战略""如何制定五年的人才战略"等，然后将工作坊人员分为若干个小组，每个小组讨论一个主题，这样既节省时间，又能很快得到需要的解决方案。

比如"使用什么样的交通工具从北京到西安最快"这样的主题相对比较小，大家罗列出飞机、自驾、火车、汽车、走路、抬轿、骑自行车、骑马等，在现有条件下仔细分析，飞机最快，高铁第二，但是在很多情况下，比如天气的原因，飞机经常晚点，而且从驻地到机场和从机场到酒店还需要打车或者乘大巴，要花费较长的时间，所以高铁最保险，相对比较快。

游戏：锻炼的方法

首先让大家说出锻炼身体有哪些方法，等大家给出很多答案后，再让大家说出在不需要任何器械的条件下，锻炼身体有哪些方法，最后再讨论利用单杠锻炼身体有哪些方法。

由于锻炼身体的方法太多，以至于大家不知道到底采取哪一种方法锻炼身体，比如游泳、打球、跑步、骑车、太极、武术等。在加以限制条件不需要任何器械如何锻炼身体时，大家可能会想到跑步、打拳、走路、爬山等，相对容易知道采取哪一个更方便一些。最后再加以限制条件利用单杠，大家只会想到引体向上、卷身上杠、屈膝上举等。可见第二个主题相对比较好，前者太宽泛，最后一个太狭窄。

由此可见，要找到好的解决方案，首先要制定好的主题或者挑战。如何制定好的主题，是本章的主要目的。

案例：从局部需求到整体方案

一个零售企业希望通过创新设计思维寻找"供应链实现补货"的解决方案。通过事先的调研发现，问题不仅仅是补货，补货仅仅是冰山的一角，真正的问题是要给商场做精细化管理，包括顾客的需求、促销有效性分析、货架有效性分析、会员的智能管理等，所以主题讨论的内容就没有完全聚焦，而慢慢地就变成了"如何实现智能化商场"。如果开始就定义"如何实现智能化商场"，大家可能会觉得问题太宽泛而无处下手，从一个有限制条件的主题出发，想法会慢慢地发散，使得结果远远超出了讨论的范围。最后，商场发生颠覆性的变化。

这个案例说明，主题不能太宽泛，需要加以适当的约束条件。

主题的设定，就是先给大家规划一个目标，设定一个范围，所以大家对主题的理解就非常重要，如果大家的理解有偏差，可能会失之毫厘，谬以千里。为了让大家充分了解主题目标的重要性，我们先从一个图形复原的游戏讲起。

工具二十四、目标导向的管理游戏：图形复原

目标

通过游戏，让大家理解目标设定是如此重要，并学会正确地问问题。

何时使用

- 在工作坊开始后，制定主题之前
- 在大家累了，希望通过游戏调节一下气氛的时候
- 在做深层次探索的时候

持续时长

10～15分钟

参加人数

小组中人员自愿组合，最少两个人一组

道具

自愿组成小组，每组2张A4纸，圆珠笔最少2支

步骤

(1) 所有参与人员分成若干个小组，每组最少两个人，其中一个人作为甲方，其余人员作为乙方。

(2) 甲方在A4纸上任意画一个图形，不让乙方任何人看到，画完后将图形反扣在桌上。

(3) 其余人员可以讨论，通过不超过5个问题，将甲方画的图形完全复原，复原的定义是将各小组画的纸放在一起，对着灯光检查，是否完全重合。

(4) 做完的举手，大家公认做得好的小组得奖。

结果

测试大家是否做到目标导向，了解正确定义目标的重要性。提醒大家，在做任何事情的时候，时刻记着我们的目标是什么。也可以让大家认识到商业思维和设计思维的最大区别，一个是低头干活交付型，另一个是抬头看天创造型。

小贴士

很多情况下，每个小组都会想尽一切办法问问题，比如问"你画的是几何图形还是非几何图形""几笔画的""是直线还是曲线"，等等。

首先要考虑甲方是否愿意回答，就是愿意回答，他的回答是否是真话还不知道，他要是说假话怎么办？就算是说真话，仔细想一想，这样能否完成任务，因为当你问问题时，这样穷举式的问题，若不超过5个，想要达到结果几乎是不可能的，特别是图形完全重合几乎不可能。那么如何完成游戏呢？首先考虑小组完成这个游戏的目标是什么，是复原图形还是获奖？很多小组都认为是获奖，可是如果是以获奖为目标，这时甲方和乙方应该有共同的目标，这样很自然地他们还需要问问题吗？甲方只要讲，图形给你们，你们描画一个或者复印一个就可以了，或者说图形给你们，完全一样，我们去领奖吧。

这个游戏很简单，关键是目标如何制定。有了目标，然后为了达到目标我们只要一层一层向下分解，看一看实现它们需要什么样的条件，需要什么样的资源。可见，目标设定是如此重要。目标设定错了，走得越快，距离实际目的地就越远。

韦尔奇提出了一个"扩展"的概念，其内涵是不断向员工提出似乎过高的要求。"扩展"的意思为：当我们想要达成这些看似不可能实现的目标时，自己往往就会使出浑身解数，展现出一些非凡的能力。创新的目标也是这样，设定看起来似乎不可实现的目标，想尽一切办法，扫除瓶颈阻力，确实能使其变为现实。

在这一章，我们的目标是如何正确地设计目标主题，这里有很多的工具可以使用，从而实现目标主题的设定。

设定讨论主题的方法

为了制定合适的主题，首先需要做大量的研究，检查客户公司的网站和相关网站，了解客户企业最基本的信息(也可以通过前面的全局分析地图或者商业模式画布工具来实现)，需要掌握企业或者组织的以下信息。

- 公司的性质：是国企、民企、外企，还是合资企业，是否是上市公司，在哪个交易所上市的，股价多少，他们的财务状况和年报，等等。
- 企业的业务范围：客户的产品和服务模式，产品的生产模式，是独立生产、外包，还是代工生产，或者是贸易型企业，产品面向的是个人客户，还是集团客户。
- 企业的盈利模式：客户的企业如何赚钱，比如银行靠利差和第三方业务服务费盈利，电信靠话费、数据业务费、第三方流量服务费、终端设备代销服务费盈利等。
- 企业的盈利价值链：供应商(战略供应商是谁，供应什么样的产品或者部件)、内部运营模式(包括企业的管控模式，是战略管控、运营管控、财务管控，还是混合管控)和他们的客户群体(企业客户、零售终端客户、分销商)。
- 企业的组织架构：企业的整体组织架构，各个部门的职责和相互关联关系。
- 企业的成功案例：企业的主要客户群体，成功的案例，样板客户。
- 企业大事件：了解企业成立时间、隶属关系、股权分布、上市时间、大的认证、获奖等以及其他重大事件，比如董事长获得重大奖项，国家领导人视察等。

在基本掌握客户的关键信息以后，就需要和客户的关键决策者讨论如何设定主题。

和最终做创新设计思维企业的业务主管进行充分的调研和沟通，最好是面对面或者电话调研，要事先列好调研的提纲。调研的内容包括以下几个方面。
- 公司的现状和存在的问题：是企业战略的问题，还是运营的问题；是组织结构的问题，还是流程的问题；是服务的问题，还是产品的问题；是财务的问题，还是成本的问题；是竞争对手的问题，还是客户满意度的问题；是人力资源的问题，还是企业文化的问题；具体问题表现在什么地方……
- 这次工作坊希望解决的问题：企业中高层领导或者主管最关心的是什么？最亟待解决的问题是什么？例如是产品设计的问题，还是流程管理的问题？
- 这次工作坊希望达到的目标：这是非常重要的问题，因为必须了解企业这次培训或者工作坊的目标是什么，是找到解决问题的方案，还是找到问题的根源？或者是帮助设计一套方案或者流程？
- 这次工作坊最后提交的成果：必须了解通过这次活动，客户最希望提交的成果。是文档汇报材料，还是演示稿(PPT)汇报材料；是一套故事连环画，还是一个app应用；是一个产品的设计草图，一个产品的原型还是一个新产品的模型，等等。根据最后提交的结果不同，整个活动需要延续的时间和交付的周期也不同，需要的工作量也就不同。
- 制定要讨论的主题：在很多情况下，讨论的主题不止一个，也可以几个小组讨论同样的主题，也可以不同的小组讨论不同的主题。这时可以根据引导师或者教练的经验，推荐几个朴素的讨论主题，也可以和最终客户的主管确认本次活动需要讨论的主题和解决的问题。在一般情况下，最好围绕着公司亟待解决的问题，将问题分解成为不超过四个子主题，子主题几乎覆盖主题的内容，这样四个小组讨论完，就可以对讨论的问题有一个整体的认识，在讨论过程中，每个小组在每个小的阶段进行汇报，所以其他小组也会互相了解。

在和客户做了充分讨论之后，可以制定出活动讨论的主题，但是参与活动的人是否充分地理解主题，主题是否合适地定义了活动的目标，就需要一系列的工具来完善设定的主题。

制定设计主题研究的专用工具

下面我们来介绍在制定讨论主题时应用的几个不同的工具。

工具二十五、探索存在问题的关键：制定主题

目标

找到问题比解决问题更困难，通过对需要观察的某一领域或者针对某一现象的现状分析，发现存在哪些关键的问题，从问题中找到相关的关键瓶颈，为了解决瓶颈，提出挑战，制定出合适的、需要讨论或者设计的主题、挑战。

何时使用
- 在做创新设计思维工作坊之前，和客户讨论制定主题的时候
- 在创新设计思维工作坊的开始，大家还没有设定主题，需要制定主题的时候
- 需要对客户做充分的了解，发现问题的时候
- 已经有了讨论的主题，需要对主题重新审视的时候

持续时长

30～50分钟

参与人数

每个小组2～8人

道具

每个小组大白纸2张，每人1支黑色小双头记号笔，便签贴每人至少4种颜色，每种颜色至少5张

步骤

(1) 将2张大白纸左右拼在一起贴到墙上，2张大白纸都是纵向而贴的。

(2) 将2张拼在一起的大白纸分为三部分，用记号笔画线分开，第一部分占2张大白纸的一张半，剩余的半张平分成为第二、第三部分。

(3) 在某种颜色的便签贴上写上"现状"，贴在第一部分的左上角，该便签贴的颜色表示这一部分都用规定的同一种颜色的便签贴，比如绿色。用另一种颜色的便签贴写上"瓶颈"，然后贴在第二部分的左上角，比如蓝色，最后在其他颜色的便签贴上写下"主题"，贴到第三部分的左上角，比如红色。不同的颜色表示不同的类。

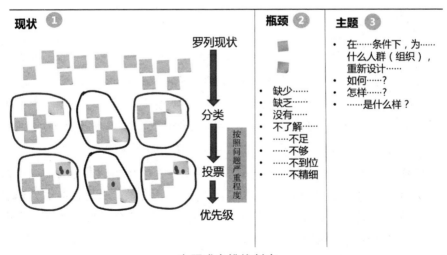

主题或者挑战制定

(4) 小组的每个成员在A4的纸上贴上"现状"要求颜色的便签贴3张，静静坐下来，不允许讨论，各自写各自的，每人贡献3条欲讨论范围的现状，最好写存在的问题和不佳的现象。

(5) 写完后在组长的带领下，一起到自己对应的大白纸空间，将便签贴一张一张地贴到第一部分，边贴边念，不允许解释。

(6) 若发现自己写的和前面人的完全一样，或者非常接近，就将自己写的那张便签贴撕掉。

(7) 大家边贴边分类，全部贴完后，分完类，再用其他的、和第一部分便签贴颜色对比比较强烈的颜色的便签贴写上该类的名称，贴到对应的类边上，比如"流程""制度""人才""品牌"等。

(8) 分完类后，用"圆点贴"投票法进行投票，投票的标准是，按照问题的严重性或者影响讨论范围大小来投票，大家投票的次数等于不超过总分类数一半的最大整数。比如分类是8类，就投4票，分类9类，也投4票。

(9) 投票最多的前一半的类，就是最大的瓶颈。

(10) 在没有选中的类中(最不重要的类中选最关键的现状点)，每个人再投3票，投票的标准还是最严重的问题。

(11) 投票最多的前三个点也是最大的瓶颈。

(12) 将前面选出的瓶颈和三个点瓶颈，分别写到瓶颈对应颜色的便签贴上，要求写成"缺少……""缺乏……""没有……""不了解……""……不足""……不够""……不到位""……不精细"，比如"人才缺乏""资金不足""缺少规范的流程""品牌缺少竞争力"等。

(13) 接下来大家可以任意讨论，判断找出来的瓶颈是不是真正的瓶颈，如果不够，就需要继续完善，也可以任意地修改和调整。

(14) 对于每一个瓶颈，在主题对应颜色的便签贴上写出相应的挑战或者讨论的主题。一般以"在什么样的条件下，为哪个人/部门/组织设计(重新设计)……"，或者"如何……""怎样……""……什么样"。

(15) 大家一起讨论，检查主题是不是真正需要讨论的问题。有的人不同意时，可以申辩，让他讲5分钟，然后大家再重新投票，选出最终的讨论主题。主题可以是一个，也可以是若干个。每次工作坊分段聚焦在一个主题上，或者分组讨论不同的主题。

结果

通过主题选择的讨论，大家对要讨论的范围中存在的问题有了充分的理解，找到了关键的挑战，制定了需要讨论的主题或者若干个子主题。这对于找到合适的主题有很大的帮助。

对组织的问题做了充分的理解，研究了现状，发现了痛点，找到了瓶颈，最后制定了主题，如果要对主题做充分的理解，在讨论的时候保证不跑题，就需要对主题做进一步的分析，可借助下面的工具优化主题。

工具二十六、从各个不同的角度分析主题：关键词替换

目标

通过关键词的替换，让参与者充分理解讨论的主题：希望大家对讨论的主题有充分的理解，利用关键词替换，让人人对主题从各个不同角度进行观察，了解这次活动主要解决的问题和目标，为提出创新的想法奠定基础。

何时使用

- 在和客户制定主题，讨论出更合适主题的时候
- 需要将问题陈述得更清楚、定义得更确切的时候
- 对主题的陈述更具有挑战性、会带来更多创新想法的时候
- 希望扩展对相应问题的想法，且没有偏离太远的时候
- 在了解了现状、背景，制定了一个讨论的主题之后，在整个工作坊对主题开始讨论之前

持续时长

8~15分钟

参与人数

每个小组2~8人

道具

每个小组大白纸1张，每人1支黑色小双头记号笔，便签贴每人至少5种颜色，每种颜色至少5张

步骤

看看讨论主题的陈述，改变替换关键词，使得这些陈述更确切、更清楚地表达主题，但是还要有新意。检查讨论主题的新陈述，辨识关键词。

(1) 研究讨论的主题，将关键词找出来。比如说有N个关键词，例如"我们如何增加销售"，其关键词是"增加—销售"，当然有时也会有"我们""如何"，一般情况下这里是4个关键词，也就是说N=4。

也可以将关键词分为"我们如何""提高销售",还可以仅仅划分为一个关键词"我们如何提高销售"。

(2) 寻求相近的关键词。

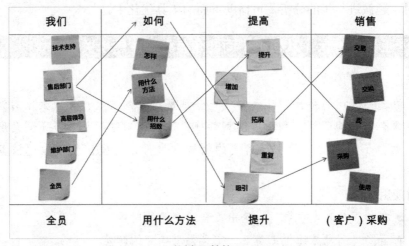

关键词替换1

在大白纸上画出N个纵向格子,从左到右在大白纸的每个格子依次写下关键词,比如"我们如何提高销售",可分为4个格子,分别为"我们""如何""提高""销售"。

然后给每个人一支黑色小双头记号笔和若干张便签贴,接下来每人将自己认为相近词义的关键词写到便签贴上,再贴到对应的关键词下面。比如,"增加"的相近词有"提高""拓展""提升"等。

(3) 做关键词的混合、匹配、替换新词,形成新的主题描述。

将相近的关键词相互交叉连接起来,重新陈述问题,然后将这一新的陈述写下来,每个人都可以看到。利用这些新的陈述增强对问题的理解,让大家瞄准新的"我们如何"的问题。

将关键词修改成为相近的词5次,例如,"我们如何增加销售"改成"吸引采购""提升交换""拓展交易""重复销售""持续销售""鼓励",等等。

结果

利用关键词替换方法,我们可以重新定义主题的陈述,获得新的主题或者仅仅讨论主题包含的子主题。

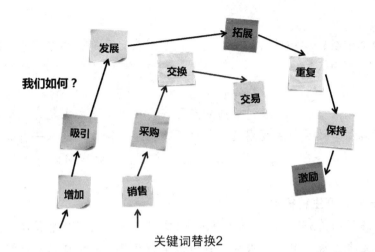

关键词替换2

对于一些包含很多关键词的复杂主题，我们可以利用"关键词替换"的工具，对于关键词比较少的简单主题，比如对于主题"如何提升销售"中的"提升"和"销售"进行替换时，我们可以使用上图所示的简化工具来实现。

对于一个给定的主题，要对主题做充分的理解，除了上面的关键词替换法，还可以利用下面的不超过30分钟的微型头脑风暴法。

工具二十七、充分理解、分解主题：3—12—3头脑风暴

目标

让参与者充分理解讨论的主题，为了解决某一特定的、清楚的问题，讨论参与者必须清楚讨论的主题和目标，从而进一步利用头脑风暴带来更多的想法和点子。

何时使用

- 在了解了现状、背景，制定了一个讨论的主题之后，在整个工作坊对主题开始讨论之前
- 希望大家对讨论的主题、背景充分理解，形成一些基本想法的时候
- 对主题有充分的理解，在有限的时间内明确主题，了解这次活动主要解决的问题和目标的时候

持续时长

30分钟

参与人数

每个小组4~8人

道具

每个小组1个小盒子，每人1支黑色小双头记号笔，小空白卡片每人10张，A4的纸每人2张

步骤

将用来进行头脑风暴讨论的主题写在白板上，比如主题为"如何有效利用能源"，然后将主题用两个关键词来描述。诸如"能源—有效性"，主题也可以是一些期望发明、制造的新产品，比如"明天—电视""云端—医院"等。

3分钟：产生特征池

在练习的前3分钟，参与者每人发1支黑色小双头记号笔和10张空白卡片，要求考虑该主题，在卡片上写出该主题尽量多的特征，并将写下特征的卡片放到每组的小盒子里。比如前面提到的"如何有效利用能源"的特征包括："省钱""环保""绿色""关灯""自控""设备改造""循环利用""降耗""太阳能""风能""水电""潮汐能""节能奖金""制度"等，这里包含了设备、能源、利用、制度等维度。在头脑风暴的过程中，任何的特征都不能过滤掉，目标是在3分钟内对于主题列出尽量多的各个维度的特征来。

12分钟：获得概念

在此刻，将小组分成两个人一队。每队从特征池盒子中随机抽出三张卡。通过这三张卡片对主题特征的描述，形成一个有关主题的概念。比如"自控""风能""省钱"可以形成"利用风能和设备的自控来省钱"，或者"如何利用风能实现设备的自控"的概念。又如"绿色""设备改造""循环利用"可以形成"如何利用绿色能源，改造现有设备成为节能设备，来实现生产的循环利用"，这样的概念就可能形成了一个非常棒的循环生态环境。

每队有12分钟的时间来获得这个概念，然后向小组汇报。如果每队的3个特征词可以充分解释需要讨论的主题，这时计时开始，团队开始游戏。每队进行12分钟的头脑风暴，可以利用粗糙的草图、原型或者其他媒介，准备一个仅仅不超过3分钟的短时间概念汇报。3分钟汇报应该是一个"有血有肉"的聚焦主题的版本，比如"下一个季度，我们如何将能源变得更有效"或者"如何在企业中实现循环生态环境"。

3分钟：陈述概念

当给整体小组汇报时，每队可以揭示他们抽到的特征卡是什么，并且这些卡是如何影响他们想法的。时间非常紧张，最多用3分钟时间汇报你的概念。

在将主题的概念汇报给整个小组之后，每个团队可能需要做几件事情：他们可能需要更深层次地挖掘一个单个概念，或者需要将所有的概念进行相互整合；可能需要选出重点概念，或者对概念进行排序，来决定哪个概念需要花费更多的时间进行研究。比如他们形成的概念分别是"如何在企业中形成循环生态""如何通过改造设备来节能""如何制定节能奖励制度""如何利用绿色环保能源"等，对于这些概念可以投票选出优先级，后面针对重点进行设计。

结果

每个小组汇报完成后，整个小组可能获得讨论主题的整体视图和一个主题的整体描绘，也可能获得该讨论主题的一个初步解决方案，或者解决方案的框架。

在对主题做充分理解，并且希望获得颠覆性创意的时候，可以利用如下的"颠覆性思维模式"的工具。

工具二十八、颠覆性思维模式：如何不

目标

在做头脑风暴获得创新创意时，需要做出颠覆性创新，经常通过否定现实想法而获得，即通过反向思维模式获得创新创意。

何时使用

- 对讨论的主题进行重新审视，获得一个新开端的时候
- 在了解了当前的现状，希望获得颠覆性创意的时候
- 当需要挑战当前假设的时候
- 探索全新领域的时候

持续时长

10～20分钟

参与人数

2～8人

道具

大白纸1张,每人1支黑色小双头记号笔,便签贴每人最少4种颜色各10张,宽胶带1卷。

步骤

通过反向思维,提出一些颠覆性的问题,从而获得新的讨论主题或者想法。

(1) 将大白纸贴到墙上,列出需要讨论的主题,然后大家围绕着主题,看看是否有新的创意,其讨论的本身就是一种创意。

(2) 根据讨论的主题,每个人将主题做各种变形,写到便签贴上,然后将变化的主题贴到大白纸上。

(3) 在重新定义主题时,用"如何不"来获得新的主题。比如讨论的主题是"超市如何做以客户为中心的流程再造"(也可能是"如何进行流程再造,使得客户满意",或者是"超市如何吸引更多的客户,既让客户满意,又让企业获利",等等),若采用颠覆性思维模式,主题就变为"如何让客户不去超市,还能让客户满意、企业获利"。

结果

对可能的事情拓宽思维。假设谎言成立,会得到很多有创意的、开拓联想的创新想法。

小贴士

在做"如何改造割草机,可以降低噪音"的讨论时,采取"如何不"的提问方式,主题就变为"如何不让草长高",结果就围绕这一问题寻找方案,有的探索生产化学物品"矮壮素",有的探讨改变草的基因等,结果就产生了一个新的、使草不长高的学科。

同样,主题为"医院如何做才可以使得患者满意"则变为"病人如何不去医院,还可以治好病",结论就围绕着"移动终端"利用传感器测量患者的各种指标,通过云将指标传送到"云医院",以实时进行监控,实现医生和病人的实时互动。

工具二十九、激发思维创造力:我们该如何做

目标

通过问如何做的问题,进一步明确主题;将主题需要找的答案进行聚

焦，找到合适的主题，以便大家更容易理解主题，获得创新的点子和想法。

何时使用
- 工作坊讨论的主题没有完全确定，通过问"如何做"获得主题的时候
- 当工作坊的主题已经确定，但是发现主题过于宽泛或者过于狭窄，需要找到合适主题的时候
- 在一个主题中，已经列出了不少的阻力，如何针对阻力提出自己的想法和点子的时候，可以通过问如何做来获得更深层次的理解和点子

持续时长

10～30分钟

参与人数

2～8人

道具

每个小组大白纸2张，6种不同颜色的便签贴每人最少5张，黑色的小双头记号笔每人1支，胶带、双面胶或大头针若干

步骤

为了扩展团队在考虑问题领域的思维，利用"我们该如何做呢……"开始问问题，考虑问题，定义出问题的框架。

(1) 在一页大白纸上标上"我们可能如何……"，将需要讨论的主题或者"问题的领域和面临的困难"写到便签贴上，然后贴到主题的周边。

对于每一个困难或者主题，试图提出"我们该如何做……"的问题，来解决这些难点。例如："我们没有足够的资金"可以转换为"如果得到了更多的资金，我们该如何做"和/或者"我们仅仅只有这些资金，我们该如何做"。将这些问题写到便签贴上，然后贴到难点的周围。

展示每个"我们该如何做呢"的问题给大家，不管问题是好是差。同时问题不要太狭窄，比如"对于非城市市场的小供应商，我们该如何降低分销的成本呢"；也不要太宽，比如"如何将我们的分销市场翻倍呢"；经常将问题聚焦到人的身上会更好，"我们该如何与分销商建立更好的关系"。

(2) 一旦每个小组慢了下来，这表明他们已经基本完成，然后将所有的问题移到另一个白板或者大白纸上，接下来移动便签贴进行分类。给每个

类起一个名字，并且讨论优先级。

(3) 利用投票法，快速决定问题的优先级，比如"画正字"投票法或者圆点投票法，来限定子主题的范围，最后选定一个问题来进行探讨。

结果

从"我们应该如何做"的问题中聚焦到一个具体的框架问题，来进行下一步的小组讨论。

除了上面问"如何做"的问题，来获得合适的主题，使得问题更加清楚聚焦。我们还可以通过问"如何/为什么"展开主题的讨论，从而获得更合适的主题和讨论范围。

工具三十、挑战的拓展：如何/为什么图表

目标

对问题或者主题做充分的理解，层层追踪问题的根源和解决的方法。

何时使用

- 知道问题是具体存在的而且是大家熟悉的，在追溯讨论问题的根源到底是什么的时候
- 怀疑客户不能正确解决此问题的时候，在向客户多问问题，引导客户的想法，寻求新方案的时候
- 该问题的定义太狭窄，希望找到更有意义、更深层次的主题定义的时候
- 在快速找到给定问题解决方案的时候

持续时长

15～60分钟

参与人数

2～8人

道具

白板或者大白纸，小双头黑色记号笔每人1支，6种不同颜色的便签贴每人10张

步骤

将讨论的问题写到大白纸的中间，然后从下到上问"为什么"的问题，从上到下问"如何"的问题。

(1) 利用便签贴或者直接书写的方式在白板或者大白纸的中部用简单的几个词汇描述需要讨论的问题。

(2) 围绕着问题，问"我们如何改善或者完成……"，用几个想法来实现。将"如何"问题的有关实现的想法列到原始问题的下面，用线将每个想法和原始问题连接起来；对于每一个想法，再继续问新的"如何"问题，罗列到该想法的下面，并且用线将其连接起来。

为什么—如何

(3) 现在问第一个"为什么想要做此事"，然后放在问题的上方；将答案写在为什么问题的上面，再向下画线连接问题。依照此法，将有更多的"为什么"答案写在该层的上面，问"还有其他的为什么吗？"

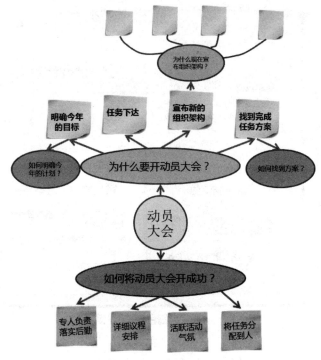

为什么—如何做(why-how)

(4) 由下向上画图，并且问"为什么"，找出高层次的答案。在上方写下答案，用直线将答案和相对层次的问题节点连接起来，反复做五次。你将看到一个连接的树结构。

(5) 对于每一个层次，"为什么"的答案向上移动，问题"如何"的答案向下移动；为了在不同方面分解原始的问题，问"如何"和更多的"如何"

将一步一步进入更高的层次；将如何的答案写在"如何"问题的下方，然后将问题和答案连接起来，这样"如何"向下也组成了一个树结构。

结果

定义更具有战略意义的问题或者更好的主题，找到讨论问题的根源或者快速解决该问题的方案。

工具三十一、研究设计主题的利益相关者：利益相关者地图

目标

了解关键利益相关者是谁，知道他们是如何互动的和相互影响的；了解主题设计的产品、解决方案或者服务的最终用户是谁。

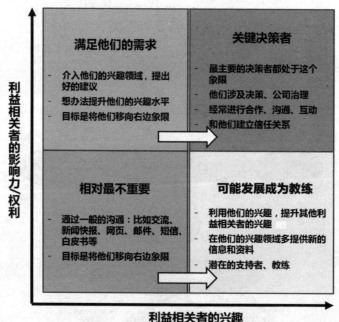

利益相关者象限

如果是销售计划，目标是了解客户利益相关者的位置，然后帮助销售人员制定新的销售计划。

何时使用

- 在讨论主题时，研究主题的相关用户是谁，决策流程和关键决策者是谁的时候
- 在销售项目计划时，了解客户决策者是谁、他们之间的关系、业务

职责、情景等的时候
- 在研究阶段，利用已知的利益相关者，找出谁是决策者以及相互关系的时候
- 在项目进行阶段，利用利益相关者地图，从关键决策者出发进行执行的时候

持续时长

30～60分钟

参与人数

每个小组2～8人

道具

每个小组5张大白纸，每人1支小双头黑色记号笔，各色便签贴每人最少5张，每个小组墙面最少有贴5张大白纸的面积

步骤

利益相关者地图定义了人的角色和相对关系。它会提供一个关键人员组织结构、角色、关系、行动方式、影响等的直观方法。

(1) 每组在墙上横向贴上一张大白纸，上面画上同心椭圆若干个，取决于主题所涉及的成员类别个数。

(2) 在最中心的椭圆标上"关键决策者"(最核心的人员)，在从内向外第二个椭圆中标上"项目领导"(最关键的人员)，再在外面一层标上"项目组成员"等。

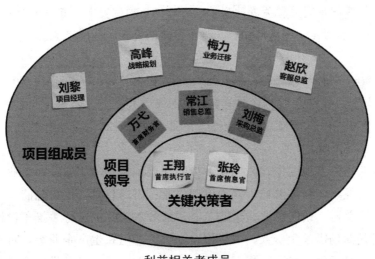

利益相关者成员

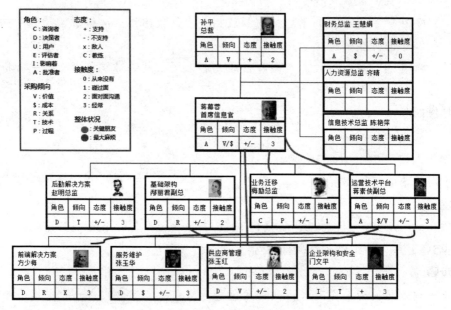

利益相关者地图

（3）相对每个小组设定一个项目、主题或者业务场景。

（4）每个人利用手上的便签贴、黑色小双头记号笔写下有直接或者间接影响的利益相关者，并贴入相对应的椭圆中。

（5）每组在墙上贴上4张大白纸，大白纸横向使用，两张在上，两张在下，上面画上相应的影响者地图。

（6）将椭圆中利益相关者贴到对应的组织架构位置上，标出他们的角色、支持程度、接触度、采购倾向等，将他们之间的紧密程度用连线标出来。

结果

了解讨论主题的范围，以及主题的利益相关者，为获得一个可以落地执行的计划，了解企业利益相关者的组织架构和职责、分工及需求等。

一个直观的利益相关者的生态系统可以帮助辨识他们的需求。

在利益相关者地图中，我们有不少的利益相关者，比如：在企业中可能有董事长、总经理、财务总监、人力资源总监、市场总监、销售总监、客户服务总监、生产总监、研发总监、采购总监和法务总监等；进行手推车设计时，利益相关者是商场需求负责人、最终用户、维护部门和生产企业等。对于医院，利益相关者是医生、病人、病人家属、社保医保、医疗设备供应商及药品供应商等。只有充分了解讨论主题的利益相关者，才可以了解主题的范围等。

在很多的利益相关者中，有时我们需要对关键的某个人员进行认真分析，比如企业及客户的总裁、总经理或者关键的决策人；有时是一类代表性的客户，比如到医院看病的糖尿病病人，他们的特征可能是一大类，所以我们也可以取一个人物作为代表进行讨论。这里都会涉及一个概念，即"角色"，如何了解角色，我们可以使用如下工具。

有了利益相关者，下一步我们就需要研究对于任何一个项目，或者用户，或者用户的用户(终端客户)的特征，才可以很好地聚焦客户进行设计。

客户画像

客户画像在英文中有两个词，一个是Persona，另一个是Profile，译成中文都是"客户画像"，有时也将Persona翻译成"人物角色"。

Persona适合产品早期的虚拟用户人群定义和研究。在不确定用户有什么样的具体需求和行为时，可通过定性为主的研究方法描述出用户的产品需求、使用场景、痛点等。可通过聚类、用户访谈来收集和整理定性的需求点，最后再汇总成几类虚拟代表用户——张三、李四。

这样做是让产品或者服务设计团队人员聚焦人群，而不是给全世界所有人使用，其只针对某一类人群。设计者需要将焦点关注在目标用户的动机和行为上。产品经理为具体的人物做产品设计要远远优于为脑中虚拟的东西做设计，且更容易。

Profile适合产品中后期的实体用户人群，通过数据分析和聚类分析来描述客户的特征，也就是常说的用户画像。产品发展到这个阶段，其产品维度数据、用户行为维度数据和其他交叉维度的数据已经较为健全，并有一定的数据积累，通过定量为主的研究方法可描述出用户的人口学属性、产品行为属性和人群特征属性。

通常会集合定量问卷和产品后台数据，对群组的信息加以收集和整理，按照产品人群行为和自然属性人群的角度来观察和分析行为表现，将客户画像汇总成不同社会阶层和产品认知的用户(比如白领用户、蓝领用户/高龄、低龄用户)。

案例：人物角色到客户画像

一保险公司推出一款产品，希望面向高端客户，他们定义的客户群体是任何公司的高管层，有钱，有地位，经常出差，时间计算到了分秒级，没有时间顾家，真正的工作狂，这就是"人物角色"。

他们想尽一切办法，收集到了很多企业的高管层名单、联系方式，甚至银行存款、家庭住址、车辆型号、穿衣爱好等，可是做了一年几乎没有效果。后来对于成交客户进行数据分析发现，大部分成交不是由高管成交的，而是他们的太太。总结这样的家庭，一般分工明确，老板是"赚钱大王"，太太是"理财大王"，孩子是"花钱大王"。所以他们马上调整客户的接触方式，将客户改为企业高管层的太太，喜欢接受新鲜事物，受过一些高等教育，可能在家做全职太太或者工作压力不大，结果业务做得非常到位。在本案例中，后者就是客户画像。

下面我们给大家介绍如何制作人物角色。

工具三十二、讨论主题的目标群体代表者：人物角色(Person)

目标

通过对目标客户的描述，充分理解客户的特征和需求；

找出客户群体的共性和特征，保证设计出理想的解决方案；

聚焦问题或者项目的关键人；

帮助设计团队换位思考，使得设计聚焦到特定的目标客户身上；

分享对客户或者用户的理解；

参加的人员扮演的是客户的客户(最终用户)的角色，理解客户的痛点

何时使用

- 在目标客户分群定位之后，对客户的群体特征进行描述的时候
- 在做营销策划，对目标客户的群体进行定位的时候
- 在做销售拜访前，对关键客户做充分研究的时候
- 在设计有关消费者客户解决方案的时候
- 在做产品或者服务设计，需要定义特定的目标客户群体的时候
- 在需要了解客户特征和需求的时候
- 特别和"客户旅程地图"、"利益相关者地图"、换位思考等配合使用的时候

持续时长

5～30分钟

参与人数

每个小组8～10人

道具

每个小组2张大白纸，最少5种颜色的便签贴每人最少5张，每人1支小双头黑色记号笔

步骤

人物角色(Persona)一般代表目标客户群体的特征，包含基本信息和与主题相关的行为信息。

如果客户是某一个体，比如在做目标客户销售计划，客户拜访时，就需要关心客户的基本特征。这时的基本信息包括照片、姓名、性别、年龄、民族、出生地、生日、血型、星座、毕业学校、所学专业、兴趣爱好、工作地点、工作性质、工作经历、家庭成员、收入状况、婚否、子女、朋友圈、住房(位置、大小)、车辆(品牌、使用方式)等。

如果客户是一类目标客户群体，这时的特征可以是相对模糊的特征描述。比如：性别比例(男性80%以上)、年龄段(40～50岁之间)、工作性质(高管、白领、蓝领、家庭妇女、幼童、中学生、边远山区教师等)、工资收入(月收入在5万元以上)、家庭状况(两个孩子、有车有房)、住址(高档别墅区)、旅行(经常飞行、航空白金卡、出国)、兴趣喜好(游学、旅游、摄影、中国古典文学、禅学、易经、太极)等。最后给目标客户群体起一个虚拟的名字(可以代表目标客户群体的名字)，比如糖尿病病人可以起名"唐童酷"，年轻妖娆的女性可以起名"白骨精"或者"杨贵妃"等，名字最好让大家容易记住，有代表意义，而且也会引起大家的好奇，觉得好玩，目的是让设计团队充分地放松，不让气氛过于严肃沉闷。

角色是设计小组用来研究的用户或者客户的代表，用他来进行移情，分享对他的理解。

辨识一类人群，他们在设计小组研究的问题中起着非常重要的作用。选择一个特定的人来代表这一群人。

(1) 每组大白纸2张，黑色小双头记号笔每人1支，2种颜色的便签贴每人各5张，每人圆点贴3张，宽透明胶带1卷。

(2) 用宽透明胶带或者大头钉将A1的大白纸纵向贴到或者钉到墙上，两张拼在一起。

(3) 将大白纸分成两列，第一列顶端画上一个人头，第二列顶端画上一个心。

(4) 每个人在同一种便签贴上写下客户的特征，比如姓名、年龄、性

别、职务、家庭状况、工作责任等。如果这个客户代表一个部门或者企业，就列出这个部门的职责、业务范围等。然后贴到大白纸的人头栏上，边贴边念，后续的听到有相同的就撕掉，而且边贴边分类。

(5) 分类完，小组讨论5～10分钟，完善客户特征，达成共识。

(6) 再给每类客户贴上用另一种颜色的便签贴作为标签，起一个有代表意义、容易记忆的名字，将其写到标签上。

(7) 根据讨论主题或者范围定位客户对项目的影响度，利用圆点贴投票法，给每类客户群体投票，选择两到三类客户群体作为讨论的重点。

(8) 在选定的两三类目标客户的旁边画一个客户的"头像"。

(9) 在"心"代表的列，用另一种颜色的便签贴写上内部人员对角色的感觉，比如目标、渴望、心态等。

(10) 将对角色的感觉进行分类，标上标签。

角色

(11) 利用角色以及相关内容，来讨论你的想法。确保你用他的名字×××来称呼该角色。例如："[×××]将会做什么？""[×××]会对这个有什么感觉？"

结果

通过小组讨论，找到目标客户群体的特征。有时可以是几个群体，但是一般不超过三类群体。后面讨论主题时，始终移情、聚焦到探讨问题的代表角色，讨论其相关的特征和内容。

前面研究了对于新项目客户的定位，人物角色的制作，但是对于已有客户做分析，重新定义服务、营销等的时候，就需要研究这类客户的画像，他们和人物角色的最大区别就是，人物角色缺少行为信息，而已有客户会研究他们的消费行为信息。

工具三十三、客户群体的特征：客户画像(Profile)

目标

为了做好产品的修正设计或者客户的服务设计，通过对客户的基本信息和行为信息的研究，充分理解客户的特征；

对于现有客户群体的研究，将客户分成若干个群体，每一个群体都具有自身的特征；

找出客户群体的共性和特征，保证对已有客户设计出理想的解决方案。

何时使用

- 在对已有客户的消费行为进行分析以后，需要对客户的群体特征进行描述的时候
- 需要对客户分群并描述他们的特征，在做营销策划的时候
- 在对已有客户提高服务，需要充分理解客户群体消费特征的时候
- 在制定消费者客户的销售策略时，对客户做进一步把握的时候

持续时长

20～40分钟

参与人数

每个小组3～8人

道具

每组大白纸1张，黑色小双头记号笔每人1支，两种颜色的便签贴每人各5张，宽透明胶带1卷

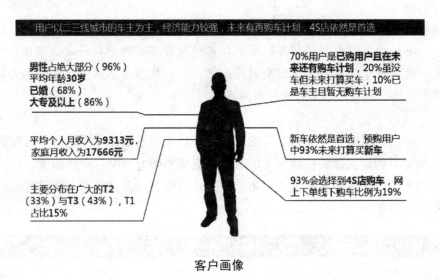

客户画像

步骤

(1) 用宽透明胶带或者大头钉将A1的大白纸纵向贴到或者钉到墙上。

(2) 根据数据分析聚类(聚类分析的软件),这里主要是统计指标,在大白纸上将客户的基本特征和消费特征分别写在两种颜色的便签贴上,然后贴到大白纸的左上角和右下角。

(3) 用基本信息颜色的便签贴,逐条写下客户特征信息,贴到对应的区域,如男女比例、年龄分布、职业特征、家庭收入等。

(4) 用消费行为信息颜色的便签贴,逐条写下消费行为信息,贴到对应的区域,如客户的消费额统计、购买产品类型(家用、办公、减肥、体育用品等)、消费方式(网上还是实体店)、付款方式(微信支付、支付宝、现金、银行卡等)。

(5) 将小组的意见综合,找出客户群体确实想要什么,驱动该人群动机的要素是什么,以及我们可以为他做什么。

结果

通过数据分析、客户聚类,画出客户的画像,充分理解客户的消费行为和客户群体,从而对后面的营销设计、产品设计、服务设计等提供指导意见。

我们这里所谓的移情,并不是简单的换位思考,也不是站在客户的客户角度,而是你本人就是现在的一个客户,或者说你现在扮演客户。你所有的思想和行动都是以一个客户的身份出现,完全忘掉你自己,将情感、行动、言行、思维都变成客户,就像电影演员一样体验生活,完全融入客户的角色之中。

工具三十四、视觉艺术展现：杂志封面

目标

利用绘画的形式，通过直观的视觉艺术展现自己的直觉、想法、美好的未来等。通过直观展现，使得大家获得震撼效果，从而更加清楚地理解要讨论的主题。或者当狂野的想法实现以后，企业未来美景将会是什么样。

何时使用

- 当一开始讨论主题的时候，大家利用直观视觉艺术将自己对主题或者行业的理解利用杂志封面的形式表现出来
- 在获得的任何阶段性成果时，利用杂志封面的形式将结果表现出来
- 在讨论美好的未来的时候，利用直观的视觉艺术将未来描绘出来
- 在有了解决方案的时候，利用杂志封面的形式，将方案直观地表现出来

持续时长

5~20分钟

参与人数

每个小组8~10人

道具

每人1张A4纸，每个小组1桶12色的绘画笔

步骤

每个人将自己的想法、对行业的理解、品牌的推广、解决方案、美好的未来等利用直觉艺术的方法通过绘画的形式表现出来。

(1) 每个人发一张A4纸，小组共享一桶12色的绘画笔，然后将自己的认知画出来，作为畅销杂志的封面。

比如在讨论未来小朋友的书写问题时，画一个在电脑上绘制杂志封面的图画，表示未来无纸化学习、办公等。

比如在讨论开始时，要求每个人画一个交通工具作为杂志封面，来代表该公司或者该行业的现状，大家可能画自行车(体力轻便)、大巴(保守)、火车(守旧)、高铁(高速现代)、飞机(高速飞奔)、飞船(高科技)、UFO(神秘)等来代表自己的认知。

(2) 给每个人两分钟的时间来解释为什么画成如此的交通工具。

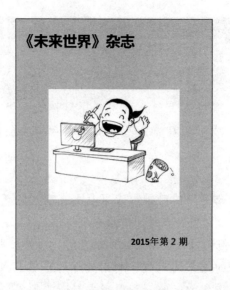

结果

　　通过视觉艺术将自己的思想表达出来,这就是用手来思维、用心来设计。

　　本章我们主要围绕着如何制定合适的主题进行探讨,首先讲解设定合适主题的原则,主题不能设定得太宽泛,也不能太狭窄。紧接着讨论设定主题的方法,需要在设定主题之前对需要研讨的组织或者企业做充分的了解,然后介绍了制定主题可应用的工具,如关键词替换法、3—12—3头脑风暴法、如何不、我们该如何做、利益相关者地图、人物角色、客户画像、杂志封面。其中客户画像在后面很多地方还会用到,它是一个非常关键的工具,也是创新设计思维的一个核心,站在客户的客户角度考虑问题,也就是换位思考,或称为同理心。

Innovative Design 第八章

七步骤之四：创新方案的协同设计

Thinking

本章是本书最核心的内容，第五、六、七章主要围绕设定主题和事前调研介绍了相关工具。我们定义、理解了小组要设计的主题，利用各种方法修正完善主题。该主题要么是一个需要寻求的解决方案，比如企业的战略、流程、运营、绩效、人力、营销等，或者公益组织的环境保护、社会责任、教育、卫生等，要么是一个新产品的设计，比如智能汽车、无人驾驶航拍仪等。这一章我们主要探讨创新设计思维使用的头脑风暴的方法，头脑风暴容易将讨论发散，因为我们强调天马行空的想法。如何在天马行空的基础上进行聚焦，这就需要一个工具引导大家，一步一步获得创新的解决方案。本章的内容正是为这些具有逻辑性的工具而设定的。

将发散思维和逻辑思维相结合的头脑风暴

头脑风暴需要的是发散性思维，需要人人参与，贡献各种各样的思想，可以有天马行空的想法，也可以有脚踏实地的点子。在很多情况下，如果仅仅考虑天马行空的想法，发散性思维的点子，可能会跑题，可能缺乏聚焦，可能考虑的问题不全面，所以必须将左脑和右脑相结合、将民主和集中相结合、将发散和聚焦相结合，这就是中国传统文化的"阴阳太极"。阴阳太极的组合并不一定是黑白各占50%，在不同的情况下，我们需要的是平衡，也许黄金分割点0.618是一个很好的平衡点。

如何鼓励大家贡献狂野的点子，就需要做右脑训练。训练右脑有很多种方法，比如关联游戏，故事接龙，在别人想法的基础上做进一步的发散等。对于逻辑思维，可以事先设计一个工具，在理解问题的逻辑流程的基础上，一步一步引导大家获得创新的解决方案。这些工具大部分是管理界常用的工具，比如思维导图法、莲花图方法等，然而也有很多为创新设计思维而设计的工具和方法，比如"未来/现状/瓶颈/想法"等。

这些工具在不同的情况下，根据讨论的主题不同，可以任意地组合和拆分，也可以在充分理解所讨论主题相关业务的前提下自行设计。

创新的关键是要有创意，创意起源于想法。传统的想法是按照逻辑推理的方法得出点子，而创新的想法是利用右脑思维，跳出问题的表面现状朝着其他的方向思考而得出新的想法。新想法可以按照如下维度思考，如跨越时间、空间、范围、组织、行业、区域等，即不占空间，不用电，不需材料，不花钱或者少花钱，简单不需维修，不会坏，不需要现在的资源，使用新的技术等。

设计创新想法的激荡

公司希望实行差异化的战略，要做的不仅是向同行先进的标杆企业学习，更重要的是需要创新。因为以同行业内公司为标杆进行学习，其结果只能实现更细、更精的流程以及运营和管理的复制或者更新。如果想和竞争对手有真正的差异，就需要创新。一个最便捷的创新方法就是将其他行业的运营模式、产品设计等运用到自己的企业中，这样公司便可在行业内脱颖而出。

案例
从鸟的飞行到飞机的制造，就是一个借鉴创新的过程。当年飞机的设计，主要是从小鸟滑翔时翅膀的状态得出的启示。约在公元1800年，气体动力学创始人之一的英国科学家凯利，曾深入地研究过飞行动物的形态，寻找最具流线型的结构。他模仿鸟翼而设计了一种机翼曲线，与现代飞机机翼截面曲线几乎完全相同。法国生理学家马雷曾写过一本研究鸟类飞行的名为《动物的机器》的书，介绍了鸟的体重与翅膀负荷(即单位翅膀面积所负的重量)的知识。后来，俄国科学家茹可夫斯基在研究鸟类飞行的基础上，提出了航空动力学的理论，正是通过对鸟类的一系列的研究，找到了人类飞天的关键所在。在人们模仿鸟类翅膀，采用大功率轻便发动机带动螺旋桨之后，美国莱特兄弟终于在1903年发明了飞机，实现了人类梦寐以求的飞天愿望。

这就是利用仿生学进行创新的最有名的案例之一。我们也可以通过行业借鉴的模式获得行业的创新，将不同行业的运营模式移植到其他行业，就获得了另一类的创新。

游戏：雨点变奏曲
形式：全体学员
时间：15分钟
操作程序
(1) 让所有学员利用身体的任何部位碰撞发出两种以上的声音(会发现学员

可以发出各种各样的声音，场面一片混乱)。

(2) 让所有学员用自己最擅长的方式发出声音(这时会发现学员的声音会进行汇合，形成几个主流的声音)。

(3) 培训师引导大家渐渐形成四种声音发出的方式：

  a) 两个手指相互敲击；

  b) 两手轮流拍大腿；

  c) 大力鼓掌；

  d) 跺脚。

(4) 学员如何将发出的声音变成有节奏的音乐呢？是不是可以提醒学员利用一种自然界的现象来使得我们发出的声音变得美妙动听？(模仿雨点的声音，演奏一曲《雨点变奏曲》)

(5) 想象一下我们发出的声音和下雨会不会有许多的相似之处：

  a) "小雨"——两个手指相互敲击；

  b) "中雨"——两手拍大腿；

  c) "大雨"——大力鼓掌；

  d) "暴雨"——跺脚。

(6) 培训师指令："现在开始下雨，小雨、中雨、大雨、暴雨、中雨、小雨……，最后雨过天晴"，随着指令的变化，就演奏出了《雨点变奏曲》。

  这个游戏说明，当让大家任意发出声音的时候，就像一盘散沙，一片混沌。当老师给出指令，大家才会协同，奏出一首和谐的奏鸣曲。由此可见，要让大家同心协力解决问题，必须要有一个指挥，这里称为"引导师"。而且在不同的时间段，大家都做同一件事情，就不会有杂音。这就是下面的"六项思考帽"的起源。

  在解决问题的时候，经常会采用头脑风暴的模式，可是头脑风暴经常会发生争执，浪费时间，不聚焦，各自不在同一频道。为了解决此类问题，就有了"六项思考帽"。

  六项思考帽是英国学者爱德华·德·博诺(Edward de Bono)博士开发的一种思维训练模式，或者说是一个全面思考问题的模型。它提供了"平行思维"的工具，避免将时间浪费在互相争执上。强调的是"能够成为什么"，而非"本身是什么"，是寻求一条向前发展的路，而不是争论谁对谁错。运用德·博诺的六项思考帽，将会使混乱的思考变得更清晰，使团体中无意义的争论变成集思广益的创造，使每个人变得富有创造性。

所谓六项思考帽，是指使用六种不同颜色的帽子代表六种不同的思维模式。任何人都有能力使用以下六种基本思维模式。

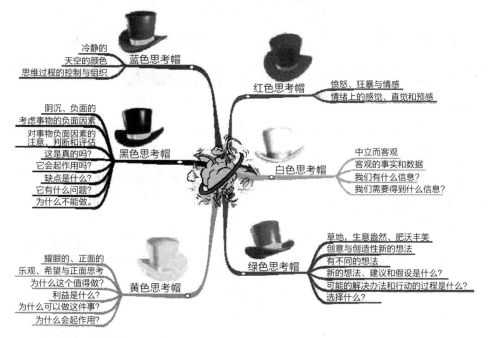

- 白色思考帽

白色是中立而客观的。戴上白色思考帽，人们思考的是关注客观的事实和数据。

- 绿色思考帽

绿色代表茵茵芳草，象征勃勃生机。绿色思考帽寓意创造力和想象力。它具有创造性思考、头脑风暴、求异思维等功能。

- 黄色思考帽

黄色代表价值与肯定。戴上黄色思考帽，人们从正面考虑问题，表达乐观的、满怀希望的、建设性的观点。

- 黑色思考帽

戴上黑色思考帽，人们可以运用否定、怀疑、质疑的看法，合乎逻辑地进行批判，尽情发表负面的意见，找出逻辑上的错误。

- 红色思考帽

红色是情感的色彩。戴上红色思考帽，人们可以表现自己的情绪，人们还可以表达直觉、感受、预感等方面的看法。

● 蓝色思考帽

蓝色思考帽负责控制和调节思维过程。它负责控制各种思考帽的使用顺序，它规划和管理整个思考过程，并负责做出结论。

如何在头脑风暴中使用"六项思考帽"，下面我们介绍这个工具。

工具三十五、创新创意平行思考：六项思考帽

目标

为了快速获得创意和解决方案，减少头脑风暴时相互的争吵、指责和批评，将需要解决的问题分为6个独立的维度，分别进行讨论，这样就保证讨论聚焦一个维度时，不考虑其他维度，大家在同一个频道讲话，焦点集中。

何时使用

- 当利用头脑风暴寻找问题解决方案的时候
- 当讨论过程过于发散而不聚焦的时候
- 在讨论争执不断，无法获得一致意见的时候
- 当讨论者各自不在同一个频道讲话的时候

持续时长

10～50分钟

参与人数

2～8人

道具

大白纸4张，6种颜色的便签贴各1包，黑色小双头记号笔每人1支，宽胶带1卷

步骤

利用六项思考帽分6个维度来获得问题的解决方案。

(1) 将4张大白纸横向拼在一起，上下各2张，贴到墙上。

(2) 将讨论的问题写到便签贴上，然后贴到4张大白纸的中心。

(3) 将大白纸从中间辐射分为五等分，在每个部分贴上一个不同颜色的便签贴，表示该部分使用的便签贴的颜色，并在上面分别标上"白帽""绿帽""红帽""黑帽""黄帽"。

(4) 在每个小组安排一位"引导师"，带领大家进行头脑风暴。

第八章 七步骤之四：创新方案的协同设计 201

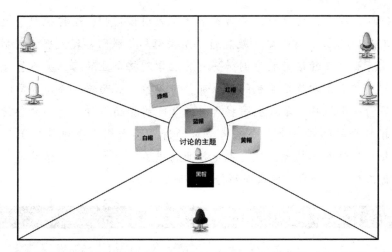

　　(5) 引导师根据讨论的主题，事先安排这五个帽子的先后顺序。比如先收集该主题的信息(白帽)，然后提出解决方案的创意(绿帽)，接下来讨论创意的优势(黄帽)，再讨论创意的劣势和问题(黑帽)，最后从直觉讨论创意的可行性(红帽)。注意：可以事先根据主题编排顺序，也可以迭代循环。

　　(6) 每一个维度安排5分钟，按照顺序，让每个成员在对应颜色的便签贴上，每次静静写下5条，每张便签贴只能写一条，然后每组引导师带领大家将其贴到对应的维度，边贴边念，相同的就放弃。

　　(7) 每组贴完了每个维度，进行简单的聚类，并且贴上聚类的标签。

　　(8) 等每个维度做完了，逐一对5个维度的结果进行讨论，讨论的时间要在引导师的带领下，不是批评、自责，而是建议。时间不超过10分钟。

结果

　　利用六顶思考帽进行头脑风暴，快速获得解决方案，达成解决问题一致的建议和方案。

　　我们前面提过，六顶思考帽最大的优势就是对于任何的问题，都可以从这六个维度来进行讨论，避免了相互之间的争执和辩论，加快了头脑风暴获得方案的速度。其缺点是对于任何一个具体问题，可能解决问题的流程不能用简单的六顶思考帽来解决，就需要用到我们后面讲到的解决问题的整体流程工具。

案例

　　戴尔电脑网上下单的模式降低了专卖店和分销商的作用，从而降低了成本，加快了物流的速度，这一模式获得了大家的一致好评。后来MINI Cooper

在汽车行业实现个性化生产，最后希望实现大规模定制，这样就是一大创新。现在的工业4.0最大的核心之一就是通过互联网和物联网实现大规模定制，这是值得其他行业借鉴的很好的案例。一些管理学院将企业的客户关系管理方法借鉴到大学，就有了学院毕业生的俱乐部，可以推广成为猎头公司和学院相互交流、众筹的一个机构。苹果公司将惠普的复印机界面设计借鉴到电脑设计上，后来转化到手机的设计上；小米将戴尔的营销模式搬到手机营销上，并且将"饥饿营销"法发扬光大，这些都是行业的借鉴。可见，行业借鉴是一个非常好的创新工具，下面我们就来介绍行业互换的工具。

工具三十六、行业借鉴获得创新设计：行业互换

目标

通过将其他行业的先进经验和奇特的运营模式等借鉴到自己的企业，将其他人的优秀做法借鉴到自己的工作中，将其他完全不同的行为或模式借鉴到自己的企业或者个人身上。

何时使用

- 讨论主题特别是讨论企业的战略规划或者运营模式的时候
- 当看到一个客户或者行业发生巨变，希望将这种模式运用到自己企业的时候
- 希望将其他行业先进经验运用到自己的企业来探索方法和业务模型的时候
- 帮助企业客户在其他领域寻找新的增长点的时候

持续时长

10~30分钟

参与人数

8~10人

道具

每个小组大白纸2张，2种不同颜色的便签贴每人每种颜色最少6张，黑色小双头记号笔每人1支，胶带或者双面贴、A4纸每人1份

步骤

(1) 任意挑选一个行业或者一个著名品牌的企业，可能完全不是你客户的行业。讨论这个行业或者企业的运营模式。探索如果你的客户也采取这种运营模式，将会发生什么。

(2) 选定一个行业或者著名品牌，然后给参与者安排作业，要求对这个行业或者品牌事先做充分了解，查阅资料。

(3) 每组将两张大白纸并排贴到墙上，每张大白纸以纵向贴。

(4) 在左边大白纸左上角写上"参照行业"，右边大白纸左上角写上"点子"。

行业互换1

(5) 挑选一个与客户行业完全不同的行业，但是这个行业有着非常优秀的表现。辨识出其相对先进和相对落后的两方面经验。

(6) 小组每个人将3张同颜色的便签贴横向贴到A4纸上，然后将这个行业的做事方式，自己认为先进的做法、体验等写到便签贴上，写时不讨论、不商量，每人贡献3条。完成后，将A4纸以顺时针方向传递给下一位，下一位在3张便签贴下面再贴上3张同样颜色的便签贴。其首先认真读上面的3条体验，然后受到启发，再在下面的3张便签贴上写下3条对于参照行业的体验，要求不能和自己原来的3条重复，也不能和上面的3条一样，这样每个人就贡献了6条体验。

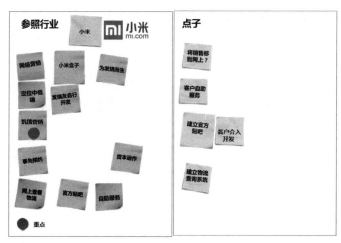

行业互换2

(7) 全部写完后，每个人将自己手上的6条体验贴到参照行业的大白纸上，并且大声念出来，使得小组成员都可以听到，其他人在贴时，可以按照某种方法分类，并分类贴到大白纸上。

(8) 组长带领大家每个人拿着笔和另一种颜色的便签贴，寻找如何将这类参照企业的体验复制到自己的企业，比如，"将小米的'饥饿营销法'搬到我们企业，该如何"；将"自助开发借鉴到我们的企业，可否改变我们客户的参与度"；"如果我们能实现客户订单实时查询，应该如何做"。每人贡献自己的点子，将其贴到右边的大白纸上。

(9) 做完后，大家讨论，看看是否还有其他的做法，最后小组汇报自己获得的结果。

结果

将参照企业的做法推广到自己的企业，获得新的想法和远景，走出本行业原来"标准"的运营模式，挑战假设运营模式，最后获得与自己企业完全不同的创新运营模式和思维模式。

上面的行业互换，是将优秀行业的先进经验、盈利模式、运营流程等互换到自己的企业而得到创新。我们也可以将不同品牌的先进经验和模式移植到自己的企业得到一个混合的创新型企业，下面的品牌借鉴就是这个目的。

工具三十七、品牌优势借鉴获得创新设计：品牌借鉴

目标

通过将其他著名品牌的优势借鉴到自己的企业，这样会产生有别于本行业其他企业的创新；将本行业还没有出现的、大家公认的著名品牌的优势移植到自己的公司来使用。

何时使用

- 在研究企业的盈利模式、运营流程，做某些方面的改进，进行产品创新设计的时候
- 在期望寻找自己行业在某个具体主题下创新的时候
- 为了获得创新想法而需要受到启发的时候

持续时长

10~30分钟

参与人数

8~10人

道具

每个小组3张大白纸，3种不同颜色的便签贴每人每种颜色最少6张，黑色小双头记号笔每人1支，胶带或者双面贴用来将大白纸贴到墙上，A4纸每人1张

步骤

(1) 每组将三张大白纸并排贴到墙上,每张大白纸以纵向贴。

(2) 在左边大白纸左上角写上"品牌",中间大白纸左上角写上"原因",右边大白纸左上角写上"建议",也可如下图所示。

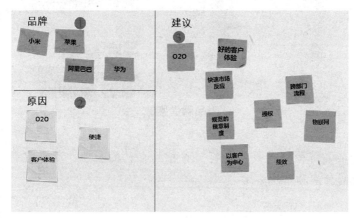

品牌借鉴1

(3) 小组每个人在A4纸的上面贴一张便签贴,然后在下面贴上另一种颜色的三张便签贴,上面的便签贴上写上自己最喜欢的品牌,下面三张便签贴上写上,为什么喜欢,列举三条自己认为最重要的原因,要求整个小组统一颜色,写品牌的是一种颜色,写原因的是另一种颜色。

(4) 写完后,大家统一在墙上大白纸的品牌和原因相应的空间贴上便签贴,并且大声念出来,让小组的人员都可以听到。

(5) 贴完后,将品牌和原因分类。著名品牌之所以这样著名,是因为你喜欢他们很多的特征,比如"苹果的客户体验特别好""京东的物流跟踪实时""小米有客户参与"等,现在问能否将这些特征复制到自己的公司或者个人。

(6) 每人在A4纸横向贴上三张第三种颜色的便签贴,针对著名品牌出色的特征,为本公司写出三条建议。写完后以顺时针方向将A4纸交给下一位,下一位在上一位的便签贴下面贴上同样颜色的便签贴三张,要求在看到上面建议的基础上,启发获得更好的建议,同时不能和自己已提的建议和上一位的建议完全相同,写完后大声念出来,让所有人听到。

(7) 将建议分类,投票,整理出哪些建议是重要的、可行的。

(8) 做完后,大家讨论,看看是否还有其他遗漏的建议,在别人建议的启发下,是否还有更好的建议,最后小组汇报自己活动得到的结果。

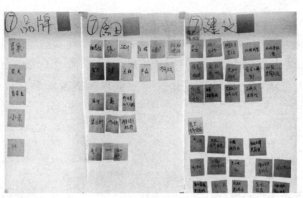

品牌借鉴2

结果

从著名品牌处获得灵感，将其移植到自己的企业，获得有别于本行业其他企业的想法和解决方案。

在创新方面，我们已经使用了行业互换和品牌借鉴。在这些方法中，最有用的就是类比创新法，它将该行业还没有的，但是其他行业已经做得非常好的流程或者模式搬到自己的企业中进行使用，这样既可以很容易地学到，还可以有别于本行业的其他企业。这样的创新，其风险会相对低一些。所谓的"最佳实践法"，就是将自己行业中佼佼者的模式借鉴到自己的企业中来，但是这经常是"经验介绍"，而很难获得真正的有别于其他企业的创新，企业只能做"跟随者"而非"领跑者"。

创新设计思维的三大要素之一就是以人为本，以最终用户为中心，就是人们所说的"穿着客户的鞋子走路"。如何做到真正站在客户的角度，实现以客户为中心的新模式，就需要一个工具一步一步地将大家带领进入客户的日常生活场景，这里我们来介绍一个非常有用的工具——客户旅程地图。

工具三十八、客户日常流程回顾：客户旅程地图

目标

为了充分地理解用户的内心感受，完全融入用户的生活，来体验用户的行动、体验、情感；探索记录最终用户与设计主题相关的旅程，也就是工作、生活、行动、计划等；体会他们的痛点，发现要设计的主题(产品)的真正意义；揭示未知的用户需求，超越用户的期望；产生新的想法，获得创新的设计结果，解决客户的真正痛点。

何时使用

- 在创新设计思维工作坊阶段,其终端客户是个体的顾客,对他们的需求要充分了解的同时,特别是对于服务行业或者零售行业等进行产品、服务、流程、运营等设计需要了解客户的行为和痛点的时候
- 在销售项目计划阶段,为了达成新的销售机会,确认销售的信息,准备进入探索和观察阶段的时候
- 和客户一起,帮助客户利用一些新的想法解决问题,揭示他们还未知的一些问题和想法的时候
- 希望充分了解用户的行为、痛点以及行动的周边环境、接触点等,从而可能改善这些环境让用户满意的时候
- 希望充分理解客户的痛点,从而找到解决客户痛点的解决方案的时候

持续时长

40~50分钟

参与人数

3~10人

道具

每组4张大白纸,6种颜色的便签贴每人最少10张,每人黑色小双头记号笔1支,胶带1卷或者大头针最少10根

步骤

(1) 将4张大白纸连着从左到右贴到墙上,每一张都以纵向贴。

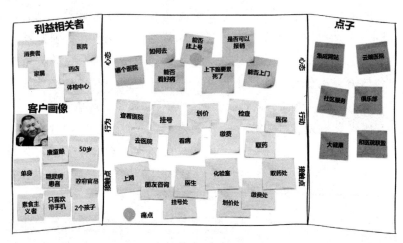

客户旅程地图

(2) 贴好后将4张大白纸分成三大部分,第一部分在最左边占一张纸,

用黑色记号笔画一横将其分成上下两部分，在上半部分的左上角写上"利益相关者"，下半部分左上角写上"客户画像"(有时写上"人物角色")。然后4张大白纸的中间两张组成第二部分，用黑色记号笔画上两个横杠将其分为上中下三等分。最上面标注"心态"或者"痛点"，在中间标上"活动"或者"行为"，最下面标上"接触点"。最右边的一张大白纸是第三部分，标上"点子"，在中间部分的最下端，贴上两个不同颜色的圆点贴，红色表示痛点，蓝色表示关键时刻。

利益相关者的定义：是指该小组所讨论主题的利益相关者。比如讨论的主题是医院如何让客人更满意，相关的利益相关者会有病人、医生、护士、病人家属、社保、药品供应商、医疗设备供应商等，但是最主要的客户就是病人。如果讨论的主题是超市，利益相关者就会是零售的顾客、店员、供应商等，但是最主要的客户就是顾客。

客户画像的定义：是指主题最主要的客户特征，一般我们会采用工具"人物角色"来详细理解这个角色。角色是这类主要客户的典型代表，也是一类人的特征和代表。就像电影中的主角，经常将很多人的特征搬到其身上。比如零售行业的顾客，如果讨论的主题是促销，一般顾客是年龄在45岁以上的老年人，比如退休在家的女士，年龄在58岁左右，特征就是喜欢早起，一分钱也会算计，经常购买的货物价格记得很清楚，经常对比价格，每次挑选最便宜的货物。对于不同的角色，也可以分开使用该工具讨论若干次，但是这样就需要更多的时间，一般情况下，我们会选择对最主要的客户进行讨论。

行为的定义：是指客户在做与讨论主题相关的日常活动。比如病人去医院看病，行为是指诸如查询自己病症的信息，发现自己的病症状况，选择合适的医院，查看医院的地址，选择去医院的交通工具，关心医院挂号的时间和地方，比如可以在网上挂号或者电话预约挂号或者微信挂号等，到医院看病、验血、透视、划价、交费、拿药、回家，等等。

心态的定义：是指客户在每个步骤对应在想什么，担心什么，怕什么发生等，一般对应一个行为，会考虑相应的痛点或者渴望等，比如病人在网上查询时关心自己是否得了这种病，在去医院时会关心是否可以挂上号，到了医院还会担心是否能挂上专家号，药费能否报销，能否看好病等。

接触点的定义：是指每个行为和哪里接触，或者使用哪些工具。比如病人会上网查找信息，比如百度或者专业医院的网站，去医院时可能会乘坐公交车或者出租车等，在医院会和门诊、挂号处、分诊处、医生及医学设备接触。

点子的定义：是指实现设计主题、保证客户满意的想法和点子。

(3) 如果工作坊有几个小组，这时在每组的工作区大白纸上方标上该组的主题和小组号。

(4) 每个部分贴上不同颜色的便签贴，以便后面容易辨识。如果没有那么多颜色，就尽量将相连在一起的颜色区分开，就像地图着色一样。

(5) 小组的每位成员每人一支黑色小双头记号笔，再利用同一种颜色，写出你认为与该主题相关的利益相关者，大家将写好的贴到对应的利益相关者栏，将重复的去掉。这里可以利用"利益相关者地图"来完成。

(6) 写完后大家讨论，哪个是关键的客户，贴上圆点便签贴加以标记。

(7) 讨论出一个关键客户的代表人物，这里称为角色，起一个名字，写出其特征，如性别、爱好、年龄以及与主题相关的情感、性格等。

(8) 这时每个人都扮演这个角色，将这个角色的行为列出来写到便签贴上，然后贴到对应的"行为"栏中，写的时候可以不商量，或者利用"独立启发贡献"进行，写完后贴到行动栏，将重复的去掉，然后排列顺序，使得行为尽量与角色的日常工作一样。

(9) 对于每一个行动，找出相应的担心、痛点、焦虑等，写在"心态"栏所要求颜色的便签贴上，然后贴在对应的栏目中，贴的时候最好大声念给大家听。"心态"一般以问号结尾，比如"能挂上号吗？""可以看好病吗？"

(10) 将每个行动对应的接触点写到"接触点"所要求颜色的便签贴，然后贴到对应的"接触点"栏。整个过程，全小组的人都是以"角色"的身份出现。

(11) 大家讨论出"心态"栏目中角色的关键痛点，标上圆点贴。

(12) 充分理解了该角色的心态、行为、接触点，接下来，大家转换角色，站在设计团队的角度，想点子，给办法，如何使得该角色满意，将痛点"化解"掉，尽量减少接触点，使得流程简化。在出点子时，最好使用"独立启发贡献"工具来完成。

结果

移情于最终客户，换位思考，站在最终用户的角度，发现他们的痛点、需求和担心，然后找出使得客户满意的解决方案。

汇报模板

对于"客户旅程地图"，我们可以采取如下的汇报模板，既可以像图形，也可以像文档。

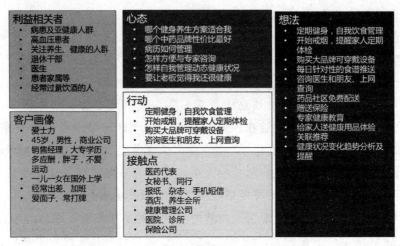

客户旅程地图

小贴士

"客户旅程地图"工具对大部分以用户为中心寻找创新解决方案的客户特别有用,特别是零售客户,比如超市、商场、银行、航空旅行、加油站、医院、保险、证券、燃气、电力等。在有些情况下,当最终用户不是个人,而是企业或者部门时,比如讨论的主题是"企业流程如何做可以降低企业的运营成本",这时客户的客户应该是企业的各个部门,这时客户可以选一个"角色",他仅仅是拟人化的角色,他可能需要经历企业的各个部门的流程,所以这时可以将角色的特征改为"部门"或者"企业"的职责,行动就变成了企业跨部门的流程。

"客户旅程地图"在主题是B2C的时候很管用,若将其用到B2B的主题,则很难讲通谁是客户。在很多情况下,客户是一个部门或者若干个不同的部门。比如研究"智能工厂"的主题时,角色有"领导""员工""董事会"总裁等;在研究如何做好战略营销时,角色有"市场策划人员""销售人员""客户服务人员"销售副总等;主题是"采购优化"时,角色有"采购人员""供应商""生产计划人员"等。我们可以来了解一下下面这个工具。

工具三十九、设计满足客户需求解决客户痛点方案:用户价值地图

目标

对于用户的需求、痛点、不满、期望和渴望,设计一套满足用户需求

或者超越用户期望的解决方案。

何时使用

- 针对用户的需求、痛点、不满、期望和渴望而设计解决方案或者产品的时候
- 在超越用户的需求，设计解决方案的时候
- 在客户是若干个不同的群体，来寻找解决方案的时候
- 在探讨的问题涉及跨部门或者跨企业，需要设计解决方案或者产品的时候
- 在研究解决用户的问题，给客户带来价值的时候
- 在研究企业的期望，设计如何给用户提供方案，使得用户可以很好地执行，从而给企业带来价值的时候

持续时长

50～120分钟

参与人数

3～8人

道具

每组4张大白纸，7种颜色(或者4种颜色)的便签贴各一包，每人黑色小双头记号笔1支，胶带1卷或者大头针最少30根

步骤

(1) 将4张大白纸连着从左到右贴到墙上，每一张都以纵向贴。

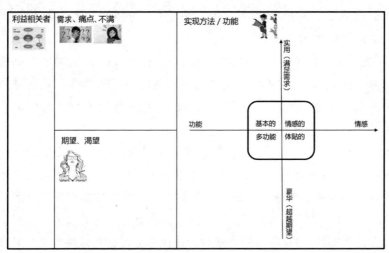

用户价值分析

(2) 贴好后将4张大白纸分成三大部分，第一部分在最左边占半张纸，在其左上角写上"利益相关者"，第二部分在大白纸横向的中间，占大约一张纸，将其上下平分，上面的左上角写上"需求、痛点、不满"，下面部门的左上角写上"期望、渴望"，在剩余的2张半大白纸上的左上角写上"实现方法/功能"。然后在"利益相关者"、"需求、痛点、不满"和"期望、渴望"栏分别贴上一张不同颜色的便签贴表示该部分需要使用便签贴的颜色。

(3) 在"实现方法/功能"栏画一个"十"字将其分成相等的四部分，从而成为一个坐标四象限，然后以坐标为中心画一个正方形，从左上角开始，顺时针分别标上"基本的""感情的""体贴的"和"多功能"。再在坐标轴上标出"功能""情感""实用(满足需求)"和"豪华(超越需求)"。最后在这四个象限分别贴上四张不同颜色的便签贴表示该部分需要使用的便签贴的颜色，最好使得任意相邻的便签贴颜色不同且区分比较明显。

(4) 对于研究的主题，每个人在"利益相关者"对应颜色的便签贴上写出两条，贴到"利益相关者"栏目，贴完后大家讨论，进行查重、分类、完善。

(5) 每个人分别贡献3条"用户"的"需求、痛点、不满"，写在对应颜色的便签贴上，然后贴到对应的栏目，再进行讨论、分类、完善，给每一类用另外颜色的便签贴标上"标签"。

(6) 每个人分别贡献3条"用户"的"期望、渴望"，写在对应颜色的便签贴上，然后贴到对应的栏目，再进行讨论、分类、完善，给每一类用另外颜色的便签贴标上"标签"。

(7) 根据客户的"需求、痛点、不满"，在对应"实用/功能"象限颜色的便签贴上，每人写上3条实用的情感方面的功能或者方案。然后将其贴到对应的象限，再进行讨论、分类、完善，给每一类用另外颜色的便签贴标上"标签"。

(8) 根据客户的"期望、渴望"，在对应"豪华/功能"象限颜色的便签贴上，每人写上3条豪华多功能的功能或者方案，然后将其贴到对应的象限，再进行讨论、分类、完善，给每一类用另外颜色的便签贴标上"标签"。

(9) 根据客户的"需求、痛点、不满"，在对应"实用/情感"象限颜色的便签贴上，每人写上3条实用的情感的功能或者方案，然后将其贴到对应的象限，再进行讨论、分类、完善，给每一类用另外颜色的便签贴标上"标签"。

(10) 根据客户的"期望、渴望",在对应"豪华/情感"象限颜色的便签贴上,每人写上3条豪华体贴的功能或者方案,然后将其贴到对应的象限,再进行讨论、分类、完善,给每一类用另外颜色的便签贴标上"标签"。

结果

通过用户价值地图,研究用户的需求、痛点、不满、期望和渴望,设计出满足用户需求的或者超越用户需求的产品或者解决方案。

小贴士

(1) 用户价值地图可以使用在很多不同的方面,当用户是个人(B2C的C)时,一般客户旅程地图和客户价值地图基本上是相同的,当用户是企业、部门或者跨企业的时候,这时多用用户价值地图。

(2) 关于用户价值,根据站的角度不同,一般理解也不完全相同,比如站在用户的角度考虑问题,就是企业如何提供服务或者产品的功能来满足用户的需求,这是给用户带来的价值。另外,站在企业的角度考虑问题,用户如何利用企业设计的产品或者服务,给企业带来价值,也就是商业价值,有的地方将此叫作"用户价值地图"。有时,我们站在整体的角度考虑问题,比如通过研究最终"用户"的痛点来设计客户的需求和方案,根据客户的需求和方案来研究企业如何实现客户的需求。如果京东要做"智慧大数据营销平台",他们的客户是品牌供应商,而终端客户,即用户,是品牌产品的购买者。要研究用户价值,就需要考虑三者的平衡。既要让用户满意、客户满意,还要让京东满意。

(3) 用户价值是可以超越的,即本来用户的需求是60分,产品功能或者服务上线完成的用户价值是60分,100%满足。但通过接下来的快速迭代和需求升级,产品或者服务可以持续超越用户基础需求,70分,80分,90分,实现用户价值的持续增长。极端一点就是,用户发现,这个产品不仅能满足需求,还能带来惊喜,不仅有惊喜,而且是持续惊喜,这实在是太有价值了。

(4) 用户价值和商业价值是两码事。当然,大多数人认为满足了用户价值就完全实现了商业价值,这在某些时候是有可能重合的,但更多时候是鱼与熊掌不可兼得的。每一个公司,都需要在不同的阶段,在用户价值和商业价值的天平间来回摇摆,这称为战略取舍和选择。

客户旅程地图首先是站在用户的角度,了解用户的行为、痛点等,然后站在客户的角度，寻找能满足客户需求，解决客户痛点和担心问题的解决方案，这样做到了以人为本，其优势是不是站在企业已有的产品或者服务的角度来考虑如何满足客户的"假象"需求。其缺点是先考虑了客户的痛点和现状，先入为主地"注入"了客户痛点和现状。在贡献想法的时候，就会时刻以客户的痛点和现状为焦点，想办法解决客户的痛点，这还属于以客户为中心的逻辑思维模式，相对狂野的天马行空的创新点子会较弱。

在客户旅程地图中，我们考虑的是最终用户的感受和心态，几乎没有考虑客户企业(就是我们做工作坊的企业)的现状是否能满足客户的要求，没有考虑任何约束条件，下面将介绍"未来/现状/瓶颈/想法"的工具，站在客户企业的角度出发，看看如何解决问题。

工具四十、为实现美好未来寻找方案：未来/现状/瓶颈/想法

目标

忘掉现状和自己的角色职责，设计一个狂野的、美好的未来场景，发现从现状到未来美好目标的差距，理解达到未来美好目标存在的瓶颈，寻求解决瓶颈的方案，从而获得实现这个目标的解决方案。

何时使用

- 在设计解决方案，希望找到狂野的点子，实现天马行空的、美好的愿景的时候
- 在设计某个主题的解决方案时，希望对主题的现状、未来做充分的了解并找到方案的时候
- 探索实现解决所存在的瓶颈、缺陷时，希望找到消除瓶颈想法的时候
- 对讨论的主题有一个整体的理解，希望找到合适解决方案的时候

持续时长

30~50分钟

参与人数

3~10人

道具

大白纸3张，4种颜色的便签贴(1包只有1种颜色)各2包，黑色小双头记号笔每人各1支，宽胶带1卷

步骤

将3张大白纸连着从左到右贴到墙上，每一张都以纵向贴。贴好后将3

张大白纸分成四大部分，在右边第一张大白纸中间画一横线，将其分为上下两部分，上部分的左上角标注为"未来(目标)"，下部分左上角标注为"现状(吐槽)"，紧接着在中间一张大白纸的中间竖向划一纵线将左边剩余的大白纸分为左右两部分，右边部分的左上角标注为"瓶颈"，而左边的一张半大白纸标注为"实现的想法"。在四个部分，分别用不同颜色的便签贴作为标记，大家遵循每个部分便签贴的颜色，完成每个部分的头脑风暴。

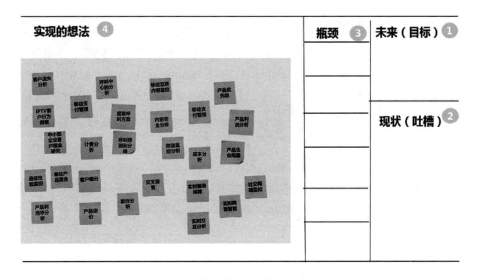

未来/现状/瓶颈/想法

其具体的步骤如下。

(1) 首先不要考虑自己的现状、身份以及自己的职责，围绕着讨论的主题，每人贡献一个美好的未来(愿景)，希望未来越美好、越狂野越好，写到"未来"部分颜色的便签贴上，然后将便签贴贴到未来部分。

(2) 大家集体讨论，将想法分为三类。第一类是梦想家的想法，就是非常狂野的想法，现在实现还有很大困难，比如人自己会飞到月球上的想法。第二类是现实家的想法，完全是逻辑推理得出的结果，这样只要在原有现状的基础上，重新定义流程或者稍加改进就可以实现。第三种是批评家的想法，可能通过大量的努力，就可以实现的想法。

(3) 在三种未来中，选一种大家公认希望实现的未来进行讨论，也可以利用"画正字"投票法，或者圆点投票法来实现。也可以三种同时做，这样就获得短期、中期、长期的路线图。

(4) 针对现在希望实现的未来寻找方案，这时最关心的是下一步，"现状",对于讨论主题的现状是什么样,大家一般会吐槽,讲出很多的不满,将其写到"现状"对应颜色的便签贴上,然后贴到"现状"栏。

(5) 接下来探索从现状到选定的美好未来还需要多大的努力,其实首先找出从现状到未来的"瓶颈",瓶颈是现状,但是现状不一定是瓶颈,从现状投票法可以获得瓶颈,也就是实现美好未来的最大阻力,如果这个阻力解决了,未来就可能实现,比如技术需要研发(像交流电的直接存储或者无线交流电的传输)、缺少原材料、缺少资金等。

(6) 最后围绕着瓶颈,看看有什么想法可以克服瓶颈,实现未来,找到解决方案,可以围绕着每一个瓶颈,寻求解决方案。例如,瓶颈"没有足够的资金"可以转化成"我们如何可以获得到更多的资金"或者"如果我们用更少的钱,该如何做"。

(7) 评估"想法"的可行性问题,首先解决最重要的瓶颈,安排行动路线。

结果

通过"未来/现状/瓶颈/想法"的工具,制定讨论主题的美好愿景,充分了解实现美好愿景所需要的努力,包括化解阻力和瓶颈的想法。最后,获得实现美好愿景的整体解决方案。

汇报模板

对于"未来/现状/瓶颈/想法"工具,我们可以采用如下的汇报模板。

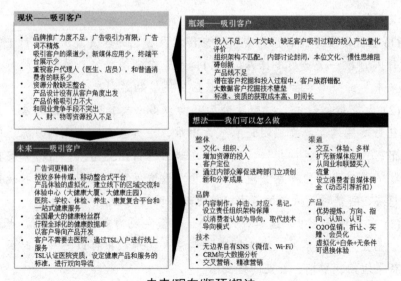

未来/现在/瓶颈/想法

小贴士 I

"未来/现状/瓶颈/想法"的工具有时也可以从现状做起,然后推出未来,这样一般是逻辑推理获得的。这样的缺点是受到现状的约束,好处是可行性强,但是可能会缺乏创新性。先做未来,由于没有考虑现状的约束,可能会获得更狂野的想法。比如在一个高科技企业,在讨论整体信息化规划的主题时,他们的未来定义为"在海边钓着鱼,还能把工作做得很好",围绕着这一狂野的想法,如何实现,他们发现需要"移动技术",不在现场可以通过手机进行远程维护和诊断,可以进行远程支持。另外他们需要一个"云架构"来实现企业内外的应用。他们需要一个实时的运营和分析平台,需要一个"内存数据库"等。

小贴士 II

(1) 在有些情况下,我们可以将"未来/现状/瓶颈/想法"的工具同时使用到"企业"和"客户",这是为了使找到的想法既能满足客户的需求,还可以满足"企业"自身的需求。有时也可以用在"企业"自身、"客户""供应商"一起来考察。工具如下图所示。

(2) 在很多情况下,可以将"客户旅程地图"和"未来/现状/瓶颈/想法"结合着使用,一天的工作坊上午可以采用"客户旅程地图",站在客户的角度考虑如何满足客户的要求,解决客户的痛点,但是这里没有考虑公司的现状和实现的约束条件;下午站在公司的角度考虑,研究公司的现状,获得实现美好未来的想法,可是这样没有考虑客户的感受。将两者的想法加在一起,既可以满足客户的需求,解决他们的痛点,又可以使得公司利益最大化。

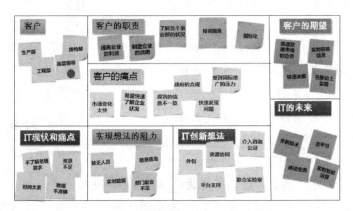

客户旅程分析

工具四十一、兼容客户的痛点和公司愿景：未来—客户旅程混合法

目标

寻求既满足客户要求，解决客户的痛点，同时兼容公司美好愿景的解决方案；平衡客户要求和企业未来的想法的组合，获得更理想的想法。

何时使用

- 在讨论的主题设计涉及客户和企业的时候
- 在寻找满足企业狂野想法、美好未来的同时，还需坚固客户的需求和痛点的时候

持续时长

60～100分钟

参与人数

2～8人

道具

大白纸7张，每人1支黑色小双头记号笔，便签贴11种颜色(如果没有，最少需要6种)，宽胶带1卷，24枚圆点贴2张

步骤

(1) 按照右图的形式在墙上贴上7张大白纸，并画上对应的格式和每部分的内容，这是"客户旅程地图"和"未来/现状/瓶颈/想法"的组合。

(2) 按照图上圆圈中标注的数字步骤的顺序，一般用半天的时间做"客户旅程地图"，从左向右做，站在客户的角度完成第6步的想法，给出公司解决客户问题和痛点的想法，下午做"未来/现状/瓶颈/想法"，从右向左做，站在公司的角度给出达到公司美好未来，并且在具有约束条件"瓶颈"时，需要获得解决瓶颈的想法。

(3) 完成第10步以后，就可以使用聚类方法，将站在客户角度的想法

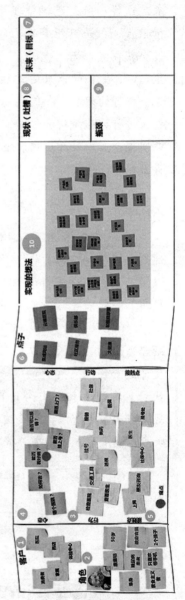

未来—客户旅程混合法

(第6步)和站在企业角度的想法(第10步)进行合并、优化、投票、排序,获得优先级。

结果

通过这个合成的工具,获得既满足客户需求,解决客户痛点,又满足企业美好未来的解决方案,为后面的原型法奠定基础,并且为行动计划做出解决方案。

在很多情况下,大家利用这些方法可能会系统地解决问题,为讨论的主题找到解决方案,但是一般情况下,方案可能逻辑推理多一些,所以在"未来/现状/瓶颈/想法"中先做未来,可是如何给出未来,我们也需要有一套完整的工具和方法。鼓励狂野的点子,但是不能"跑题",要始终聚焦在讨论的主题上进行头脑风暴。

如何设计解决方案以超越客户的期望呢?下面我们介绍价值主张画布。

工具四十二、解决客户痛点,提供超越客户价值的方案:价值主张画布

目标

从客户的战略、目标、任务出发,探索客户的真正需求,充分了解客户的痛点和渴望,从而设计创新的解决方案,既能满足客户的需求,还能超越客户的期望,解决客户的痛点。

何时使用

- 对客户做了充分的理解,需要设计创新的解决方案的时候
- 对客户做了研究,需要对客户的信息进行整合,可视化地列出,设计解决方案的时候
- 研究企业的产品或者服务是否满足客户的需求和渴望,从而矫正修改企业的产品和服务,为客户提供整体解决方案的时候
- 研究公司的产品或者服务,适合于哪类客户群体的时候

持续时长

50~80分钟

参与人数

2~8人

道具

大白纸4张,黑色小双头记号笔每人1支,6种颜色的便签贴每人最少10

张，美纹纸1卷

步骤

价值主张是整个商业模式的核心，它描述了产品提供的价值和客户需求之间如何建立联系，以及找到合适的客户群体以提供产品或者服务。

价值主张画布是在《价值主张设计》(作者是 Alex Osterwalder)一书中提出来的一款工具，分为两个部分，客户思维画布和产品价值画布，是用于了解客户真正需求的工具，同时为之设计相对应的真正解决方案。它的终极目标是让创业者或企业提供的产品与市场相匹配，符合市场需求。

价值主张画布的设计也是用于创新和改进价值主张，管理和更新价值主张研究所需要的工具。将价值主张和商业模式用于在组织内创建一种创造价值的共同语言。好的价值主张设计，强调用户最重要的工作、痛点、收益，但不需要解决用户所有的痛点和收益。

(1) 用美纹纸或者大头针从左到右纵向将四张大白纸贴到或者钉到墙上。

(2) 如下图所示，在左边的两张大白纸的左上角写上"产品价值画布"，然后画一个长方形，在长方形的对角线处画一个小的宝箱，将长方形的左边两个角和宝箱连接起来，再从宝箱右边沿的中部，画一条平行线和长方形右边中点相交，将长方形分为三部分，分别标上"产品/服务"，"创造效益"和"解决痛点"，并且用三种不同颜色的便签贴，贴在三大部分的左上角，表示每一部分使用便签贴的颜色。

(3) 在右边的两张大白纸的右上角写上"客户思维画布"，再在这两张纸上画一个椭圆，在椭圆的中心处画一个"人脸"，然后将其分为三等分，如图所示，在每一部分分别标上"获得""痛点"和"任务/目标"，并用不同颜色的便签贴作为该部分使用便签贴的标志。

首先研究"客户思维画布",这时所有参与者的身份是客户,罗列出你需要达到目标或者任务是什么,你最希望获得什么?在哪些方面有所提升?这是客户最基本的需求。然后探讨实现目标还缺少什么,有哪些痛点和难点。

(4) 先在"客户思维画布"部分,用客户"任务/目标"栏相对应标志颜色的便签贴写出客户的任务、目标或者企业的战略方向,每张便签贴写一条。写完后,贴到"客户思维画布"对应的部分,然后大家讨论,进行补充完善,最后进行分类,用圆点贴投票法投出优先级。

(5) 接下来,围绕着欲达到的目标,欲完成的任务,客户希望获得什么?在哪些方面有所提升?这时参与者采用该部分对应颜色的便签贴,写上对客户的期望、提升的方向等,然后贴到该部分,进行分类、完善,最后投票获得优先级。

(6) 同样的方法,大家用客户"痛点"标志颜色的便签贴,完成实现目标客户存在的痛点、难点和问题的罗列。

当完成了"客户思维画布",围绕着客户的思维,理解了客户的最基本需求,以及难点、痛点,下面来完成"产品价值画布",这里主要讨论我们的公司为了解决客户的问题,有哪些产品/服务或者解决方案来满足客户的需求。这些产品或者服务可以满足客户的基本需求吗?可以帮助客户实现他们期望的价值吗?这一部分被称为"补药",是因为产品或者服务是否可以满足需求。另一部分是"解药",客户为了实现目标,存在难点、痛点,我们的产品或者服务是否可以帮助客户解决,甚至我们是否有超越客户需求的解决方案。

(7) 围绕着客户的期望和痛点,列出公司的产品或者服务,如果公司有很多的产品,罗列出哪些产品或者服务会更好地满足客户的需求。写在该部分对应颜色的便签贴上,然后贴到"产品/服务"部分。

(8) 用"创造效益"部分标志颜色的便签贴,写出我们的产品或者服务可以为客户提供的价值,比如ERP可以帮助客户精细化管理、规范流程、降低成本、提升效益等,如果客户的问题是流程再造的问题,ERP可能很好地满足客户的需求,如果客户的需求是提升客户的满意度,也许CRM可以解决。

(9) 用"解决痛点"部分对应颜色的便签贴,罗列出我们的产品或者解决方案是如何帮助客户解决他们存在的难点、痛点的。比如客户的目标是上市,现在最大的问题是风险管控,需要合规和规范的管理,那么ERP是不是在规范流程方面起到了很大的作用，但是对于合规是不是还需要其他的解决方案，比如GRC(公司治理、风险管控、合规)等。或者说客户最大的痛点是终端客户的信息无法获得，这时也许利用"F2C"(工厂直接到终端客户)的方案可以取消中间商，直接和客户对接。

(10) 当从整体看完成了"价值主张画布"，下一步需要检查"产品/服务"是否可以匹配客户的需求、渴望，解决客户的痛点。如果不匹配，就需要调整方案(产品/服务)，进行进一步讨论，或者说服改变客户的需求。如果满足客户的需求，就需要讨论如何做可以使得项目成功。

结果

利用"价值主张画布"完成我们提供的产品或者服务，如何匹配客户的需求、期望，甚至超越客户的需求，最后为客户提供一套完整的解决方案。

对于目标导向、敏捷开发的解决方案，为了快速获得整体的解决方案和行动计划，这里将"5W2H"简化如下，即"影响地图"。

工具四十三、获得敏捷解决方案和行动计划：影响地图

目标

利用结构化可视化的"影响地图"将一件给定的任务，从目标研究出发，快速制定目标，分解到谁来做、做什么、如何做的一个敏捷整体可视化的解决方案，从而实现将原来方案的"推"转换到"拉"的模式。

何时使用

- 在做软件开发、app应用开发，需要对功能进行定义和分解的时候
- 在对某个项目的需求进行分析的时候
- 项目的业务目标和功能之间映射关系比较模糊而且不一致的时候
- 业务人员和开发者之间的沟通、理解和协作存在隔阂的时候
- 业务目标常常在投资人的脑海中，没有清晰地传达给项目相关人的时候
- 业务人员的解决方案没有完全清楚的时候
- 沟通不畅，项目各个部门相互抱怨，需要寻求解决方案的时候
- 运营目标达成，将任务分解的时候

持续时长

50~120分钟

参与人数

4~8人

道具

大白纸2张,黑色小双头记号笔每人1支,4种颜色便签贴各1包,宽胶带1卷

步骤

影响地图用简单的 Why-Who-How-What 分析法,搭配结构化的显示方式,让设计师能够看见辛辛苦苦开发出来的功能是对应到哪一个业务目标。它可以帮助设计师、工程师进行相互协作、快速分析、布局产品或者服务开发的功能,实现需求可视化。

(1) 用2张大白纸在墙上纵向拼成一张更大的白纸。先平均分配大白纸的长度,在4种颜色的便签贴上分别写下"Why""Who""How"和"What",然后将其从左到右贴到大白纸的上方。

(2) 将需要实现的业务目标或者要解决客户的核心问题写到"Why"便签贴对应的颜色上,然后贴到最左边的中间位置。

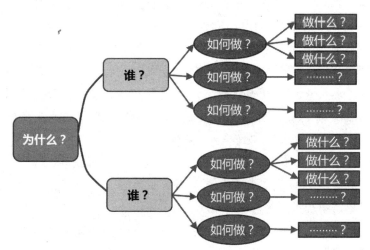

(3) 这里的目标是问题,而不是解决方案。比如"在3个月之内,提升20%的客户转化率"的含义是"如何在3个月之内,提升20%的客户转化率",目标制定需要遵循SMART原则。

目标必须明确具体(Specific)、可量化(Measurable)、科学可达成(Achievable)、和主题相关(Relevant)、有达成的期限限制(Time-Bounded)。目标应该是关键的目标,遵循80/20原则。

(4) 多问几次"为什么",比如"新产品一直不盈利",问"为什么不盈利",答"因为付费的客户太少",再问"为什么付费的客户太少",答"因为客户习惯了免费产品",再问"为什么客户会习惯于免费的产品",答"因为客户没有意识到付费的价值",再问"客户为什么对付费产品价值认识不够",答"缺少宣传,缺少体验",所以问题定位"在3个月之内,提升20%的客户转化率",这样对目标就越来越清楚。

(5) 紧接着,来讨论可以通过影响谁的行为,使得目标达成或者消除实现目标的障碍,也就是讨论关键的利益相关者。每个人将自己认为的利益相关者最少写两条到"Who"对应颜色的便签贴上,然后贴到目标的右边,边贴边分类,最后给每个类贴上一个标签。比如"最终客户""合作伙伴""委托商""供应商""内部决策者""物流公司"等。然后将目标和"利益相关者"画线连接起来。在做利益相关者时,最好少用像"客户"这样的通称,而应该写出特定的客户群体,比如"企业高管""白领""上班没有车一族""蜗居男"等。

(6) 对利益相关者按照对目标影响的程度大小进行投票,选出前三类作为重点人物,我们称为"角色",最好从最终客户考虑起,比如"上班没有车一族""蜗居男"等。

(7) 接下来讨论怎么做会影响这些"角色"的行为来达成目标,比如对于角色"客户","让他们先免费体验收费产品1周","体验免费产品,赠送10元虚拟币"等。对于前三类角色,每个人要求对每一个角色贡献三条想法,写在"How"颜色对应的便签贴上,并贴到对应角色的右边,边贴边分类,再给类贴上标签,然后用笔画线将其连接起来。

(8) 接下来讨论支持"How"的"交付物"。做什么才可以实现"How"的目标,比如"产品的功能""服务"或者"活动"等。在

"What"颜色对应的便签贴上每个"How"贡献三条"交付物",贴到"How"对应的右边,边贴边分类,将接近和相同的撕掉,尽量留下有代表意义的。将"How"与"交付物"画线连接起来。

(9) 对每个"How"对应的"交付物"进行排序投票,按照实现"How"的最短路径作为优先级的判断标准。每个"How"选出前三类作为最后交付物。

(10) 最后对整个视图进行收敛检查,将次要的放到一边,这样就形成了影响地图。

(11) 如果时间允许,可以利用原型制作、采取绘画等直观方法将方案表达出来。

结果

利用"影响地图"对于讨论的场景、主题进行分析设计,找到实现目标的解决方案。

案例:APP应用"不增加客户人数,提升客户的支持率"

影响地图对于敏捷软件开发或者app应用非常有用,可以利用头脑风暴来实现,下面的影响地图可以帮助大家更好地理解这一方法。

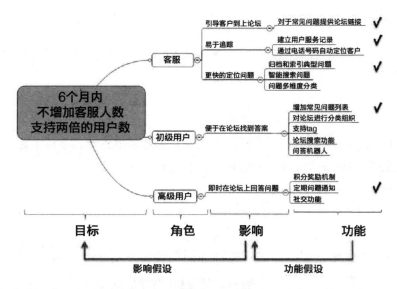

前面我们讲了不少不同场景的整体解决方案的工具,其实就是为解决问题的流程而设计的工具。在获得新的创意的时候,往往需要一些通用创新工具,

下面我们介绍一个常用的"曼陀罗方法":使用九宫格来讨论问题的七大方面包括为何(Why)、何人(Who)、何事(What)、何时(When)、何地(Where)、如何(How)和何价(How Much),这七个方面的讨论方法也被称为"7何检查法"或者"5W2H"的方法。

工具四十四、获得创新创意的九宫格:曼陀罗方法

目标

利用九宫格,对于讨论的问题,进行发散,获得问题的整体视图,进一步设计整体的发散解决方案,包括设计问题的各个方面,比如人、对象、空间、价值观、时间等。

何时使用

- 对于讨论的主题希望获得一个整体发散的方案的时候
- 在对讨论主题做充分理解,需要了解问题涉及的人群、环境、时间、理由等的时候

持续时长

30~120分钟

参与人数

4~8人

道具

大白纸4张,黑色小双头记号笔每人1支,9种颜色便签贴各1包,宽胶带1卷

步骤

曼陀罗方法就是利用九宫格,对于需要讨论的问题进行进一步的理解,或者在不超过8个方面进行发散找到整体的解决方案。曼陀罗方法一般会采用5W2H的模式,是"5W2H"的直观可视化表现,也可以扩充成为自己设计的若干方面进行讨论。

(1) 用4张大白纸在墙上横向拼成一张更大的白纸,然后画成均分的九宫格。

(2) 在中间的格子写上"谁(Who)",第一行的中间写上"价值观(Why)",在第二行第一列写上"地方(Where)",在第二行第三列写上"时间(When)",在第三行中间列写上"对象(What)"。有时在第一行的第一列写上"如何(How)",第一行第三列写上"验收标准(How Much)",第

三行的第一列写上"可行性",在第三行第三列写上"行动计划"。在每一格贴上不同颜色的便签贴表示此格需要使用便签贴的颜色。

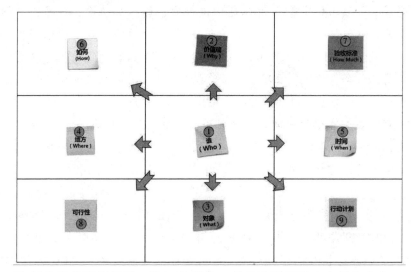

(3) 将讨论的问题写到一张A4的纸上,然后贴到四张大白纸的上方。

(4) 围绕要谈论的主题,按照"Who""Why""What""Where""When"的顺序,分别进行讨论,每个格利用5~6分钟,每个人对讨论要点列出至少三条建议,写到对应颜色的便签贴上,每张便签贴写一条,然后贴到对应的格子中。

(5) 对于每个格子的想法建议,进行分类,快速得到优先级。

(6) 如果需要进一步研究行动计划,就需要做剩余的几个方面,分别以"如何""验收标准""可行性""行动计划"的顺序进行讨论。每个格利用5~6分钟,每个人对讨论要点列出至少三条建议,写到对应颜色的便签贴上,每张便签贴写一条,然后贴到对应的格子中。

(7) 最后围绕着九宫格,整理整体的视图,讨论8分钟,也可以利用后面的原型设计方法,进行直观的可视化展现。

结果

对于讨论的主题,利用曼陀罗方法,可以获得整体的视图和解决方案。

小贴士

曼陀罗方法其实就是"5W2H"扩充的直观表示,也可以将其扩展为更广泛的含义。比如:"Who""What""Why""Where""When",

并不仅仅是"人""对象""价值观""空间""时间"的简单对应,从"Who(人)"当中还可以延伸出主体、对象、朋友、自我、欲望、生命、性格、态度;"What(对象)"可以延伸出行为、行动、动作、目的、目标、愿望、现象、人、事、物;"Why(价值观)"可以延伸出理由、根据、原理、原则、理念、理想、潜在意识、为人处事;"Where(空间)"可以延伸出环境、处所、社会、状况、立场、构造、结构、网络;"When(时间)"可以延伸出人生、经验、成长、时代、时期、变化、期间、周期、机会、顺序、时机。

也可以在九宫格的中间写上欲讨论的主题,然后周边的8个格子可以围绕着主题的8个子主题或者8个维度展开讨论。这时对于子主题如何制订解决方案,就需要将九宫格向外延伸,这时就有了如下的"莲花图方法"。

对于很多可以将主题分解成很多子主题的问题,比如"电子商务如何做",可以分解成"电子商务企业的组织架构""电子商务企业的运营流程""电子商务企业的物流""电子商务企业的售后服务""电子商务企业的采供""电子商务企业的客户管理""电子商务企业O2O实现"等,像这样的主题就可以利用日本千叶市Clover管理研究中心的康夫松村发明的"莲花图方法"进行讨论。

工具四十五、主题要素发散分解:莲花图方法

目标

将要讨论的主题分解成为若干个子主题,然后围绕着子主题找到相应的解决方案;或者讨论的主题由很多不同的要素组成,根据这些要素,找到每个要素的解决方案;最后获得主题的整体解决方案。

何时使用

- 在讨论一个主题,并且希望找到与主题相关的若干个维度的解决方案的时候
- 如果主题可以分解成若干个相关的子主题,需要找这类主题的解决方案的时候

持续时长

30~50分钟

参与人数

2~8人

道具

  大白纸3张，8种颜色的便签贴每种2包，黑色小双头记号笔每人1支，宽大胶带1卷。

步骤

  (1) 将3张大白纸(60cm×90cm)拼成120cm×120cm的正方形(将一张大白纸纵向分成三等份，每份30cm×60cm，将其中的两份贴到纵向两张大白纸的下面)，画上如下图所示的格子。

  (2) 将要讨论的主题写在中心的9×9方阵中心，然后将需要讨论的主题分成8个子主题写到8种颜色的便签贴上，再贴到主题的周围。

  (3) 将8个子主题写到对应的中心射线方向的8个3×3方阵中心。

  (4) 再将每一个子主题的应对方案写到同一颜色的便签贴上，然后贴到其周围的8个方格中。

  (5) 这样就有64个子项组成的创意方案，下图是对"提升绩效降低成本"的样例。

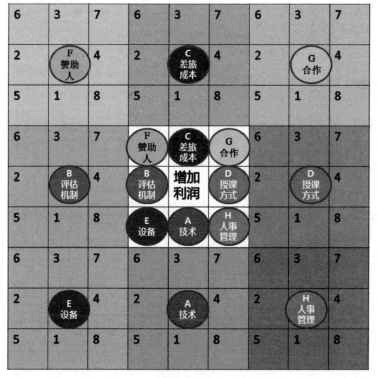

莲花图方法

结果

通过莲花图方法，对可以分解成若干个子主题的主题进行讨论，最后获得一个表格式的整体解决方案。

小贴士

莲花图方法可以将主题拆分成若干个子主题，以获得很好的层次结构。其需要加大空间，获得对应的方案。

工具四十六、涉及流程设计优化的方法：流程图

目标

对于企业的流程再造、优化，需要设计企业、部门或者跨企业的流程，这就需要一个流程设计的工具。

何时使用

- 在讨论的主题是有关流程设计或者流程优化的时候
- 在讨论以客户为中心的流程设计的时候
- 在对讨论的结果进行总结汇报的时候

持续时长

30~120分钟

参与人数

2~8人

道具

大白纸4张，6种形状(箭头长条形、棱形、圆形、椭圆形、长方形、圆点贴)的便签贴各1包，3种颜色的便签贴方形(76cm×76cm)各1包，黑色小双头记号笔每人1支，宽大胶带1卷

步骤

(1) 将4张大白纸(60cm×90cm)拼成180cm×120cm的长方形，贴到墙上，按照下图形进行标记。

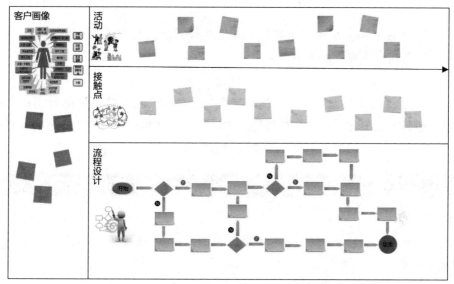

(2) 将与主题相关的关键客户群体画像写到一种颜色的便签贴上，贴到客户画像处。比如主题是"如何设计以患者为中心医院的就医流程"，主要的客户就是患者，客户画像就是患者的特征，例如行走不便、身体不舒服、发烧等。

(3) 在另外一种颜色的方形便签贴上，每个人贡献3条客户的活动，贴到对应的活动栏，然后进行完善，再按照时间顺序进行排列，比如患者需要挂号、看病、划价、缴款、化验、取药等。

(4) 在其他颜色的便签贴上写上对应的接触点，贴到对应的接触点栏，比如患者去挂号处、诊室、划价处、收银处、化验室、取药处等。

(5) 围绕着接触点，利用流程图进行流程设计。这里一般规定，开始利用椭圆形便签贴，条件判断利用菱形便签贴，结束用圆形便签贴，执行的任务用长方形便签贴，流程走向用箭头便签贴，判断是否用圆点贴。比如是否挂专家号(棱形)，如果是(圆点贴)则走向(箭头)专家门诊(长方形)，否(箭头)则走向普通门诊。

(6) 将整个流程重新检查，问"如果不要这个流程，是否还有其他的流程"，相当于问是否可以减少"接触点"来实现就诊业务。比如"是否可以取掉划价的流程""是否可以不到药房取药"等，甚至更极端的是是否不需要接触点，也就是"不到医院，患者是否还可以看病"等，这样就有了"云医院"的概念。

结果

通过流程再造或者优化设计，可以获得新的流程和更优秀的方案。这样可以直观地将流程和方案表示出来。

为了获得创新的创意，联想思维是创新思维的桥梁，我们下面介绍一个获得创新创意非常有用的方法，即联想构思法。所谓联想构思法，就是借助联想思维的方法和技巧，提出创造目标，沟通创造思路，以实现发明创造的创新技法。

工具四十七、获得创新创意的常规方法：联想构思法

目标

利用联想构思法，对设计的产品、服务、流程、战略等获得新的创意。

何时使用

- 在设计一个新的解决方案，需要获得新创意的时候
- 在完成了解决方案设计，发现方案几乎都是逻辑思维产生的，需要进一步获得创新创意的时候
- 在做行业互换、品牌借鉴的时候

持续时长

10~30分钟

参与人数

4~8人

道具

大白纸3张，黑色小双头记号笔每人1支，4种颜色便签贴每色各1包，宽胶带1卷

步骤

联想是指从一种事物想到另一种事物的心理活动，一般包括事物的概念、形象、性质、方法等。联想可以是概念到概念之间的联想，可以是形象到形象之间的联想，也可以是方法到方法之间的联想，还可以是性质到性质之间的联想。

联想分为相关联想、相似联想、对比联想和因果联想四大类型。

相关联想：由一事物想到与它相关联的方面，称为相关联想。其一般是指在时间或者空间相关联的联想，比如看到教室会想到老师、黑板、粉笔、投影仪、学生、铅笔等；看到小孩会想到自己的童年时代、捉迷藏、

打四角、滚铁环等；看到冰会想到滑冰、冰球、冷、棉衣、冬天等；看到饭会想到吃、饿、食堂、餐馆等；看到火会想到火柴、钻木取火、火灾、煮饭、星星之火、飘扬的红旗等；看到电话会想到手机、Skype、上网、收音机、电视机、照相机、远处的朋友等；看到汽车会想到公路、司机、方向盘、汽油、火车、飞机等。比如从理发推子到发明联合收割机，就是相关联想。

相似联想：由某一种事物想到与其相似的事物，称为相似联想。这里一般来讲属于同一类型，包括形似和神似。比如看到月亮会想到星星、太阳(都是星球)；看到电脑会想到手机、电视(都是互联网终端)；看到刀会想到剪刀、指甲刀(都是刀具)；看到苹果会想到橘子、梨、香蕉(都是水果)。比如看到雨衣贴身，导致雨水灌到鞋子中，发明底下带充气"游泳圈"的雨衣，就是相似联想。

对比联想：由某一种事物的性质或特点想到与它相反的事物，称为对比联想。如由黑暗想到光明，由冬天想到夏天等。对比联想既反映事物的共性，又反映事物的相对立的个性。如黑暗和光明都是"亮度"(共性)，不过前者亮度小，后者亮度大。夏天和冬天都是季节，不过一个炎热，一个寒冷。对比联想使人容易看到事物的对立面，对于认识和分析事物有重要的作用。像人们常说的"以毒攻毒""变害为利""将计就计"等，都反映了对立联想的思维特征。当看到漂亮的玩具，美国厂商做出了丑陋的玩具，销量大增，就是对比联想。

因果联想：由于两个事物存在因果关系而引起的联想，称为因果联想。这种联想往往是双向的，既可以由起因想到结果，也可以由结果想到起因。如看到蚕蛹就想到飞蛾，看到鸡蛋就想到小鸡。比如看到狒狒在沙漠上存活，知道跟着它们可以找到水源。比如英军当年看到德军战地上一只猫在坟地晒太阳，断言坟地下面是指挥所。

(1) 用3张大白纸在墙上纵向拼成一张更大的白纸，将其设计的主题(比如，电动工具平台)写在便签贴上，贴到大白纸的中间偏下的位置。

(2) 将主题的关键词，比如"电动""工具""平台"，写到另一种颜色的便签贴上，贴到主题的周边。

(3) 将每个关键词联想到的词写到第三种颜色的便签贴上，比如"电动"的联想，如手动、风动、水动、火动等；工具，如扳手、剪刀、钳子、尺子等；平台，如碾子、桌子、平顶山等，围绕着每个关键词贴上，再进行分类。

(4) 将这些词任意组合，看看是否会得到完全不同的创意。

结果

利用联想构思法可以获得很多狂野的解决方案，相对而言这是获得创意点的方案。

我们希望获得新的创意，大家耳熟能详的创新案例几乎都是从关联法谈起的，比如鲁班发明锯子是因为草叶划破了他的手；莱特兄弟从观察鸟的飞行发明了飞机；科学家从蝙蝠回声定位的功能发明了雷达等，最后还形成一门学科叫仿生学，这些都是相似联想。除了仿生学，还有很多其他的关联发明，比如瓦特从煮水发明蒸汽机，农民科学家"棉花迷"吴吉昌从甜瓜打顶后促进坐瓜、多坐瓜，解决了棉花落桃问题；从一个行业的应用借鉴到其他行业的应用，比如从Dell电脑的直销联想到书在互联网营销产生了亚马逊、当当，想到衣服在网上营销就有了原来的PPT和凡客，再到最后无所不售的京东、阿里巴巴等，这些都是相关联想；又如从产品的耐用到一次性产品，一次性牙刷、一次性拖鞋、一次性雨伞等，这些都是对比联想。

案例：尼龙搭扣的发明

设计尼龙搭扣的那位大师是从苍耳那得到的灵感。尼龙搭扣这个名字的由来是因为两边都是尼龙做的，一边是一排排的小勾，另一边是密密麻麻的小线圈，两边贴在一起的时候，小勾就勾住小线圈，使其能贴在一起，所以取名为尼龙搭扣。尼龙搭扣是一位瑞士发明家发明的，这位发明家叫乔治。他很喜欢带着他的狗去树林里散步。有一次，他带着狗去树林里散步，回来后发现狗的身上和他的裤子上粘了很多苍耳，要清除掉这些苍耳还得费一番功夫，他用放大镜一看，才发现了苍耳身上带有一些小刺，这些小刺粘在有毛的裤子上，就会被牢牢地粘住，任你怎么甩都甩不掉，除非用手拔掉。乔治就利用苍耳的原理，发明了尼龙搭扣。

案例：飞机除霜

英国北部两地间架设的电话线在冬天结了霜，使通话困难。要尽快除掉霜，恢复通话，该怎么办呢？为此，有关部门召开了一个会议。与会成员提出了许多方案，当"给飞机捆上扫帚飞上天去扫"的方案被提出时，引起了哄堂大笑,正是这个设想,对解决问题起到了至关重要的作用,后来进一步提出了"让直升飞机靠近电话线,让旋转的螺旋桨风力除掉电话线的霜"的方案。事实证明,这是最佳方案,以最低的成本解决了最困难的问题。

案例：狒狒找水

非洲人掏了一个洞,在洞里放瓜子引诱狒狒。狒狒抓走瓜子后,舍不得松开拳头,而不松开拳头手就拔不出来,于是非洲人就可以轻而易举地用绳子把狒狒套住了。喂狒狒盐巴让它口渴,此时把狒狒放了,它自己就会去找水喝。非洲人跟在狒狒后面,就得到了水。

游戏：联想构思

发给学员事先打印好的具有两个圆圈的A4纸一张,在5分钟之内,看谁画出更多的相关创意。比如看到两个圆圈,会想到汽车的轮胎,所以利用两个圆圈画成汽车;看到两个圆圈,会想到眼镜,所以利用两个圆圈画成眼镜;等等。

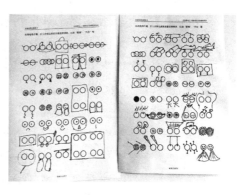

在很多情况下,为了打破惯性思维,获得创新的创意,经常使用"强制关联法",也叫"目录法""目录检查法"。

工具四十八、获得奇特的创新创意：强制关联法

目标

将完全不相同的两件事物,比如物体、事件、产品等,利用将它们的特征强制关联起来的方法,产生新的奇艺创意。

何时使用

- 当创意到了山穷水尽,理屈词穷,需要获得一些奇特创意的时候
- 在设计一个新的解决方案,需要获得新创意的时候
- 在需要脑洞大开,做右脑练习的时候
- 在完成了解决方案设计,发现方案几乎都是逻辑思维产生的,需要进一步获得创新创意的时候

持续时长

10~30分钟

参与人数

4~8人

道具

大白纸3张，黑色小双头记号笔每人1支，4种颜色便签贴每色各1包，宽胶带1卷

步骤

强制关联法就是一种把乍看没有关联，或还暂时看不到关联的事物强制性地结合在一起的思维技法。

(1) 用3张大白纸在墙上纵向拼成一张更大的白纸，将其设计的主题(比如，汽车的营销方案，设计手提包)写在便签贴上，贴到大白纸的中间偏下的位置。

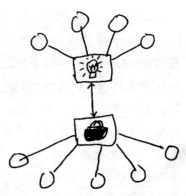

(2) 任意选择一个和主题类型相近但是完全不相关的事件或者物体(比如傅园慧的洪荒之力，或者电灯泡)，写在另一种颜色的便签贴上，贴到主题便签贴的上方，然后将两者用笔连接起来。

(3) 对于选定的不关联物体或者事件，将它们的特征一一写到第三种颜色的便签贴上，然后贴到选定的不关联事件的周围，并且用笔将选择的事件和特征一一连接起来。

(4) 再将这些特征和需要设计的产品或者主题强制关联起来，获得新的创意，写到其他颜色的便签贴上，然后贴到欲设计主题或者产品的下面，并将创意和设计的主题连接起来。

(5) 这样就获得了很多的奇特创意，对于这些创意，大家讨论5分钟；可以通过投票，获得大家公认的比较有意义的奇特创意。

(6) 最后围绕着这些创意，探讨可行性。

结果

利用强制关联法可以获得很多狂野的解决方案。相对而言这是获得创意点的方案。

案例

在设计女士提包的时候,大家绞尽脑汁,设计了各种各样的手提包,可是突破传统的设计却很困难。这时可以利用强制关联法。比如选择一个电灯泡作为强制关联的对象,再讨论电灯泡有什么特征,就会发现,发光、发热、透明、有电、玻璃、钨丝、圆的、照明等。利用强制关联法设计手提包就会有很多的创意,比如:会发光的包、会发热的包、透明的包、会发电的包、玻璃做的包、钨丝缠的包、圆形的包、会照明的包等。最后研究这些创意的意义和可行性,就会设计一种新式的包。

游戏:骰子关联

道具:创意骰子(如下图)

以小组为单位,任意取出两个有各种图案的骰子,第一个人随机扔下去,看到面向上的两个图案,比如"放大镜"和"书",接着讲一个与"放大镜"和"书"相关的创意,不许讲大家平时都能想到的,像老人"用放大镜看书"、儿童"用放大镜在阳光下聚焦将书烧掉"等。每人讲一个创意,可以在前人的基础上讲出更狂野的创意。比如:有一个放大装置,将书放入就可以自动读书;将书放入放大的透明盒子中,就可以将内容变成动画片;将书放入可以放映书内容的装置变成电影;等等。又如,"将全世界所有的书都存在放大镜中"。

创意骰子

托尼·巴赞因创建了"思维导图"而以大脑先生闻名国际，成为英国头脑基金会的总裁，是"心智文化概念"的创作人。他提出来用全脑思维的方式代替线性思维。很多著名的艺术家、设计师都利用思维导图获得了很多新的创意，比如达芬奇和伽利略利用图标的模式画出自己的很多创意，毕加索的绘画完全是使用全脑思维的模式绘画出看起来不相干但是又紧密相连的抽象派画来。

托尼·巴赞

在很多情况下，如果强制关联法获得不了狂野的创意，就可以进一步推广到如下的"思维导图法"，也叫"心智图法"。

工具四十九、全脑思维模式分析：思维导图法

目标

通过全脑思维，将主题进行完全离散的发散思维，然后将其以某种关系连接起来，发现新的创意。

何时使用

- 在讨论任何一个主题或者任务需要发散思维，获得看起来毫不相干的想法和点子的时候
- 利用头脑风暴，收集各种联想，获得联想的整体视图的时候
- 需要详细地组织与主题相关的内容，将孤立的信息相互连接起来的时候
- 希望找到看起来非常离奇的新创意的时候

持续时长

30~60分钟

参与人数

4~10人

道具

大白纸最少4张，黑色小双头记号笔每人1支，各种彩色记号笔最少1支，6种颜色的便签贴每色各2包，宽胶带1卷

步骤

(1) 用4张大白纸在墙上拼成一张更大的白纸(越大越好),在其中间标上讨论的"目标"或者"主题"。描述要讨论的目标或者主题的含义,然后用笔将其圈起来,比如本书的整体架构,如下图所示。

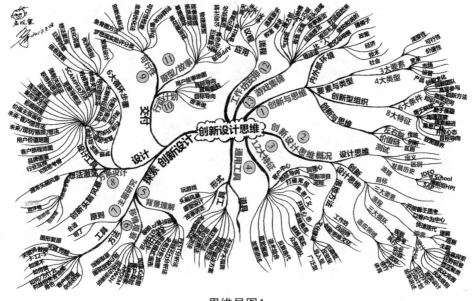

思维导图1

(2) 围绕要讨论的"目标",每个人将自己想到的关联词(一般不要超过10个字,最好写下关键词即可)"子主题"写到便签贴上,比如"主题""参加人""环境""规则"等,贴到"目标"的周围。

(3) 大家将想到的关联"子主题"进行聚类,然后将其相近的聚到一起,相同的撕掉。

(4) "子主题"最好不超过7个,然后用彩色笔将"子主题"与"目标"连接起来。

(5) 针对每一个子主题,大家将头脑中任何一个"想法"写在便签贴上(这里的想法可以是联想到的任何东西),然后贴到该子主题的周围。比如"环境"会想到"地方""道具""时间""桌子""大白纸""记号笔""便签贴""树木""竹子""颜色""开阔"等,然后将具有相关关系的用彩色笔连接起来。

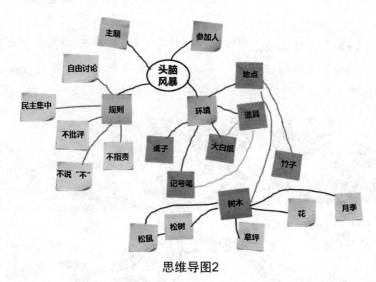

思维导图2

(6) 对于每一个想法，将其聚类，贴到一起，用连线连接起相关者。

(7) 继续对"想法"进行联想，并把联想到的想法写在便签贴上，然后贴到墙上相关的位置进行分类，用彩色笔连接起来，直到大家觉得足够多了，这时我们就获得了一个关于目标的思维导图。

(8) 从这个导图出发，检查每一个相互连接的分枝，研究其含义，找到创新点。比如"在有'树木'的环境下，找到旁边的一个'开阔'的空间，要求公司的'高层'在'周五'进行公司''十三五'战略规划'的头脑风暴，其间大家'没有领导和员工之分'，'自由发言'，以'民主集中制'获得其结果"。

结果

通过全脑思维，将看起来可能完全不相干的"想法"连接起来，获得任何一个讨论主题的创意或者解决方案。

小贴士

思维导图可以用作内容记忆，目录结构，也可以用到任何希望解决问题的创新方案设计，比如一个行动计划、一个企业的战略、一个产品的研发、一个系统的思维等。这里强调的是系统思维，不是一个孤立的思维，比如爱迪生发明了灯泡，从而就产生了一个巨大的产业链：电灯、开关、发电机、电线、变压器、并串联的使用方法等。前面我们讲到如何设计火车座椅，会全局考虑客人查阅火车时刻表、买票、到达车站、检票乘车、行李托运、车上餐饮、车上娱乐、到站提醒、如何到达目的地等方面。利用思维导图可以获得一些非常奇怪的想法，也可能看起来是完全不相干的想法，但是可能这些奇怪的想法正是一个新的创意，比如从"飞机"可能想到"天空""云彩"，从"天空"可能想到"月亮""星星""银河系"等，从"月亮"可能会想到"嫦娥""吴刚""玉兔""桂花树"等，从"嫦娥"想到"火箭""美女""天仙配"等。从"颜色"会想到"红""黄""蓝""白""彩虹"等，从"红色"想到"红旗""根据地""玫瑰"等，这样的思维最终会画出一幅美丽的画卷或者生成一部电影。

要在创新设计过程中获得狂野的创意，就要学会问问题，通过问题获得更新、更狂野的创意，这里不是通过逻辑推理来实现。那么如何问问题，这里将介绍9种问问题的方法，来获得更有创意的点子。

创新提问法（创意九大提问法则）

我们可采用创新提问法来发现新创意，其中提问包括替代、组合、借鉴、改进、扩展、转换、消除、逆向、重组。例如销售在潜在客户识别方面，可列出以下创新提问：可以利用什么项目替代当前项目？如何将潜在客户识别与其他项目结合起来？他人在潜在客户识别上有哪些方法值得我借鉴？怎么才能改进潜在客户识别策略？如何扩展我的潜在客户识别策略？如何将我的潜在客户识别策略移作他用？我能从潜在客户策略中排除什么？我的潜在客户策略反转过来是什么？怎样重组我的潜在客户策略进行潜在客户识别的改进？回答这些问题可以获得很多创新的创意，下面的工具就是教会大家如何获得狂野的点子。

工具五十、寻求新的设计想法：惊喜狂奔法 (SCAMPER)

目标

通过9种问问题的方法，启发大家，获得新的点子、想法和创意；

运用一套发散思维问问题获得狂野点子的方法，来获得更有意义、更有效的创意。

何时使用

● 在围绕着主题讨论，了解了主题背景之后，对主题也做了充分的理

解，需要提出有创意的、狂野的、天马行空的点子的时候
- 对美好的未来进行探讨，希望获得狂野的未来、愿景的时候
- 希望通过问问题，寻求新的关系和观点的时候
- 解开问题的真面目，从不同的角度进行研究的时候

持续时长

15～90 分钟

参与人数

2～5 人(更多较小的小组)

道具

每组4张大白纸，6种颜色的便签贴每组各两包，黑色小双头记号笔每人1支，宽胶带1卷

步骤

以一个清晰的主题或者挑战开始，然后利用9个简单的问题对策略加以修正。其遵循的理论基础为：每一个新的东西确实来自于对已有东西的改良。

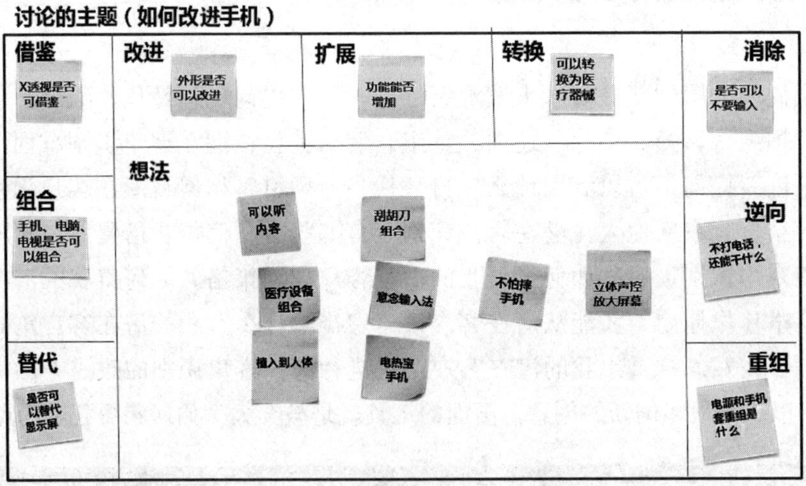

```
讨论的主题（如何改进手机）
```

| 借鉴 | 改进 | 扩展 | 转换 | 消除 |
| X透视是否可借鉴 | 外形是否可改进 | 功能能否增加 | 可以转换为医疗器械 | 是否可以不要输入 |

想法

组合				逆向
手机、电脑、电视是否可以组合	可以听内容	刮胡刀组合		不打电话，还能干什么
	医疗设备组合	意念输入法	不怕摔手机	立体声放大屏幕	

| 替代 | | | | 重组 |
| 是否可以替代显示屏 | 植入到人体 | 电热宝手机 | | 电源和手机套重组是什么 |

SCAMPER 1

(1) 将4张大白纸从左到右贴到墙上，每张纸纵向贴。

(2) 按照上图的格式画好，在周围的9个框中写下9类问题的名称，分别为：替代、组合、借鉴、改进、扩展、转换、消除、逆向、重组。

(3) 将要讨论的主题或者挑战写到大白纸的左上角，比如"如何改进手机"。

(4) 选择SCAMPER策略的9种方法中任何一个开始提问，每个人将问的

问题写在便签贴上,然后贴到大白纸上对应的问题栏。

(5) 通过问题,产生很多的想法,将想法写到便签贴上,再贴到中间的大空间中。

(6) 9类问题轮流提问,就会得到很多的想法,将想法写在便签贴再贴到想法的空间中。

(7) 想法足够多时,将想法进行聚类,然后优化,投票,画出草图,最后做行动计划。

SCAMPER的定义如下。

S=Substitute(替代):为了对任何主题、产品、服务等进行创新设计,可以通过问替代问题而获得新的创意。比如通过替代地点、材料、人员、环境、方法、项目等来实现,如咖啡在商场或者专卖店卖,问还有哪些地方可以卖咖啡且与原来的卖法不一样?这样就有了星巴克。找替代是创新的基本方法之一。银行客户已立项CRM,厂商投入了大半年时间,最后介入者发现自己几乎赢不了该项目,就问有什么办法可以替换CRM项目?最后发现行长写书关心银行成本,所以偷梁换柱,叫停了CRM项目,将其改成"作业成本法"项目,这样自己就有了优势,最后拿下该项目。原来的摄影底片是玻璃的,问还可以找到其他材料吗?柯达发明了胶卷。问还有什么东西可以替代电脑?这样就有了智能手机。

C=Combine(组合):创新设计可以利用组合提问而得到答案。

(1) 材料组合:比如匈牙利科学家将水泥和纤维组合得到了透光混凝土。

(2) 单元组合:比如将照相机、手机、收音机等组合就是现在的智能手机,将智能手机和刮胡刀组合就是男士智能手机,将医用透视机和手机组合就是家庭医疗器械手机。

(3) 创新组合:将胶片和使用新胶卷的照相机组合得到新的相机,将智能手环和咕咚运动组合获得健康医生。

(4) 目的组合:将汽车和飞机组合起来发明了会飞的汽车。

(5) 产品组合:将传感器和记号笔两者结合发明了电子画笔,这样在远程教学中,你在白板上画的任何图形就可以传过去并远程看到。

(6) 资源组合:将汽油、天然气、太阳能结合起来获得了混合动力节能汽车等。

通过各种组合,可以发明更多新的创意!

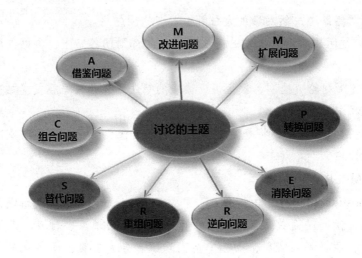

SCAMPER 2

A=Adapt(借鉴)：创新设计可以通过问从其他行业或者个人我能借鉴什么等问题来实现。毛泽东的"洋为中用，古为今用"就是这个道理。

(1) 行业借鉴：将主动销售搬到银行，就有了集团销售部和私人银行；将Dell的模式借鉴到汽车，就有了Mini Cooper。

(2) 创意借鉴：从人力资源外包到IT外包、生产外包、服务外包，现在形成一个外包产业链，再到云技术的出现，几乎就是服务外包到网上。

(3) 模式借鉴：从在网上可以销售书籍的亚马逊，到电子商务、电子银行、阿里巴巴的余额宝等，使得很多实体企业转向网上企业。

(4) 行为借鉴：从鸟会飞，到风筝，再到滑翔机，最后到飞机、宇宙飞船；从带齿的草划破手到发明锯齿；从壁虎在墙上爬行发明强黏合壁虎手套，使人们可以像蜘蛛侠那样，在垂直光滑的墙壁上行走。

M=Modify(改进)：通过问产品在哪些方面可以改进等问题实现创新的想法。

(1) 外形改进：乔布斯将电脑操作系统由文字改为图形，就有了视窗和苹果触摸界面。

(2) 功能改进：从袖珍游戏机到电视游戏机再到QQ游戏。

(3) 方案改进：销售卖产品，会强调产品的功能，这样经常会打价格战，而为了避免价格战，可改为提高附加值，比如通过增加服务。

Magnify(扩展)：创新设计可以通过问产品或者创意还可以增加些什么等问题来实现，比如功能、强度、市场、用途、价值等。

(1) 功能增加：手机集成了照相机、电视机、医疗器械、收音机、电脑的功能，使得如果电视机、照相机不创新，可能会被淘汰。

(2) 强度增加：比如西瓜不易运输发明了方形薄皮耐压西瓜等。

(3) 市场增加：4G和云技术使得手机、企业、用户都发生了重大变化；O2O的出现，使得很多的国际化产品直接销售到国外。

(4) 用途增加：眼镜框成为年轻女孩的装饰品。手表不仅可以看时间，更成为一种奢侈品，成为财富的象征。

(5) 价值增加：脑白金变为礼品，苹果变成奢侈品。

P=Put(转换)：创新设计可以通过问该产品还可以有其他什么用途等来实现。什么是我们可以想到的最稀奇古怪的新用途？什么是最现实的？在过去的10年里人们是如何使用的？

(1) 转换用途：比如脑白金是保健品，在转换为送礼的礼品时，其价值就变了，卖得很火；苹果不卖，榨成果汁，或者变成圣诞礼物或者让名人签字拍卖，价值就会完全不同。

(2) 变废为宝：葡萄核本是废物，后来人们发现有美容作用，结果价值非常高。

(3) 寻找利用：废弃的打箱带编织成菜篮；卫生纸的纸筒扎起来装各种充电线等；各种废弃包装制作为艺术品、装饰品等。

(4) 多种用途：如出海游时用避孕套装手机、照相机，可以使其不会进水。

E=Eliminate(消除)：通过问产品在哪方面可以变小、淘汰、忽略、简化、拆分和减少来实现创新。比如如果小一点，又该如何？如果少一点东西，又会发生什么？什么特性或者部分可以被忽略或者忽视掉？

(1) 变小创新：从巨大的收录机到随身听，再到MP3。

(2) 淘汰创新：电脑从大键盘到黑莓小键盘，再到语音键盘，再到触摸式屏幕。

(3) 忽略创新：滑水需要驾驶员，能否忽略驾驶员而发明滑水员自驾滑水船。

(4) 简化创新：宇航员衣服太重，能否发明一种保温涂料，将其涂在宇航员身上，既可保温，还可减轻重量。

(5) 拆分创新：蓝纳克斯将非常昂贵的精美瓷器分部分销售，新娘结婚时，可让不同的朋友到蓝纳克斯购买瓷器，客人只要讲清新娘的姓名或者代号，就可以买到瓷器的某个部件，每人既不会花费太多，新娘还可以获得一套瓷器；在卖肉的时候，大家将鸡或者鸭按照部位销售，不但方便大家购买，还提高了销售的收益。

(6) 减少创新：手机功能太多不适合老年人使用，就发明了只打电话，而且铃声较大、字号较大的老年手机。

R=Reverse(逆向)：将流程、创意或者失败进行逆向思维，通过问其结果如何而获得新的创意。反过来会是什么？我们可否将正反面调换？调换一下关系，结果会如何？

不要问我为何做错了，而是问已做了什么？比如杜康之子做酒时由于失败而发明了醋。别人都白天种地，问晚上种地又如何？结果发现晚上种地杂草减少了。高档衣服要干洗成本高，问如不干洗该怎样？结果发明了去皱去味设备。

Rearrange(重组)：通过问部件流程是否可重组等问题实现创新。如何重新排列可能会更好？我可以交换这些部件吗？可以转换原因和结果吗？

26个英文字母可写出喜剧，也可写出悲剧，七巧板可以拼出成千上万的图形。将汽车和飞机重组，发明了会飞的汽车；将刀子、剪子、改锥等重组在一起就有了瑞士军刀；将咖啡和服务重组就产生了星巴克；将互联网和银行重组就有了互联网金融；将租赁和金融组合就有了金融租赁；将供应商和金融组合就有了供应链金融；将线上线下相结合就有了O2O；照相机各种镜头重组成不同的相机等。

结果

通过9种提问的方法探索问题，产生新的想法，设计出不同的创新的产品、服务、流程等主题。

下面是一个非常通用的方法和工具。一般情况下，解决方案都是按照逻辑思维获得的，如何得到和别人不一样的解决方案，这里学会问问题"如果不用这个方案，还有其他方案吗？难道就只能这样吗？"转换一种角度考虑问题，也许会得到完全不同的解决方案。

工具五十一、转换角度获得新创意设计法：还有没有其他的方法

目标

在做头脑风暴或者创意设计时，需要获得创新的创意，经常通过问"难道只能这样做吗""还有没有其他的方法"等来获得其他的路径、方

法、工具、解决方案。

何时使用
- 在设计创新解决方案的时候
- 在创意中，没有更新奇的点子的时候
- 需要获得与众不同的、独特的创意的时候
- 在工作坊设计阶段，方案几乎都是逻辑思维获得的方案，需要一些创新的时候

持续时长：

30~40分钟

参与人数

2~8人

道具

大白纸1张，黑色小双头记号笔每人1支，4种颜色的便签贴各1包，宽胶带1卷

步骤

(1) 将大白纸贴到墙上，然后将解决的问题(挑战)写到大白纸的左上角，比如"架一座桥梁"。在主题的下面写上"为什么(目标)？"

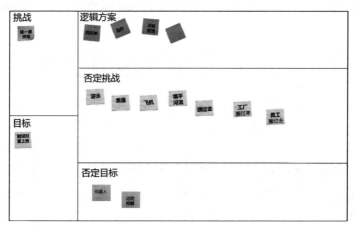

(2) 用一种颜色的便签贴写上方案的目标，比如"让员工到河的对岸上班"。

(3) 将如何实现挑战写到一种颜色的便签贴上，贴到对应挑战右边的逻辑方案。

(4) 问否定挑战的问题"如果不……，还有没有其他的方法？"比如：

"如果不架桥梁，还有没有其他的方法？"大家将想到的方案写到一种颜色的便签贴上，然后贴到大白纸的"否定挑战"栏，比如"乘船""索道""地道""游泳""飞过去""潜水过去"等。

(5) 问"如果不考虑常规的方法，还有没有其他的方法？"大家将其他的方法写到另一种颜色的便签贴上，然后贴到大白纸的否定挑战栏，比如"填河""绕过去""将员工从河的对岸搬家过去"或者"将工厂搬过来"。

(6) 这时否定"挑战的目标"，鼓励更狂野的点子，"如果大家不到工厂上班，有没有解决方案？"这时大家可能会想出"机器人工作""远程手机控制"等。

结果

通过"还有没有其他的解决方案"获得切实可行的逻辑方案，再在逻辑方案的基础上获得狂野的创新解决方案。

除变换角度考虑解决方案以外，在有些情况下，我们也可以通过将主题分解成很多个不同的主要要素或者产品的部件，然后在他们之间加上一些看起来毫不相关的关联词，也可以获得非常奇特的、新的创意。

工具五十二、关键词产生新的设计想法：神奇的关系

目标

利用关键因素，或者关键部件之间的关系配对，寻找出新的、奇特的想法和解决方案；

将部件与部件之间，关键要素与关键要素之间用看来毫不相干的关联词连接起来，得到新的想法。

何时使用

- 在旧的众所周知的领域，希望产生一些新的想法的时候
- 在讨论主题已经清楚，希望获得一系列的奇异创新想法的时候
- 希望对未来设计出出人预料的点子的时候
- 希望获得与众不同，但又和现实紧密相连、令人出乎意料的想法的时候
- 带着创新的愿望来解决问题的时候

持续时长

10~30分钟

参与人数

2～8人

道具

大白纸2张，宽胶带1卷，黑色小双头记号笔每人1支，便签贴3种颜色，每人每种颜色最少各10张

步骤

将要讨论的主题分解成为主要的要素。选择任意两个要素，并且在它们之间插入一个关联词(例如：上面、同时、没有)。检查组合，写下任何由此组合获得的建议想法。

(1) 将2张大白纸分别贴到墙上，不要紧挨着，但是也不要离得太远。

(2) 首先将问题分解成主要的子问题、主要要素或者部件，然后将这些"主要要素"写到便签贴上，并且贴到大白纸的周围。

(3) 将关联词写在另一种颜色的便签贴上，然后贴到主要要素中间。

(4) 随机选择两个主要要素，将它们与关联词连接起来，看看是什么意思，如果有奇特的含义，并且大家可以理解，就在另一种颜色的便签贴上写下这一奇特的想法，然后贴到另一张大白纸上，就可以获得很多奇特的想法。例如在冰箱和门之间加入"没有"，就变成没有门的冰箱。将货物和冷冻以及关联词"没有"连接起来，就变成了没有冷冻的货物。将冰箱和传感器利用关联词"具有"连接起来，就变成具有传感器的冰箱，其他还有具有传感器的门、隔板上有压缩机等。

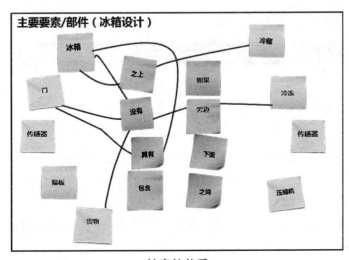

神奇的关系

(5) 检查这些关系，然后激发出一个新的想法。

(6) 选择不同的关联词，会获得另一个新的想法。反复进行，就会获得很多奇特的想法。

(7) 试图在选择第一个关联词时，尽量随机选择，第二个关联词尽量和第一个没有任何关系。

(8) 通过改变不同类型的关联词，改变问题分解的元素，继续以上的做法，就可以获得很多奇异的想法。

关联词

关于、之上、跨过、之后、相反、沿着、在中间、其中、并且、围绕、作为、在、由于、之前、之后、下面、低于、旁边、之间、超过、但是、通过、向下、同时、之外、为了、从、如果、在……里、成为、接近、不是、现在、……的、出自、对面、或者、外面、结束、过去、周边、自从、所以、仍然、则、直到、到、对于、朝着、之下、向上、向上的、何时、何地、当时、在……之内、没有、具有等

结果

很多新的想法出自于用这些不同关联词连接关键部件或者主要要素而配置的奇特想法。

利用特征之间加上关联词，可以获得很多奇特的想法，有时将特征进行组合，获得更多人们平时没有考虑，但是又非常有创意的想法来。下面来介绍主题特征组合方法。

工具五十三、交替关键词获得新的创意：主题特征组合法

目标

将挑战的问题或者主题的特征进行组合而获得创意。

何时使用

- 讨论主题已经确定，需要对主题获得新创意的时候
- 讨论的主题中每个关键词都具有若干个不同的特征，通过这种方法寻找新创意的时候
- 需要对讨论的主题进行深层探索，以便充分理解主题的时候

持续时长：

20~40分钟

参与人数

  3～10人

道具

  大白纸3～4张，每人黑色小双头记号笔1支，每个小组便签贴至少4种颜色，每种颜色各50张，宽胶带1卷

步骤

  利用每个问题的3～5个特征作为列头，然后在每个特征的下面列出该特征对应的元素。在这个列表中，随机选择每一列的1～2个或者更多的元素，将他们连接到一起获得创新想法。

  (1) 将大白纸从左到右连在一起贴起来，按照如图的方式画成表格，至于多少列，取决于大家找到的特征个数。

  (2) 对每一个主题选择3～5个最重要的特征。这些可能是诸如"行情"或者"功能"的属性，或者他们也可能是客户的活动，或者客户的客户的活动。

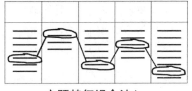

主题特征组合法1

  (3) 大家将讨论主题的特征或者流程写到便签贴上，然后贴到上面一行，大家讨论这些特征是否能够反映需要讨论的主题，看看是否有些特征不是主要的特征，并将其去掉。

  (4) 对剩余的特征进行排序，可以按照流程或者特征的重要性来排序，并将这些特征的便签贴按照顺序移到顶上的一行，每个格子贴一个特征。

  (5) 利用每一个特征作为一个列头，然后在每一个特征的下面列出相对于该特征的5～10个元素，并写到便签贴上，再将其贴到该特征对应的列上。例如：特征"形状"，你可能列出"六角形、圆柱形、薄的、圆的、方的"等元素。

  (6) 读出列表上的特征元素，大家了解其含义，通过列表，随机从每一列中选出1～2个或者更多的词汇，将他们连接起来，利用这些组合的词组，产生新的想法。

  (7) 让每个人的想象开始形成想法，只要想法浮现出来，马上将这些想法写到白板或者大白纸上。

  (8) 在继续之前，每一个组合最少应该有一个想法(选择：将大家分为2～3人的小组，利用小组随机产生的一系列想法，将这些想法组合在一起，成为一个新的想法)。

(9) 继续随机选取,直到有了想要的新的想法为止。
(10) 最后获得了很多新的创意。

结果

通过将特征的各不相同的表象连接起来重新组合,就获得很多新的创意和点子,以便后续产生更多的创新产品或者服务。

案例:洗车业的业务拓展

一家洗车店生意不好,老板希望获得新的创意,就将洗车分4个特征写到表格上面一行:洗车方法、可洗物品、清洗设备、售出产品,然后在4个特征的下面列出5个特征的元素,再从每个特征中任选一个或者多个元素进行组合,就获得新创意,比如将表中自助服务、宠物狗、刷子、吹风机、清洗间、喷雾器和相关产品组合,就获得新创意:在司机洗车同时,司机可以享受宠物狗免费洗澡的自助服务,主人用喷水器给狗洗澡,用刷子和香波清洗宠物狗,再用吹风机将狗吹干,同时还代卖与宠物狗相关的产品,比如狗粮、香波等,结果生意兴隆。

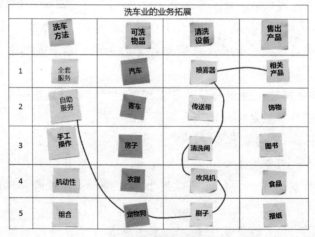

主题特征组合法2

案例:元宵的变异

对于元宵,先写下它的各种特征,比如颜色(白色的)、形状(圆形的)、大小(乒乓球大)、味道(甜甜的)、材料(糯米粉、糖……)、用途(食用)。

如果变化颜色,则有红色的(草莓)、绿色的(菠菜)、黄色的(红萝卜)、黑色的(黑莓)等;如果变化形状,则有饺子、包子、馅饼、三明治、馒头、点心、煎饼、汤圆等;如果改变大小,则有珍珠元宵;如果改变味道,则有川菜的麻辣味、鲁菜的重咸味、粤菜的原味、淮扬菜的甜味、闽菜的咸甜味、徽菜的重油味、湘菜的腌制味、浙菜的浓香味等，还有臭豆腐味、榴莲味、醋的酸味、苦瓜的苦味、酒味等；如果改变材料，则外面的材料包括面粉、淀粉、小米粉、蕨根粉、海带粉，馅子包括芝麻酱、猪肉、牛肉、羊肉、海鲜、素菜、食糖、辣椒、花椒、水果等；如果改变用途，则有贡品、观赏、礼品、艺术品等。

以上任意组合，都可以将元宵变异成各种各样的不同产品。

主题特征组合法将主题分成几个重要的特征，然后围绕着特征列出相关的行动或者设备环境，接下来就是将这些特征重新组合，获得新的解决方案或者新的创意。然而思维导图是围绕着"目标"，将其目标分解成若干个子主题，接下来围绕着子主题发散思维，脑子闪现的任何东西都可以写下来，再将其连接起来获得创意。这两者的最大区别是主题特征组合是只做主题的一层分解，而思维导图是围绕着每一个想法，层层发散，获得全脑思维模型，然后进行整理，了解全局状况，最后获得解决方案。在很多情况下，若希望快速获得解决方案或者创意，有更发散的想法和奇葩的创意，就可以利用如下介于"主题特征组合法"和"思维导图"之间的"特征组合法"工具来实现。

工具五十四、关键特征重组：特征组合法

目标

希望快速获得讨论主题的行动方案时，利用特征组合可以获得意想不到的解决方案。

何时使用

- 主题确认之后，希望快速获得方案的时候
- 对于主题希望获得更发散的点子或更有创意解决方案的时候

持续时长：

20~30分钟

参与人数

2~8人

道具

大白纸1张，黑色小双头记号笔每人1支，6种颜色的便签贴各1包，宽胶带1卷

步骤

(1) 将大白纸贴到墙上，然后大家根据讨论的主题将其分解成若干个关

键词。比如主题"如何摘樱桃更有效"可以分为关键词"摘"和"樱桃",将其写到便签贴上,然后贴到大白纸的左边一列。

(2) 对关键词"摘"和"樱桃"分别在便签贴上写出其特征,再贴到对应的关键词右边。比如"摘"会分为"摘取"和"运输","樱桃"有"脆皮"和"单个"等特征,再用彩色笔将对应的关键词连接起来。

(3) 对于这些特征,继续列出其特征写到便签贴上,然后贴到对应的右边,"脆皮"可能有"易坏"和"易变质"等,直到分解到3~4层为止。

(4) 最后根据所有相关的特征,将其重新组合起来,就可以罗列出很多不同的解决方案,获得新的创意。比如"樱桃""接近""摘取"就会产生"用什么方法接近樱桃实现采摘",这时会产生灵感:"用手摇树,下面用布单接樱桃",或者"登梯子上树,然后人工采摘樱桃",或者发明一部"采摘机"来采摘樱桃等。如果选取"脆皮""盒子"组合,就会联想"利用特制的盒子来运输脆皮樱桃",或者"是否可以培育出皮不脆的樱桃",或者发明"自动采摘机器人的盒子"等。

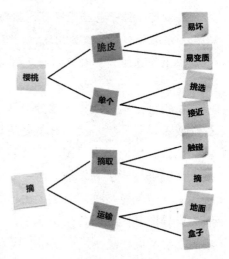

特征组合法

结果

通过特征重新组合法,可以获得很多奇特的创意和想法,快速实现相关主题的解决方案。

对于很多的主题,由于有时想得太多,需要长时间的设计,或者耽误了产品上市的机会,在这种情况下,往往采取短平快的模式将产品进行改进,而不是整体去考虑解决方案。

工具五十五、整体到局部的创新:化整为零法

目标

快速实现产品的创新设计,先获得一个创意,占领市场,然后再慢慢完善。

何时使用

- 在产品、服务、项目设计等方面需要快速获得一个解决方案,然后快速上市,占领市场的时候
- 对一个大型产品、项目或者解决方案,需要将其分解成几个小组进行设计的时候

持续时长

30～50分钟

参与人数

2～8人

道具

大白纸3张,黑色小双头记号笔每人1支,6种不同颜色的便签贴各1包,宽胶带1卷

步骤

(1) 将3张大白纸从左到右纵向贴到墙上。

(2) 将要研究的主题、设计的产品或者项目分解成若干个小部分,写到便签贴上,然后贴到大白纸上,大家讨论,讨论完毕,确定小部分的名称。

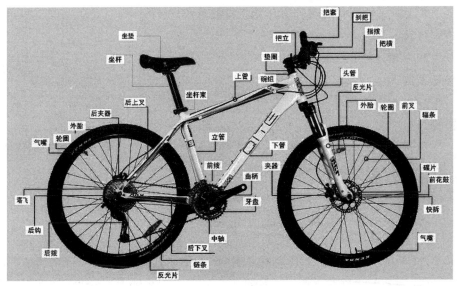

自行车部件

(3) 设计"主数据"的标准,也就是通用部分的标准(接口),然后将每一个部分分配给相关的小组进行设计。如果人员比较少并且是对产品改造,那么就仅仅对一个大家认为最重要的部分设计,其他的部分保持不

变。比如自行车可分为车架、车把、轮胎、刹车、踏板、链条、飞轮等，然后考虑每个部件的作用和创新设计，如变速飞轮、轻型车架、包闸等，工作的流程可以分段创新设计。

(4) 将每个小组的设计整合在一起，就是需要设计的创新产品或者方案。

结果

将整体需要寻求的解决方案分解成各个小部分设计，最后获得整体的解决方案。

运用设计思维为有形产品设计方案时，可以借鉴TRIZ理论。我们在这里介绍TRIZ理论中的类比创新法，来制定下一代产品的发展方向和目标。

工具五十六、将产品发展规律运用到创新设计模式：类比创新法

目标

研究产品发展的规律，通过类比的方法，实现产品的设计。

何时使用

- 在做产品研发，制定研发方向的时候
- 对产品设计确定做什么，如何做的时候

持续时长

20～30分钟

参与人数

2～8人

道具

大白纸1张，黑色小双头记号笔每人1支，2种不同颜色的便签贴各1包，宽胶带1卷

步骤

(1) 将大白纸贴到墙上。

(2) 将要设计的产品写到大白纸的左上边。

(3) 研究类似产品的发展规律，找到下一代的可能产品。

(4) 制定新的研发方向。比如：手机的演进是从刚性系统"大哥大"，进化到体积小点的折叠系统"翻盖式"，再到多节点转动的"滑盖翻盖式"，再到完全柔性系统"腕式手机"等，再到不需要键盘的触摸式、语音式"气态手机"，将来还可能发展为"磁场式手机"(看不到摸不着的手

机)——身体植入式手机等。

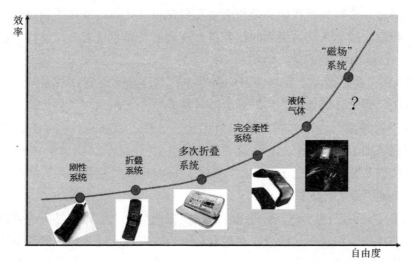

手机演进

结果

通过类似产品演进的规律，找出下一代产品的研发方向。

产品演进的过程有以下几类，我们将其罗列在这里，会对新产品研发方向的设计思维产生一定的帮助。

很多的实体产品演进有以下三个规律。

(1) 增加产品动态自由度。在系统的进化过程中，技术系统总是通过增加动态化和可控性而不断地得到进化。也就是说，系统会增加其本身的灵活性和可变性，以适应不断变化的环境和满足多重需求。很多的产品演进遵循增加自由度的模式：先是刚性系统，再到折叠系统、多次折叠系统、柔性系统、气态、液态系统，然后升华到"磁场"系统。这里比如移动电话的演进："大哥大"→"折叠式"→"滑盖式"→"内置键盘式"→"触屏式"→"语音式"→"腕带式"等，下一代可能就是"磁场式"——身体植入式。又如门，首先是"一扇门"(刚性)，接着是"对开门"(折叠式)，再下来就是"折叠门"(多次折叠)，然后是"卷帘门"(柔性)，再下来就是"气体门帘"(气态)，下一代可能是"红外锁门"(磁场式)等。

(2) 从复杂到简单。在进化过程中，技术系统总是趋向于具备更强的通用性和多功能性，这样就能提供便利和满足多种需求。先是完整的系统，再到取消部分功能系统，再到部分精简系统，最后到改进精简系统。比如最早的笔记本电脑既有键盘又有鼠标,然后将鼠标内置到笔记本电脑变为触摸式键盘,再到触摸式屏幕,最后到现在的完全没有键盘的iPad。又如汽车的控制面板,先是多个仪表盘,接下来就是组合的仪表盘,再到屏幕显示仪表盘,最后到没有仪表盘(将信息显示到窗户上,透明显示)。

(3) 从宏观到微观。在这个演变过程中,其逐渐实现更好的系统控制。从"铁板型"到"分块铁板型",到"液体粉末型",再到"气体等离子型",最后到"磁场型",比如切割机的演化就是这样,最早的"锯子"是直板型的,紧接着是"圆盘锯",再到"液态锯""等离子切割机""激光切割机"。印刷从原始的"盒子印刷",到"矩阵打印""喷墨打印""离子打印机",再到"激光打印机"。

利用关键词连接方法、重新组合方法及提问的九大原则方法等可以获得很多狂野的点子,但是当这些点子实施时,就会发现现实还有很多的约束条件,在"未来/现状/瓶颈/想法"中,对于很多理想的未来,要解决哪些瓶颈,才可以使得美好的未来可以实现,这时就需要考虑约束条件,或者解决瓶颈释放约束,下面我们来介绍有关约束条件的增加或者释放的工具。

工具五十七、想法浓缩标准:约束开关法

目标

通过增加和减少约束条件,来获得更现实或者更狂野的想法;将想法实施时,需要考察现状,来制订切实可行的创新想法行动计划。

何时使用

- 存在很多约束条件的想法已经产生,如何释放这些约束条件的时候
- 产生的想法是没有附加任何条件的理想想法,想让这些想法赋予实施的时候
- 有些想法建立在一些现实的约束条件之上,存在太多的逻辑推理,创新度不够的时候
- 经常在"未来/现状/瓶颈/想法""客户旅程地图""行业互换""品牌借鉴"等之后获得很多的想法,需要对想法实施、进行整理的时候

持续时长

20~50分钟

参与人数

2~8人

道具

大白纸2张，4种不同颜色的便签贴每人最少10张，黑色小双头记号笔每人1支，宽胶带1卷

步骤

在头脑风暴过程中，附加或者减少约束条件，以保证新的、较好的、狂野的或者现实的想法实现。

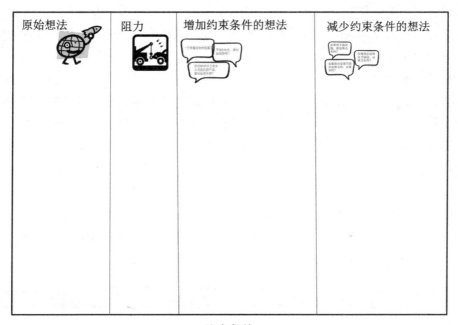

约束条件

(1) 将两张大白纸从左到右纵向贴到墙上。

(2) 根据讨论问题的想法，找出实现想法的阻力，将阻力写到便签贴，然后贴到阻力栏，比如"缺少资金""没有医疗云终端设备""人才不足"等。

(3) 针对这些阻力，逐条考察，如何将这些阻力释放(解决)，从原来的想法中考察，会得到一些不同的想法来。将其写到便签贴，然后贴到减少约束的想法栏。

(4) 对于一些比较狂野的原始想法，看看现状，增加约束，获得新的想法，将其写到增加约束的栏中。比如在考虑偏远农村的健康和教育问题时，这时的现实约束条件为"没有教师""教室小而且危险"等。

(5) 针对原始想法，以及增加或取消约束条件的想法，进行合并、分类、优化，找出可以实施的想法。

结果

对于任何给定的问题，通过添加和减少约束而产生一些新的想法，更现实或者更狂野的点子或解决方案。

案例

实现医院流程改造时，大家有了非常狂野的想法，就是"云医院"。可是针对这个美好的想法，发现最大的阻力就是"缺少移动医疗设备"。假定移动医疗设备问题解决了，接下来该如何去做？这就是一个取消了约束条件的案例。这时大家会考虑如何建立"云医院"，如何创建"云医院"的平台，如何分析监控病人的状况，如何建立"云医生"系统，如何将专业医生和相关病人对应起来，如何实现医生的一对一服务等。但是这里的"缺少移动医疗设备"如何解决，我们可以再单独讨论，比如购买专利、自行研发、合作研发等。如果研发成功，还需要考虑需要多少资金、时间、人才等。这些需要做一个完善的项目计划书。

为了获得更狂野的点子和想法，我们有时会先假设与事实相反，然后问如果与事实相反的假设成立，会发生什么，从而获得一些更狂野的想法。下面的工具就是这样实现创新创意的。

工具五十八、挑战传统的工具：真实与谎言

目标

在与事实完全相反的假设成立的情况下，来产生新的、有创意的想法，甚至是颠覆性的想法。

何时使用

- 当需要挑战当前假设的时候
- 探索全新领域的时候
- 在旧想法的基础上创造新想法，需要对情况全面了解的时候

持续时长

10~30分钟

参与人数

2~8人

道具

大白纸2张，每人1支黑色小双头记号笔，便签贴每人最少4种颜色各10张，宽胶带1卷

步骤

探查当前情况的关键点，了解你的观点和假设会对你的创新想法造成哪些影响。

(1) 在墙上左右贴上两张大白纸，每张大白纸纵向贴上，然后在上面画上4列，分别标记：事实，谎言，后果和假如……将会怎么样。

(2) 从"事实"列开始，把你所知道的情况和问题列出来，写在一种颜色的便签贴上，然后贴到"事实"栏目。

(3) 在每条事实记录旁边，用便签贴至少写下一条相应的谎言。

(4) 在每条谎言旁边，把后果写在便签贴上，贴到对应的栏目。

(5) 用"假如……，将会怎么样"来激发创新想法，每人把写在便签贴上的想法贴在第四列。

(6) 整体合并在一起，就会获得很有趣的创新的创意。比如事实上"客户不喜欢系统升级"，谎言是"客户喜欢系统升级"，结果是"客户的客户会提高满意度""减少呼叫中心的工作量"等，最后"如果将系统升级了，那会怎么样"。先问如果将系统升级了，客户会怎么样？再问如果系统升级了，企业又会怎么样？

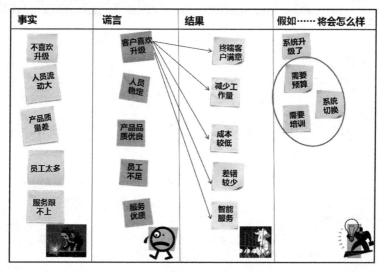

真实谎言

结果

对可能的事实拓宽思维。假设谎言成立,会得到很多有创意的、开拓联想的创新想法。

动画大王迪士尼的策略和达芬奇的策略有些类似,也是将创作过程切割,但不是一个简单的切割,而是切割成了三个相对独立的过程:梦想家、现实主义者和批评家。其实,我们每个人的思维过程都包含这三个部分,只是我们常常将这三个部分混在一起,导致每一个部分都没有充分发展的空间。譬如,当你展望一个梦想时,你会同时担心,这能实现吗,甚至干脆就批评它说,这是一个妄想。当你试图将一个梦想变成现实时,批评家也常常跳出来说,你真笨,你根本实现不了这个梦想。同样,你也很难做一个尽兴的批评家,这时你的梦想家角色可能会跳出来说,你怎么可以这样做,你这个没有想象力的家伙。而现实主义者的角色也可能会跳出来说,你除了会批评还能做什么,你知不知道我多么辛苦……

很多的想法太现实,可能缺乏创新,但是有些想法可能太离奇,创新不能马上实施,如何获得既具有创新的离奇想法,又具有现实的脚踏实地的想法,我们最好具有介于两者之间的批评家的想法,下面的工具就是获得既现实又狂野的想法的工具。

工具五十九、既狂野又现实的批评家的想法:梦想家/现实家/批评家

目标

通过头脑风暴,获得既具有梦想家的狂野创新点子,又具有现实家脚踏实地的点子,得到居于两者之间的批评家点子。

何时使用

- 在较短的时间了解新想法,处于"产生—探索—评估"整体循环的时候
- 利用讨论的方法来解决问题时,希望获得与众不同且脚踏实地的想法或者解决方案的时候

持续时长

40～70分钟

参与人数

2～8人

道具

大白纸4张，6种颜色的便签贴各2包，黑色小双头记号笔每人1支，宽胶带1卷

步骤

作为梦想家的想法，是超越现实的想法，有时可能非常狂野，在常人看来可能是无法实现的想法，比如"让天仙帮你解决问题"。现实家是脚踏实地地考虑问题，往往更多的是用逻辑推理，发现现状中存在的问题，找到一个现实的，甚至不用太多的努力就可以实现的想法和解决方案，但是这样缺乏创新性。批评家是介于现实家和梦想家之间的角色，比现实家有更多的浪漫，但是比梦想家有更多的现实，他们的想法需要很多的努力才可以实现。但是梦想家的想法有可能近期或者较长的一段时间也无法解决，因为技术、研发等局限条件不是短期可以做到的。梦想家希望在地球的旁边再建一个人造地球，等地球出问题的时候，他们可以移居到人造地球上去。而批评家的想法是希望在太阳系中找到一个和地球一样可以居住的星球。现实家的想法是尽量地保护地球，让地球的生命延长。

(1) 将4张大白纸从左到右纵向贴到墙上，按照下图所示画表格。

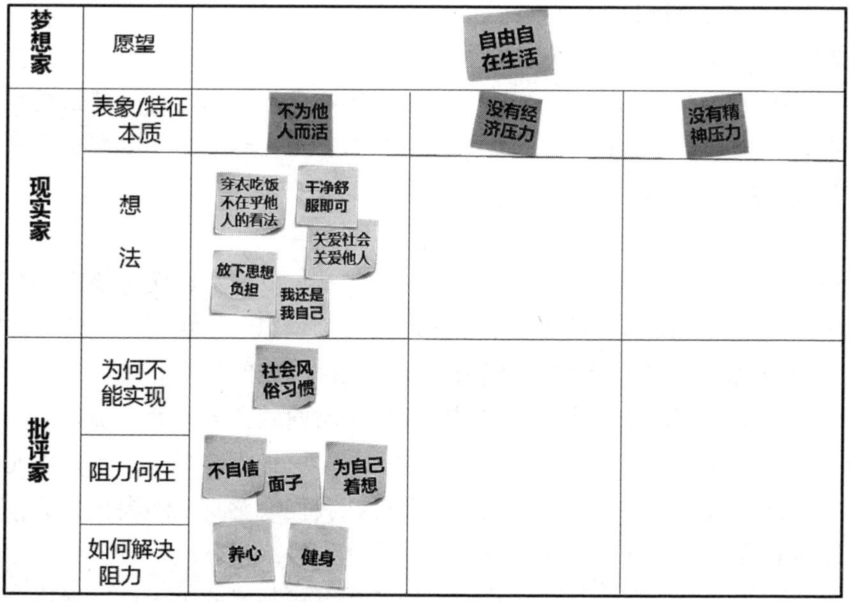

梦想家	愿望		自由自在生活		
现实家	表象/特征 本质	不为他人而活		没有经济压力	没有精神压力
	想法	穿衣吃饭不在乎他人的看法 / 干净舒服即可 / 关爱社会关爱他人 / 放下思想负担 / 我还是我自己			
批评家	为何不能实现	社会风俗习惯			
	阻力何在	不自信 / 面子 / 为自己着想			
	如何解决阻力	养心 / 健身			

梦想家、现实家和批评家

(2) 首先每个人作为梦想家的身份出现，列出最少3～5个狂野的愿望，

特别期望列出通常认为不可实现的想法，试图将每个愿望表述得更加离奇，写到便签贴上，然后贴到愿望栏。

(3) 挑选出一个大家认为最狂野的愿望，放到最左边。

(4) 作为一个现实家的身份出现，将愿望的特征、表象或者本质提炼出来，写到另一种颜色的便签贴上，然后贴到相应栏目。

(5) 以一个表象为目标，设计出现实的想法，写到第三种颜色的便签贴上，并且贴到对应的栏目中。

(6) 作为一个批评家的身份出现：将这些想法"戳一个洞"。问"为什么不能实现"，找到原因，再问"阻力在何处"，找到狂野的想法不能实现的挑战，最后问"如何可能将其克服"，找到消除阻力的想法和解决方案。将其想法写到第四种颜色的便签贴上，贴到对应的栏目中。

(7) 这样对于一个愿望，将讨论得非常清楚，而且对于狂野的愿望，会获得整体的理解，并找到解决方案。

(8) 返回到现实家，设计愿望的另一个表象，然后扮演批评家。

(9) 当已经得到了较好的结果时再开始分析下一个愿望。

这样做下去，既获得梦想家的想法，现实家的想法，还兼顾了批评家的思想，从而获得创新的创意。

结果

将胸襟开阔的狂野想法、脚踏实地的现实想法以及对这些想法的评估集成于一体，形成一个统一的工具，用此工具来探讨狂野的梦想家想法如何变成现实。

在寻求一个有创意的解决方案时，一个非常重要的目标就是梦想，在这个过程中，放下一切疑虑，只要能全然投入到这个梦想中，我们的一切疑虑、恐惧都会自然化解。当这个梦想彻底成为发自灵魂深处的呼唤时，现实层面的疑虑将不复存在。这并非说我们不需要任何现实层面的考虑，而是说我们越全然地投入到这个梦想中，现实层面会收获越多，但这种收获只是一个自然而然的副产品，而假若试图将它们变成主要的目标，我们会感觉，通向更大的存在灵性的通道被卡住了。这时，越在现实层面挣扎，被卡得就越严重，相应地，我们的天分就越难以发挥，从而令我们在现实层面更加挣扎，最终发展成一个恶性循环。梦想家/现实家/批评家教会我们用梦想家的思维制定目标，用现实家的活动执行目标，以批评家的刻薄审视目标，将三者结合，就会产生惊人的创意效果，这个方法可以单独使用，来设计一个创新的解决方案。

当有了很多的想法，需要对想法进行聚类，然后整理优化，对于整理优化的想法，有时还需要列出优先级，优先级的判断标准有很多，在这里我们讲解了按照利益相关者的标准来衡量想法的重要性。

本章是本书的核心，主要介绍了以客户为中心的工具"客户旅程地图"，又研究了为了一个美好目标而使用的"未来/现状/瓶颈/想法"的工具，当然利用这些工具可以一步一步将我们引入问题的解决方案上来。这样往往会得到很多合乎逻辑的解决方案，但创新性不够，如何解决这样的问题呢？我们紧接着讲述了很多鼓励狂野点子的工具，比如应用SCAMPER的9种提问方式。我们会从不同的角度考虑问题，使得想法更狂野，更具创新性。最后又介绍了"真实谎言"法、"特征连接"法、"约束添加和释放"法等。

Innovative

Design 第九章

七步骤之五：创新创意
的可行性分析

Thinking

我们采用各种工具获得的很多想法往往都是离散的，这些想法可能不能完全代表这个主题的整体思想，或者没有完全覆盖需要讨论的主题，为了使得想法更完善，就需要将想法进行分类，也就是从点到线的过程(离散的想法是点，进行聚类就到了线，几个不相干的维度，每个维度就相当于一个线)，最后需要讨论这些想法的可行性。本章我们重点讲解如何将点子、想法按照不同的标准进行聚类，然后考虑其完整性进行完善和优化，最后研究其可行性。

确定创新想法的分类与优化专用工具

有了想法，是创意的第一步，将想法变成创意，还需要考察想法的可行性，想法是否考虑得比较完善。在大量的想法中淘到"金子"，就是"数据挖掘"的过程，从中找到最有价值的想法，就需要将所有的想法进行分类，找到每个类的特征，发现有用的和重要的想法和点子，然后加以完善，进行排序，找到重要的、可行的想法，获得实用的、创新的解决方案。

将大量的想法进行聚类，其中有些想法是非常狂野的，现在不一定马上可以实现，但是随着科技的发展，人类的进步，可能迟早有一天这样的想法会实现。人们经常讲"不怕做不到，就怕想不到"，凡是想到的就可能有机会通过奋斗去实现，如果没有想到，根本就不会有可能去实现。太狂野的点子属于梦想家的想法，需要较长的一段时间做项目研发和技术发明等。有一些点子可能属于批评家的想法，怀疑现状，批评守旧，得到一些既不太狂野也不完全现实的想法，这些想法可以通过一些努力实现。当然还有一些是朴实的想法，现在只要去做，就可能实现，这属于现实家的想法。下面我们就通过这三类标准将想法和点子进行分类。

工具六十、创新想法狂野度分类：梦想/现实/批评分类法

目标

对于所有的想法或想法的聚类，将其按照想法的狂野度进行分类，划分出哪些想法是需要付出很多努力可以实现的，哪些想法是难度相对较小的，哪些想法是现在就可以实现的，为实现下一步活动计划做好准备。

何时使用

● 当大量的想法产生以后，需要检查哪些想法是狂野的、比较超前

的，哪些想法是脚踏实地的、现在就可以实现的，哪些想法是需要一段时间的努力可以实现的时候
- 在准备行动计划之前，需要确定对想法实现所需要的努力以及进行成本分析的时候
- 想法太多，需要将想法进行筛选，找出最希望实施的想法的时候

持续时长

20~30分钟

参与人数

2~8人

道具

大白纸1张，粗记号笔1支，每人黑色小双头记号笔各1支，2种颜色的便签贴各1包，圆点贴1张

步骤

将所有的想法按照狂野度进行分类，为行动计划做好准备。

(1) 在墙上横向贴上一张大白纸，按照下图画好表头，然后标上"想法""阻力""克服阻力需要的努力""克服阻力难易程度"及"归属类别"。

(2) 将关键的想法从原来的想法中揭下来，重新贴到大白纸左边"想法"下面，比如"在未来手机"主题讨论时提出的想法："人体直接具有智能手机的功能""老年手机""电热宝手机""立体声控放大屏幕"等。

想法	阻力	克服阻力需要的努力	克服阻力的难易程度	归属类别
人体直接具有智能手机功能			10	●
老年手机			3	●
电热宝手机			4	●
立体声控放大屏幕			8	●

梦想、现实和批评分类法

(3) 将其实现想法的阻力写到一种颜色的便签贴上，然后贴到对应点子与阻力的栏目中。这里的阻力是指实现这个点子目前最大"瓶颈"是什么。比如"人体直接具有智能手机功能"，最大的阻力就是"人体没有这个功能或者还没有发现这个功能"。

(4) 在对应于这个点子的"克服该阻力所需要的努力"一栏中贴上需要实现哪些"技术"或者工作，才可以克服这一"瓶颈"。接下来在便签贴上写下如何克服这些阻力，贴到对应的栏目中，比如，"转基因""大脑植入芯片""研发这样的设备"等。

(5) 再根据实现所需要的人力、物力、技术等判断自己的能力，包括国际上是否具有这样的技术，是否需要购买，或者这种技术根本就不存在，等等，来判断实现这些"技术"的难易程度，按照10分制，写到对应的栏目中。难度越大，分数越高。

(6) 最后在类型归属中写下，或者用三种颜色的圆点贴，比如红色的圆点贴表示"梦想"的想法("难易程度"得分非常高的)，黄点表示"批评"的想法(得分适中的)，蓝点表示"现实"的想法。

结果

通过"梦想/批评/现实分类法"，将想法分为三大类。需要长时间或者大量的成本可以实现的是梦想家想法，成本高，但是创新性也非常高，相对风险也最大。现在就可以着手去做现实家的想法。经过一些努力可以实现的想法——批评家的想法(总是挑战现实，但是相对比较务实的想法)，可以为下一步的行动计划做好准备。

小贴士

梦想/现实/批评分类法是按照实现的"难易程度"将想法进行线性排序，然后将其结果分成三段，变为梦想家/批评家/现实家三类想法。这些都属于"模糊"分类法。如果这些想法(样本点)太多，就可以采用计算机模糊聚类来实现。

当通过头脑风暴获得了很多的想法和点子时，我们可以通过"聚类法"进行分类，然后再用优化的方法进行完善。我们也可以利用"鱼骨图"方法直接讨论一个主题来获得方案，或者将想法利用"鱼骨图"进行聚类，然后优化。

"鱼骨图"方法由日本东京大学的管理大师石川馨博士所发明，故又名

"石川图"。下面我们来介绍"鱼骨图"方法。"鱼骨图"一般有三种模式,第一种是"整理问题型鱼骨图",第二种是"因果关系型鱼骨图",第三种是"分析决策型鱼骨图",在这里我们为了大家简单好记,不论哪种"鱼骨图"都采用同样的模式(为了区分,可能会将因果关系型鱼骨图的鱼头画在右边,而分析决策型鱼骨图的鱼头画在左边)。

工具六十一、分析决策分类法:鱼骨图方法

目标

围绕着需要解决的问题,按照几个不同的鱼骨(维度)来考察,获得每个鱼骨的相对解决方案,从而获得整体的解决方案;或者将问题分解成几个不同的维度,然后找出每个维度的因果关系。

何时使用

- 寻找一个主题的解决方案,这时的问题可以拆分成很多不同的层级,每个层级都具有很多不同的子解决方案的时候
- 通过头脑风暴,已经获得了很多的想法,希望将想法分类,然后考虑每个类的解决方案及其优化方案的时候

持续时长

30～50分钟

参与人数

2～8人

道具

大白纸2张,黑色小双头记号笔每人1支,6种颜色的便签贴各1包,宽大胶带1卷

步骤

(1) 将大白纸2张左右接在一起贴到墙上。

(2) 在纸的右边画上一个右箭头,写上需要讨论的主题,然后在箭头的中部从右向左画一条线,代表"主骨"。

(3) 通过头脑风暴,找出需要讨论主题相应的瓶颈,比如"销售方法"比较单一,产品式销售,人才不够,等等,围绕这些瓶颈,然后问为什么会产生这些瓶颈,从而找到相对的维度(边骨)。

(4) 整理这些维度,将主题分解成若干个维度,比如主题"如何改变销售模式"可能会分为"方法""人员""方案""服务""竞争""投

标"6个维度来考虑(一般不要超过6个维度,除非问题层次非常多)。

(5) 在主骨上面分别以60度角向左上角和左下角画分解维度线,线代表"边骨",接着在"边骨"旁边贴上维度的名称,每个"边骨"用一种颜色便签贴来完成。

(6) 针对每一个维度,大家进行头脑风暴,可以在每个"边骨"找到很多对应的解决方案。

(7) 将每个维度完成,就获得解决问题的整体视图。

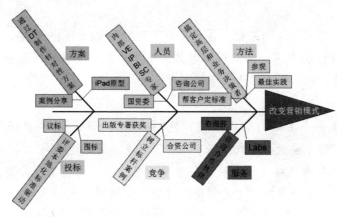

鱼骨图方法

结果

利用鱼骨图方法,将问题分解成不同的层次,再在每个层次上找到解决方案。

在一些情况下,我们可以用"鱼骨图"法将已经讨论获得的很多点子进行分类,然后贴到对应的鱼骨图的各个"边骨"上,做成层次化的可视效果。检查"边骨"(维度)是否真正覆盖了整个主题,如果不够,可以增加"边骨"(维度)来实现,用这样的方法可以优化整个讨论的结果。

可以使用"鱼骨图"法实现对一个主题的讨论,找到解决方案。它就像"梦想家/现实家/批评家"一样,反复做,获得问题的解决方案,但是这里的缺点是利用"左脑"太多,缺乏右脑思维,缺少创新,所以建议在找解决方案想法时,可以和"强制关联法"一起来获得有创意的解决方案。

如何选出"边骨",根据具体讨论的问题而定,如果是现场作业,一般从"人机料法环"着手,如果是管理类问题,一般从"人事时地物"展开,应视具体情况决定。

工具六十二、创新想法优先级判定：创新坐标法

目标

为了筛选出方案的主要部分，将想法排序，识别出优先级；对所有的想法进行整理，按照两个标准在4个象限内完成想法的分类。

何时使用

- 当大量的想法产生以后，利用一个系统的排序方法将想法排出优先级的时候
- 对于大量的想法，需要分出可行性有价值的想法的时候

持续时长

40~70分钟

参与人数

2~8人

道具

大白纸两张，粗记号笔1支，每人黑色小双头记号笔各1支，鲜艳颜色或者花边便签贴1包，圆点贴1张

步骤

创新坐标法是一个帮助团队排序和找出产生想法优先级的工具，它在一些限制条件下帮助团队在讨论时聚焦。

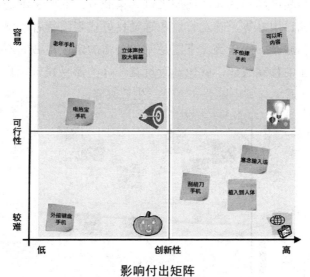

影响付出矩阵

(1) 在墙上贴上一张大白纸，画一个坐标轴，选取相关讨论主题的不同价

值作为坐标的两个变量,分别标在横轴的下方和纵轴的左侧。比如,价格为从便宜到昂贵,时间为短期到长期,可用性为从低可用性到高可用性。

(2) 在很多的想法中,大家可以按照某种标准将想法"聚类",然后为每个类写上一个分类的"标签",写在最醒目的且和其他想法便签贴有区别的便签贴上,比如花边便签贴,再利用"画正字"投票法进行投票,将分类的想法变成一个"线性序列"。

(3) 对所有的想法中大家公认比较重要的想法,贴上圆点作为标志。

(4) 对于所有的"标签"和画了点的想法,复制到同一种颜色的便签贴上,按照其坐标的4个象限将其贴到大白纸上。

(5) 可以和其他工具联合使用,例如"圆点投票法"(每个小组可以用"圆点"来投票,将他们认为最重要的想法贴上圆点)。

结果

通过"创新坐标法"将想法分为四大类,这样就获得想法的优先级,用来更进一步地探索和研究,将其中最有价值并且相对最容易实现的(一般是在右上角的象限中)想法进行原型设计,比如利用较高的逼真原型(可能表演成小品、iPad移动应用等)和较低的逼真原型(画草图、用积木建模型)。

创新坐标法是按照思想和感觉将坐标分为4个象限进行创意分类的方法:高位思维代表对高端产品的认知,比如飞机、军舰等;低位思维是对简单易用产品的认知,比如日用品等,感觉一般和感觉良好代表消费者的感觉和欲望,例如美容、化妆、旅游、娱乐等。下图是苹果公司的定位,做的不是高端电脑,而是供大家娱乐的移动载体,就像儿童玩具一样的简易娱乐玩具,弥补了电脑高定位的空白,避免与大电脑公司竞争,生意兴隆。

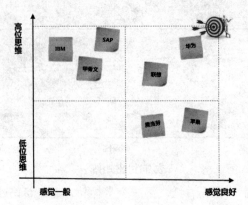

创新设计思维工作坊的目标就是对于讨论的主题，找到一个创新的解决方案，为了得到这个解决方案，我们就需要通过一系列的信息收集、资料分析、头脑风暴、创新思维等获得一系列的想法，将想法进行分类。在很多情况下，我们知道想法是离散获得的，分类后，就需要进一步检查想法的优先级和完整性，这时我们会使用如下的全局想法优化法。

工具六十三、获得更完善的解决方案：全局想法优化法

目标

获得想法分类后，仔细检查想法是否完善，如果发现残缺，再进行补充，使得想法更加完善；逐步完善想法，最终一步一步获得全局优化方案。

何时使用

● 在列举了想法，并且将想法进行分类，需要完善想法的时候

● 在对大家的想法进行审视，看看是否可以调整或者落地的时候

持续时长

15～30分钟

参与人数

2～8人

道具

大白纸2张，宽胶带1卷，6种颜色便签贴各2包，黑色小双头记号笔每人1支

步骤

(1) 将两张大白纸左右纵向贴到墙上。

(2) 按照下图格式画在工作空间上，不一定是8个维度(分类)，将要讨论的主题写到圆圈内，比如"如何做好规范销售管理"。再将讨论分类想法的"标签名称"写在相应的象限，比如"渠道""会员""政策""产品""品牌"等。

(3) 仔细检查，根据以往的经验，大家充分讨论，看看是否已经完全覆盖了整个主题要讨论的维度，如果不能，看看还需要增加哪些维度，并补充到其他空白的象限，比如"人才""组织"等。

(4) 大家围绕补充的维度，再利用便签贴写下想法和建议，也可以利用A4纸的"独立启发贡献"来完成。

(5) 有时也可以直接在原来大白纸的基础上空出一些空间，增加新的类

别进行补充讨论，这样会更方便一些。

(6) 做完之后，对想法进行分类，可以使用画"正"法，也可以使用"圆点投票法"来完成，获得优先级。

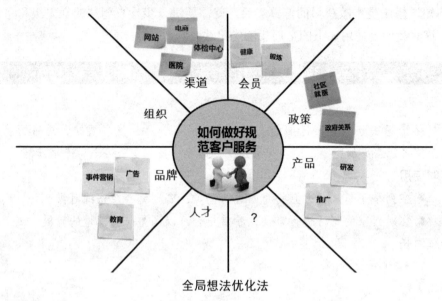

全局想法优化法

结果

通过优化方法，增加讨论主题没有完全覆盖的维度，从而完善想法和分类，这样就可以优化原有的想法，也可以将原来的想法中几乎没有利用价值的部分去掉。

当需要做出想法优先级排序的时候，就需要不同的评判标准。在很多情况下，遵循创新的三大要素，也就是要尽量做到客户的渴望性(客户的需求加上客户的吸引力，一般就是创新性)、实用性(商业价值的可延续性)和可行性(技术的可实现性)的平衡。在不同环境下，可能会将某个要素的权重加大一些。下面介绍一个非常简单实用的工具。

工具六十四、创新可行性评估：创新可行性检测

目标

按照创新性、实用性、可行性三个角度，采用相同权重，对创新想法进行评估，获得所有创新想法的优先级排序；

在头脑风暴过程中产生了很多创新想法，为了对创新的想法加以整理，

对整个想法有一个清晰的认识,以利后续的行动计划和原型设计。

何时使用
- 收集总结整理想法的时候
- 决定将创新想法做成原型或实施的时候
- 为创新项目准备行动计划的时候

持续时长

10~20分钟

参与人数

2~8人

道具

大白纸1张,每人黑色小双头记号笔1支,宽胶带1卷,黑色大记号笔1支

步骤

把创新想法和评估条件做成矩阵图,然后根据创新的三要素进行想法可行性的测评。

(1) 将大白纸一张贴到墙上,按照下图的样式画好。

	创新性	实用性	可行性	小计
老年手机	5	9	10	24
电热宝手机	5	5	9	19
立体声控放大屏幕	10	6	4	20
可以听内容	8	9	10	27
不怕摔手机	7	10	6	25

创新可行性检测

(2) 将优先级较高的关键想法便签贴移贴到左侧,紧接着按照10分制对每个想法的创新性、实用性和可行性讨论打分,讨论完,每个想法就有一个得分。也可以每个小组成员对每个想法打分,最后再计算该想法的平均分数。

创新性

想法是否有新意，与众不同，是否被尝试过？如果这个想法与之前的方法完全不同，这个想法将在这里获得高分。一个新想法可以吸引更多关注，甚至被实现。

实用性

这个想法是否可以解决问题？如果想法可以完全解决问题，而且不引发新的问题，那么这个想法在这里可以得到高分。

可行性

想法能被执行吗？一个创新实用的想法仍然需要考虑实施的成本。想法需要资源和投入，投入的越少，在这里的分数就越高。

小组讨论每个创新想法并记录结果，得分可以从1到10。小组成员可以选择分别依据每人判断，先写下得分，然后宣布得分再进行合计。由于只是简单地评估，因此评分过程需要快速完成。分数统计完成后，小组可以继续展开讨论，例如如何使得投入更少并且更加可行。

结果

测评的目的是结合实际考虑创新想法的可行性，不是为了扼杀好的想法，是为了找出实施过程中的薄弱环节使想法更完善。

在创新设计思维工作坊的活动过程中，有些关键决策者可能没有到达现场，但是活动的实施行动可能与他们相关，或者需要他们最后做审批，这时就需要将想法按照不同利益相关者的角色进行评估，下面的方法就是按照角色的想法评估方法。

工具六十五、聚焦创意、减少想法的标准：利益相关者评估法

目标

针对不同的重要利益相关者，采用该利益相关者关心的关键标准来评估想法或者解决方案满足该利益相关者的程度；

制作一个将想法和标准进行比较的表格，来对比想法实现的程度。

何时使用

- 在很多想法中需要决定使用哪个想法的时候
- 希望将解决方案的数量进行压缩，找到较集中的解决方案的时候
- 将这些想法分发给没有参加这次活动的利益相关者之前，需要按照

他们评判的标准，对想法进行评估，并且尽量聚焦到利益相关者认为重要的想法的时候

持续时长

15～30分钟

参与人数

2～10人

道具

大白纸最少2张，黑色小双头记号笔每人1支，便签贴1包，宽胶带1卷

步骤

(1) 将两张大白纸从左到右贴到墙上，按照下图画出表头。

(2) 选择关键利益相关者之一，比如最终用户、客户的首席执行官、客户的首席运营官等。

首席财务官	投资少	收益高	销量高	体验好	竞争小	小计
老年手机	10	8	5	8	3	34
电热宝手机	8	4	8	9	7	36
立体声控放大屏幕	2	7	8	10	8	35
可以听内容	5	8	8	10	7	38
不怕摔手机	3	8	9	9	8	37

利益相关者评估

(3) 将选定的关键决策者角色写到左上角的第一个格子中，比如首席财务官。

(4) 这些利益相关者评估一个想法好坏最重要的4～6个标准是什么？将关键的评判标准贴到第一行。

(5) 将想法或者解决方案贴到左下列。

(6) 对于每个想法，它们可以和标准匹配，匹配度有多大，可以在对应的格子中打上记号，或者标注上1、2、3等，如果有时间也可以按照1～10

分打分，得分越高，匹配度就越大。

(7) 哪个想法或者解决方案有最高的得分，那个想法就是该利益相关者应该最关心的想法。如果有时间还应该讨论这些想法和你的想法有多吻合？和利益相关者的想法有多匹配？这些想法的匹配度和小组的期望有多大差异？

结果

通过将想法按照关键利益相关者的角色进行评分，可以指导后续行动按照角色进行落实，并且知道每个不同角色关心哪些不同想法，关心程度如何。

本章主要描述了将想法按照各种不同的标准进行可行性分析，包括按照想法的狂野程度分析的"梦想/现实/批评/分类法"、按照创新三大要素进行分类的"创新可行性检测"分析法、按照价值和可行性分类的"创新坐标法"以及按照不同角色进行分类的"利益相关者评估法"。当需要聚类和优化方案或想法时，可使用"鱼骨图方法"。当需要检查想法的完整性时，如果发现问题没有全面考虑，需要进行优化，增加维度，可以使用"全局想法优化法"。

Innovative

Design 第十章

七步骤之六：创新设计
　　　思维的行动计划

Thinking

对创新设计思维工作坊头脑风暴获得的结果进行讨论,讨论完可行性,就需要将其进行实施,制订行动计划进行推广。本章我们将详细描述行动计划常用的几个工具。

创新设计思维行动计划专用工具

将创新设计思维的想法进行聚类、整合、优化、完善、可行性分析以后,下面我们就需要将这些方案进行行动计划、实施设计、模型制作、样品生产等。如何实现行动计划、实施设计等就是这一章讲解的重点。

对于行动计划,常常采用目标导向的方法,首先制定愿景目标,然后从目标向回推,要达到目标需要什么样的资源,需要什么样的技术,围绕着这些技术和资源,现在存在哪些瓶颈,如何解决这些瓶颈,再向前推……直到得出具体的行动计划。

工具六十六、目标方案的实施:目标导向的行动计划

目标

为了按时、按要求完成想法的实施,需要按目标导向的行动计划来落实具体的行动;目标导向的行动计划需要极大的努力,因为时间是从前向后倒推出来的。目标导向的行动是从目标向回倒推的,执行时从现在向未来执行,所以要严格按照制订的解决方案和行动计划执行。

何时使用

- 将具体的任务进行分解,落实到具体的人、时间和交付物的时候
- 将想法或者解决方案落实到具体的行动计划的时候
- 要决定谁做、什么时候做、做到什么地步、检测的标准是什么的时候
- 所有的想法和点子聚类后,已经按照优先级划分好,特别是按照时间序列(流程)划分好行动的具体任务的时候

持续时长

20~40分钟

参与人数

2~8人

道具

大白纸一张,每人黑色小双头记号笔一支,5种颜色的便签贴每人每色最少10张,大胶带一卷

步骤

由目标任务倒着向回推,在每个节点发现最大的瓶颈,围绕着瓶颈制订相应的方案,保证每个节点可以完成任务,在每个节点准备相关的几套解决方案来应对不测风险。

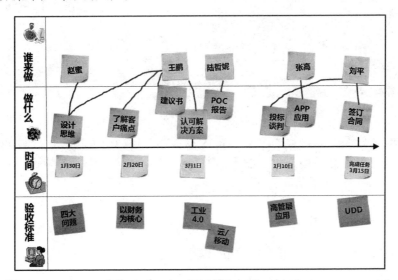

行动计划图

(1) 将大白纸两张左右纵向贴到墙上,按照上图的表头标上对应的栏目。

(2) 所有的想法和点子聚类后,按照优先级划分,特别是按照时间序列(或者流程)划分具体节点的行动。

(3) 在大白纸中间画上一条横线,右边标上箭头,表示时间方向。

(4) 将讨论的任务完成时间节点写到最右端;在"做什么""谁来做"栏贴上最终任务和责任人;将完成任务的验收标准贴到对应栏目;接下来要从前向后倒,将完成任务需要做什么写在标签贴上,然后贴到"做什么"栏目,并且估计什么时候可以完成。

(5) 接下来问,实现节点处的任务有哪些条件,由谁来做,什么时候做,验收标准是什么,等等,一层一层分解,就可以推出从现在开始必须在各个节点完成的任务。

(6) 做完之后,可以画一个表格,按照完成任务的角色,分配给相关人

员,其中包含责任人、任务、时间及验收标准等;有时还需要有人负责检查,在每个节点临近时,检查任务的完成情况,是否存在风险,如果工作量较大,是否可以增加人员一起来完成,等等。

	1月30日	2月20日	3月1日				3月10日	3月15日
任务	设计思维	了解痛点	POC	报告	方案	建议书	谈判	APP应用	签合同
验收标准	四大问题	以财务为核心	移动	云		工业4.0		高层	UDD
刘平							X		X
张高								X	
陆哲	X	X							
王鹏	X	X			X	X			
赵密	X								

行动计划表格

在很多情况下,需要分析每个节点的阻力(瓶颈)是什么?如何克服这些阻力,需要有哪些人力、物力、技术、资金、设备等来支持这个项目的实现。

结果

在执行行动计划的过程中在每个时间节点都要检查任务的完成情况,如果存在任何风险,就需要有后备方案来支持。

工具六十七、敏捷开发的行动计划:用户故事地图

目标

利用二维图解的模式,将待办的事件、任务、活动、子活动、时间安排等直观地展现给大家。

何时使用

- 当需要看清楚待办事宜全貌的时候
- 设计产品新功能的时候,对产品新功能进行排序的时候
- 对待办事宜进行分类,安排行动计划的时候
- 在进行增量开发,确保早期发布的内容和增量相互匹配的时候
- 在做项目的行动计划的时候
- 需要从多个维度进行项目计划、项目管理,并确保不同的想法都可以得到采纳的时候

持续时长

20～50分钟

参与人数

2～8人

道具

大白纸2张，每人黑色小双头记号笔一支，6种颜色的便签贴每色1包，大胶带一卷

步骤

用户故事地图是将待办事宜，如任务、活动、子活动等，罗列出来，进行分类，按照时间顺序进行排列，以便安排行动计划。

(1) 将大白纸两张左右横向贴到墙上，在左上角写上项目的名称。

(2) 在大白纸上方画上一条横线，右边标上箭头，表示时间方向。

(3) 每个人在同一种颜色的变签贴上，写上自己的待办事宜，称为"任务"，每张便签贴上只能写一条，小组都写完之后，将其贴到大白纸的时间轴下面部分，边贴边分类，按照时间顺序排列，将相同的撕掉。

故事地图示例：在线购书网站

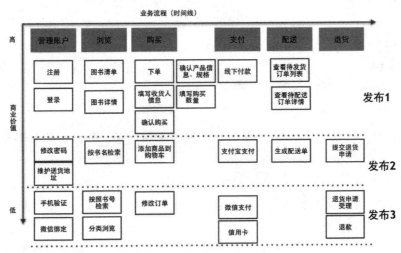

(4) 等分完类，在每一个类的上面贴上一个其他颜色的标签，并在标签上写上类的名称。

(5) 这时，仔细检查各个分类，大家可以讨论5～10分钟，发现是否有被遗忘的任务，并将其完善。

(6) 在每个任务的下面，增加两个客户故事，将其写在另一种颜色的便签贴上，贴到对应任务的下边。

(7) 按照故事的优先级，将其分成几个不同的层次，每一个层次代表一个版本，逐步迭代完善产品。

(8) 最后，在每个人的下边写上对应开发人员的名字，表示分工到人。

结果

利用用户故事地图，获得未完成任务的整体视图，按照任务、活动、子活动安排任务的执行者，从而获得一个完善的行动计划。

工具六十八、创新想法行动计划：图解行动计划

目标

将想法实施执行时，需要制订行动计划；对项目目标的各个阶段、完成的任务、谁来完成制订一目了然的计划；将项目流程视觉化，方便对结果的追溯。

何时使用

- 当设计思维工作坊制订行动计划的时候
- 当需要结束当前讨论的主题，追踪后续行动的时候

持续时长

30～60分钟

参与人数

2～8人

道具

大白纸两张，最少6种颜色的便签贴每种各一包，黑色小双头记号笔每人一支，宽胶带一卷

步骤

(1) 将大白纸两张接在一起左右贴在墙上，在上面画一个带小格子的大箭头，如下图所示。

(2) 向参与者讲解活动目的：围绕主题讨论的想法，定义出需要完成的任务，达成共识，把第一个任务的名字写在便签贴上，然后贴在左边第一列第二行格子里。请组长把所有相关的任务继续贴在下面，或者由组员们讨论添加或者减少需要关注的相关任务。不论采用哪种方法，最后你都应该把需要讨论的相关任务列在最左边一列。

时间\事项 任务	1月30日	2月20日	3月1日	3月10日	完成任务 3月15日
签订合同				标书谈判	UDD
APP应用			高管层应用		
POC报告		工业4.0	云/移动		
认可解决方案		以财务为核心			
设计思维	四大问题				

图解行动计划

(3) 基于列出的任务，向组员明确指出完成每项任务的时间周期，把日、周或者月作为时间节点，写在另一种颜色的便签贴上，贴到最上面一行，也可以根据讨论制定的时间节点贴到第一行。

(4) 大家讨论完成每项任务的时间周期的可行性，达成一致共识，最后制定出完成每项任务的具体时间，将修改好的时间写在便签贴上，再贴到最上面一行。

(5) 每人拿一些便签贴，对于第一个任务，就在第一个时间周期内将需要完成的事项达成一致。把事项贴到相应的时间和任务对应的栏目中，然后分工谁来做、做什么，每人在自己需要完成的事项上标注上自己的名字或者贴上代表自己本人的颜色圆点贴。

(6) 以此类推，与组员一起完成第一个任务的后续表格，直到组员们完全认领了写出来的所有用于完成该项任务的所有事项。

(7) 重复后两个步骤，直到完成所有任务。

结果

通过图解行动计划，将需要完成的目标分解成若干个不同的任务，然后按照时间节点将任务分解，分配给不同的人，制订好行动计划。

小贴士

以小组为单位完成行动计划有两个主要的好处。第一是将一个复杂的任务分解成可管理的工作区块，以激发大家对任务的责任感。第二是由团队合作建立了行动计划，这样可以提升项目管理流程的质量，避免忽视重要步骤，使项目管理更加具有条理性和战略性。

这个"图解行动计划"最大的缺点是，每个行动是自己讨论获得的，更多的是"民主"，缺少"集中"，由于人一般会有一些惰性，可能会产生：大家希望完成任务时间长一些，相对压力小一点，而且没有更多地考虑完成各个任务的阻力和瓶颈。在这种情况下，"目标导向的行动计划"可能相对会好点，压力大点，时间紧点，会给大家一些压力，逼迫大家想办法，努力完成任务。目标导向是从目标导出来，从目标检查每个节点需要完成的任务所需要的条件，这样在每个节点，大家就会想尽办法克服瓶颈，保证项目的顺利完成。

根据情况的不同，行动计划有详细的行动计划，也有需要审批或者检查的简单行动计划，按照利益相关者分配谁来做？做什么？什么时候做？完成后检验的标准是什么？有些情况下，仅仅需要知道谁来做，做什么即可，下面的"谁来做"就是一种行动计划的最朴素的制定方法。

工具六十九、相关聚类法：谁来做

目标

经过大家的讨论，想法已经形成，聚类已经完成，优化已经实现，下一步就是需要看具体谁做，从而保证任务的按时完成；需要有人将需要做的事情记录下来，然后传达给相关的人员，保证任务的顺利执行。

何时使用

- 当重要的利益相关者不在现场的时候
- 当需要设计下一步策略和行动计划的时候
- 当准备下一个团队活动，设计利益相关者应该做什么的时候

持续时长

10~20分钟

参与人数

2~8人

道具

大白纸1张，每人黑色小双头记号笔1支，便签贴每人最少10张，大胶带1卷

步骤

当考虑所有利益相关者下一步行动时,不仅仅考虑在场人,还要考虑不在场人的行动。

(1) 在一页大白纸上,从上到下,在中间画一道竖线,在左边写上"谁",在右边写上"做"。

(2) 在谁的下面,写上或者用便签贴列出所有重要的利益相关者。

(3) 对于每个利益相关者,将对应的要做什么贴到右边(选择:可以在右边添加上一页大白纸,在这页纸上标上"转达者",列出转达的任务,将其转达给利益相关者或者代替相关者,使其执行活动)。

结果

制订活动计划,获得每项活动的内容以及谁来做的承诺。有时还需要确认由谁来转达给当事人。

要产生活动,不但要知道我们的想法如何创新,关键还需要很多调研结果作为支持。在考虑如何将已知的效果运用到一个具体的活动时,决策树方法起到了很大的作用。

工具七十、制订行动计划的依据:决策树法

目标

在一个行动中,效益最大、相对风险最低的方案即是最佳解决方案。在制订行动计划时,需要从某个节点开始,对于不同的节点,可能有很多不同的选择,选择不同的节点进行执行,其结果和风险可能完全不同,当需要选择一个最佳方案时,就需要对各种不同的节点做出结果和风险的分析,最后做出最佳的选择。

何时使用

- 讨论的主题有很多不同的解决方案,在每个节点都会有很多选择,希望在其中找到最佳的解决方案的时候
- 在想法做出之前,对很多信息进行整理,按照历史信息,获得活动的目标群体的时候
- 一般在创新设计思维工作坊之前需要了解背景和行动的时候

持续时长

30~120分钟

参与人数

2~8人

道具

电脑或者手机,讨论问题的历史数据,决策树算法软件,大白纸两张,每人黑色小双头记号笔一支,各色便签贴每人各20张

步骤

(1) 将两张大白纸左右纵向贴到墙上。

(2) 将讨论的主题写到最左边(或者最上边)。

(3) 谈论主题行动或者事实可以分成几种不同的情况,写在便签贴上,并贴到对应项的右边(或者下面)作为下一层的节点。

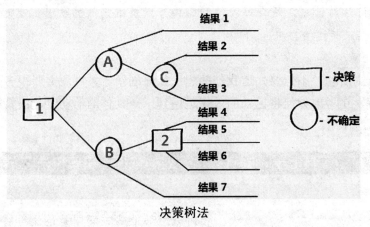

决策树法

(4) 在所有这些节点中找到最核心的节点,该节点对事件的发生起着主要作用。然后围绕着这一核心节点,继续讨论循环上面的过程,最后可以获得一个最佳的方法。

(5) 在整个过程中,决策树的树枝到什么时候终止很重要,一般不一定需要非常多的层次,基本解决问题就可以了。

结果

通过决策树,可以获得决策的最佳路径,最佳解决方案。这是用一个直观的树结构来表示决策的过程。

案例

在这里我们考察一个银行信用卡推广市场战役策划的例子。这个银行希望分析信用卡客户的消费行为,分析持信用卡的客户中哪些客户给我们带来

更大的效益？我们的目标是为银行制定一次有效的市场营销战役。

(1) 战役之前的分析

分析信用卡客户在不同终端的消费情况，哪个终端给银行带来了更多的效益。要分析终端，首先就要看有哪些终端，比如客户可能会到ATM机或者到营业厅取钱，或者到酒店消费，或者到餐馆消费，或者到娱乐场所消费，或者到商场消费，或者旅游消费，等等。然后分析哪个终端能给银行带来更大的效益。先分析所有持卡客户月平均消费金额最多的前10 000名客户，将这10 000名客户按照终端分类，计算出每个终端客户消费的总和，除以在10 000名大客户中该终端客户的所占总消费的百分比，最好再计算出前10 000名终端客户在不同终端消费所占人数的百分比。接下来将这些终端客户消费额度按照占比排序，可以看出哪个终端的消费占比最大。分析结果显示，在娱乐场所的消费占总体的26%，排在第一位，其消费给银行带来了最大的收益。

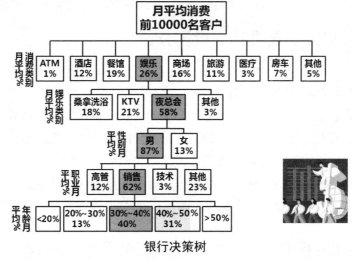

银行决策树

(2) 哪个行业带来最大收益

将娱乐场所继续细分，发现在夜总会、KTV、桑拿等行业中，夜总会带来的效益最高。

(3) 最大利益消费者的特征

分析什么样的人群给银行带来最大的收益，利用决策树法发现，他们是男性、销售、年龄在30~50岁之间。如果希望营销战役做得更有效，就需要了解具体是什么类型的企业，比如国有企业、外资企业、合资企业、民营企业等。

(4) 市场战役实施

银行决定和夜总会合作推广市场活动，市场活动定义为只要在未来的三个月中，凡是到夜总会使用本银行信用卡消费的客户可以享受8.8折的优惠，并且可以得到双倍积分。有了市场策划，现在想问，这次市场活动的目标客户群是谁呢？很多人都会认为是所有持信用卡的客户。他们认为"广种薄收"，知道的人越多，获得的效益应该越大，当然希望推广给所有持卡的客户，但是是否有不好的作用呢。一是成本过高，二是在一般情况下，可能带来负面的作用，所以我们的推广是要推广给目标客户群，不要做"地毯式轰炸"。

(5) 推广的目标客户群

在所有持卡客户中，找到符合年龄在30～50岁且尚未光顾夜总会的男性，采用这些客户喜欢的沟通方式向他们定向发放广告。

当落实了行动计划，就需要在每个节点对行动计划进行有效检查。

创新设计思维的聚类和大数据分析

在创新设计思维的整个过程中，我们采取的是大数据的思想，大家独立贡献自己的想法和点子，然后在别人想法的启发下获得更加狂野或者有意义的点子，紧接着对这些想法进行聚类，也就是按照某一种关联关系进行聚类，再将这些类进一步完善，并且找出核心关键类和核心重要的点子，以及考察可行性，最后就是讲故事进行推广。整个过程就像非结构化大数据分析，从点到线(点子到维度)，再从线到面(二维故事画板)，再到三维的原型设计，最后到推广应用。

企业的精细化管理需要更多的是逻辑推理，也就是左脑思维，强调的是"西方精细化管理"的术；然而创新需要更多的发散思维，也就是右脑思维，强调的是"中国传统文化"的道。只有将两者紧密结合，采用"阴阳太极"的思维模式，才会有战无不胜的企业和文化。

本章我们主要讨论想法或解决方案在实施时常用的行动计划工具，比如目标导向的行动计划、决策树法等。在执行过程中，我们必须将任务落实到人，指定完成时间，否则可能因为没有明确的指标和任务分配而使得行动落空。

第十一章 七步骤之七：原型设计与故事推广

第五章至第十章我们描述了如何设计、理解主题；如何通过观察获得客观信息；如何获得以客户为中心的狂野的想法、点子和解决方案；然后讲解它们的分类、完善、优化、可行性分析以及行动计划。为了使得大家对它们能有非常直观的理解，以便进一步讨论是否需要完善、如何实现、行动计划如何做等，本章我们讨论"描绘草图"与"原型设计"。

创新想法的原型设计和故事推广的专用工具

很多离散的想法经常会是一个个抽象的概念或者文字描述，大家不一定有直观的认识，这样会导致大家不在同一个"频道"讲话，如何让大家很快有一个共识，理解想法的真正含义，或者对想法进行磋商、矫正的时候，就需要将想法利用视觉艺术"描绘"出来，直观地理解想法所代表的实体、情景、流程等。

"描绘草图"不仅仅是应用在原型设计阶段，在设计思维的任何一个阶段都会利用视觉艺术直观地表达自己的想法或者点子。设计思维并不是一个线性的研发过程，而是以"想一想/看一看/做一做"这样的方式一直循环，而且每个环节中都会贯穿着这一方式。

描绘草图的过程也是对想法、点子、解决方案的全面审视，加之经常利用积木、橡皮泥等制作模型，会带来很多的创新灵感。戴维·凯利把模型制作称为"用手来思考"，并将它与规范引领、逻辑推动的抽象思维相对比，二者都有价值，但是在创新设计思维过程中，模型制作会更有效。

工具七十一、快速原型法设计：棉花糖游戏

目标

在固定的时间、有限的资源下，利用给定的道具完成指定的任务。

道具

每4人一个小组的道具：棉花糖1只，棉线1米，细胶带1米，意大利面条20根，剪刀1把。

工作坊导师道具：白板1个、1米皮尺1条，黑色记号笔1支，任意奖品三份，棉花糖游戏录像1段(最好有)。

游戏要求

将所有参与者分成4人小组，要求每组利用道具，在18分钟内不借助任何外力，建成一个最高的棉花糖塔。

要求棉花糖必须放在塔的顶部，塔的高度从塔的底部到棉花糖的高度计算。

棉花糖不能有任何破坏，不能变形，不能吃掉一块。

意大利面条可以剪断，但是如果是不小心折断的，可以带着全部"尸首"兑换相应数量的意大利面条。

不借助任何外力的意思是不能将塔座粘到桌子上，也不能用绳子从天花板吊下来挂上棉花糖计算高度。

导师在整个过程中，每隔5分钟提醒大家一次时间，15分钟后，每分钟提醒一次。

棉花糖游戏

- 时间：18分钟
- 人数：4人一组
- 目标：在规定的时间内、不借助任何外力搭建稳定站立的塔，棉花糖一定放在塔顶
- 材料：意大利面、胶带、棉线、棉花糖、剪刀
- 胜利：在规定时间塔身最高的小组

意大利面20根　　胶带1米　　棉线1米　　棉花糖1颗　　剪刀1把

结果

时间一到，让所有人坐下来，将所有完成小组的高度记录下来，写在白板上，最高的前三个小组获奖。

结果分享：这个游戏不管你是完成还是没有完成，其实都没有失败，游戏的目的主要是锻炼大家在创新过程中利用原型法完成任务。整个游戏说明如下的道理：大家的目标是建立一个将棉花糖放在顶部的最高塔，还是建立一个最高的塔。往往大家首先考虑最多的是建立一个最高的塔身，最后才将棉花糖放上去，发现棉花糖还是挺重的，根本站不起来。如果将目标定位建立一个棉花糖在顶部的塔，就会首先考虑到棉花糖的重量，先建立一个塔，将棉花糖放上

去试一试，如果能站起来，就建立了一个完整的塔。如果时间和材料还充足，就可以继续加高，结果能保证最少先有一个完整的塔，然后再优化完善。这是一个非常简单的道理，但是很多人都不这样想，而是先定义一个最高的塔，然后等放上棉花糖，才发现意大利面条挺软的，棉花糖挺重的，根本不能按时完成任务。结果全军覆没，根本没有成绩。

棉花糖游戏

这个游戏是国际上非常著名的棉花糖游戏。那么在MBA学员、商人、幼儿园小朋友、公司首席执行官、律师等人群中谁会做得最高呢？一般情况下是幼儿园的小朋友，为什么？成人来做时，大家会首先讨论，统一意见，商量计划，设计草图，等到设计好了，时间已经过去好几分钟了。同样MBA的学员由于受到专门训练，做事会先制订一个合适的甚至最佳的解决方案，根据最佳解决方案将塔建好，将棉花糖放上去，结果由于塔过高、棉花糖太重而站不起来。这时时间和材料都已经用完，其结果却是零。而幼儿园的小朋友却用不同的方法，他们以棉花糖开始，先将棉花糖穿在顶部，然后建一个有棉花糖的塔，试一试，如果可以站起来，就继续加高，而保持棉花糖在顶部。在整个过程中，他们多次修正原型的缺陷，发现哪里有问题就进行逐步修正，结果得到了最高的高度。

在全球做的平均高度是50.8厘米，最高的是建筑师做到大约99厘米。首席执行官做的稍高于平均高度，但是将一个首席执行官和一个秘书放到一个小组，高度就会高很多。可见，一定要将战略和执行结合起来，才会真正起作用。在上述游戏中成功的关键并不全在面条做的塔高，而是棉花糖。生活中有很多的"棉花糖"，我们需要从"棉花糖"的思考开始，即我们所说的从挑战开始，从目标开始。

原型法是指在获取一组基本的想法后,利用任何工具将其进行可视化的开发,快速建立一个目标达成的最初版本,然后大家感受、用户试用、提出建议和意见,然后补充和修改,再进行新的开发完善。反复进行这个过程,直到得出"精确解"的美好方案,直到用户满意。

思考题

通过下图可以看到,一个男人的脸渐变为了女人的身体。创新就是从一个现实,然后分解成子主题,再一点一点演变就会变成一个新创意!请问你能将英文的有序Order(有序)演变成英文的混沌Chaos(混沌)吗?

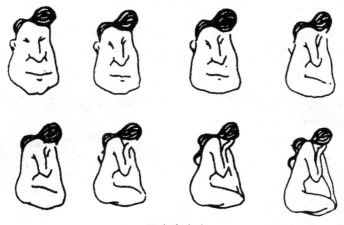

男人变女人

工具七十二、想法的直观实现:草图描绘

目标

用纸和笔来描绘一个创新想法,表达自己或者小组的思想,让其他人理解我们讨论的是什么,这样使得大家在同一个频道说话;可以表达一个创新想法或问题,希望彼此增强各自的理解;使小组的其他人可以捕捉理解到最重要的部分;分析一个流程,制作路线图;表达一段体验的精髓,等等。

何时使用

- 快速直观展现一个想法的时候
- 对想法的描述比较模糊,大家没有统一认识的时候
- 澄清大家的想法是什么,从而可以探讨下一步做什么的时候

- 表达一个创新的想法，快速增强理解的时候
- 将离散的想法进行整理的时候

持续时长

5~40 分钟

参与人数

2~8 人

道具

A4 纸，各式彩色水性软笔，大白纸，记号笔等

步骤

草图描绘可以在很多方面广泛地使用。它非常快速、方便，并且专注到想法。下面是利用草图勾勒出一系列创新想法的描述。

(1) 给每人准备纸和笔。深色的水性笔最利于草图勾勒，因为画出的线条非常清晰，而且可以调整粗细。

草图描绘1

描绘草图有几个基本元素，就是"方框""圆""三角形""直线""曲线"和"点"。

任何物体、流程、行为、状况、环境、情景、想法等都可以利用描绘的形式绘画出草图和原型。描绘草图只画出必要的，能表达想要表达的思想即可，越简单越好，不一定要画出整体的实体。比如，在下图中一目了然就可以看懂表达的含义，第一幅表示的是汽车，第二幅表示夜晚的汽车，第三幅是汽车装卸东西，第四幅是在汽车后备箱找不到东西。

在描绘的过程中，只要表明目标、行为、流程、故事、场景、目标、未来、物体、要求和时间等即可。比如：描绘目前的流程如何工作；描画出新的流程会是什么样子；描绘消费者在家购买货物的一种方式；描绘销售人员找到准确的目标客户的方法。

草图描绘2

鼓励使用形象的符号进行比喻，比如太阳表示晴天、云彩表示阴天、彩虹表示雨后、闪电表示雷雨等。

(2) 当草图绘制完成后，请每个人向小组成员展示草图背后的故事和想法。

(3) 将草图和背景故事记录下来。

结果

快速了解创新想法背后的初衷，将想法、解决方案快速地展现出来，使大家相互了解彼此的观点，完成产品的原型设计等。

案例

下图是"O2O大健康"的绘画草图，一目了然，病人可以通过多渠道(iPad应用、智能手机、药店、呼叫中心、微信、大众点评、百度贴吧、QQ等)购买非处方药品，对于处方药品，医生的药方可以和这些渠道紧密连接，大家可以直接下订单，大数据中心将所有渠道的信息记录下来，然后后台自动连接药库、发货、沟通、建立病人或者社区的医疗药箱。用这样的形式，大家很容易理解讨论的是什么，希望如何去做，这就是想法点子的绘画草图法。

草图描绘3

除了利用画笔将想法、点子、解决方案描绘出来，还可以像小时候折叠"飞机""帆船"一样利用纸将想法制作出来，下面的纸质原型就是这样一种方法。

工具七十三、想法的简易直观实现：纸质原型

目标

用纸张、笔、剪刀和胶水来制作创新想法、场景、故事、愿景、目标、未来等的模型，把需要讨论的创新想法清晰地展示出来；

动态的演示可以用纸张制作的物体移动，比如利用便签贴来实现，可以用纸张来制作界面、流程和角色经历的原型等；

直观地展现，使得大家更清楚地了解讨论的主题、想法

何时使用

- 当你已经把团队的思路限定在一个或一些话题的时候
- 你想帮助客户调查研究，探讨想法的可实现性的时候
- 需要深入了解客户需求的时候
- 对于想法需要澄清，达成共识的时候
- 对于一些想法需要用直观的表达进行认识的时候

持续时长

20~45分钟

参与人数

2~8人

道具

大白纸、A4纸、各种彩色纸、各种彩色笔、剪刀、胶水等

步骤

(1) 给大家分发各种大小的彩色纸。

(2) 2~3人一组,用手上的彩色纸将创新想法可视化。

如果几个组讨论的是相同话题,最好让每个组选择不同的角度或者从不同的优先顺序进行制作。组长可以将情节分配给每个小的小组,拼起来就是整体的视图,就像连环画一样。

在活动进行中,如果原型是功能性的实现,可以充分利用便签贴轻松改变和移动位置。

(3) 最后每组都要向其他组汇报展示,确保展示的内容是对创新想法内容的说明,注意控制时间。

(4) 记录展示的内容。最好将汇报过程用手机或者录像机录下来,同时为原型拍摄照片。

记录原型

结果

深度研究创新想法的价值以及实现想法的初始准备。

小贴士

快速搭建原型不要求非常准确,也无须精益求精。其目的是能表达想法的意思,大家充分理解讨论的概念是什么,统一方向,达成共识。功能特点背后的原因比形式更为重要。

上面的纸质原型法，简单易用，大家只要用纸和彩色笔将情景画成一幅草图即可，缺点是没有连贯的故事情节。在很多的情况下，讨论的想法是有故事情节的，这时可以采用类似连环画的形式，我们称为故事画板法。

工具七十四、形象场景演示：故事画板法

目标

用纸张、笔、剪刀和胶水来制作创新想法、场景、故事、愿景、目标、未来等的模型，把需要讨论的创新想法通过连环画的形式清晰地展示出来；

整个故事线是有时间序列的，可以看到想法的整体视图。

何时使用

- 已经将小组的想法浓缩成一个或者几个故事情节的时候
- 需要帮助客户充分理解或者投资在一个可能实现的"概念"想法的时候，采用直观的、可以看到故事情节的设计结果来说服客户或者投资者的时候

持续时长

20～45分钟

参与人数

2～8人

道具

大白纸、A4纸、各种彩色纸、各种彩色笔、剪刀、胶水等

步骤

小组长首先和大家讨论小组的想法，将其叙述成一个故事线，再将小组人员重新分配成几个小组，比如需要画六幅画，就分成6个小组。

(1) 给每个小组一张A4的纸，再分发各种大小的彩色纸、彩色笔、剪刀等。

(2) 每个小组用手上的彩色纸将分配的创新想法画成一幅草图，争取在10分钟内完成。

(3) 所有的小组聚集到一起，将每个小组的画贴到一张大白纸上，再用便签贴等进行补充、说明。

(4) 最后每个组都要向其他组汇报展示，确保展示的内容是对创新想法内容的完整说明。

(5) 记录展示的内容。最好将汇报过程用手机或者录像机记录下来，同时为原型拍摄照片。

故事画板

结果

利用连环画的形式直观地、可视化地表现出想法、未来等，一步一步进行想法的创新迭代，从而获得更深层次的狂野想法。

小贴士

在做故事画板的时候，不应将一些看起来狂野的、荒谬的想法扼杀掉，而应该动员大家对狂野想法进行讨论，将其实现。这样实现的是不断创新，而不是对现实的修修补补。

工具七十五、想法的物理直观实现：物理模型

目标

利用各种彩色纸张、乐高、橡皮泥、3D打印机、3D绘画笔等，将想法变成直观的立体展现；

通过直观展现,让所有参与者充分理解想法的真正含义,发现不足后进一步完善想法;

说服客户的相关领导人或者投资者,让他们通过直观的原型,了解大家创新的想法。

何时使用
- 已经将小组的想法浓缩成一个或者几个故事情节的时候
- 帮助客户解释或者投资在一个可能实现的"概念"想法,并且需要直观地展示设计结果的时候
- 让小组每个人对抽象的想法做充分理解的时候

持续时长

20~45 分钟

参与人数

2~8人

道具

大白纸、A4纸、各种彩色纸、各种彩色笔、剪刀、胶水、乐高、橡皮泥、3D绘画笔、3D打印机等

步骤

利用物理材料,直接揭示想法。制作现实的模型,使得大家对想法有更深层次的理解。可以利用物理原型,解释用户的经验、过程、路线图等。

物理模型1

物理模型2

(1) 向大家分发各种大小的彩色纸、彩色笔、剪刀、乐高、橡皮泥等。

(2) 将小组的人员进行分工,完成对应的部分,将创新想法可视化。

如果几个小组讨论的是相同话题,最好让每个组选择不同的角度或者从不同的优先顺序进行讨论。

在活动进行中,为了保证原型能实现各种功能,可以利用便签贴、乐

高、橡皮泥的可移动性,轻松改变位置。

(3) 最后每组都要向其他组汇报展示,确保展示的内容是对创新想法内容的说明。

(4) 记录展示的内容。录像是一个非常好的工具,同时为原型拍摄照片也同样重要。

结果

获得想法的创新迭代,更深层次想法的价值表象。通过循环迭代,使得想法更加直观和完善。

小贴士

不要让这些过程的荒谬扼杀了你深层次探索的价值。有时,人们需要将荒谬变成真正的创新。

有时需要对设计主题进行快速设计,并且进行直观展现,可以利用如下的五维盒子方法获得方案,进行直观展现。

工具七十六、设计方案的五维展现:五维盒子

目标

将方案的主要五个维度,比如产品的名字、功能、价值、工作原理、作用等,利用一张A4的纸,折叠成盒子展现出来。

何时使用

- 在产品或者方案需要快速设计,获得方案主要轮廓的时候
- 将方案的关键功能、价值、作用、工作原理等进行直观展现的时候

持续时长

20~45分钟

参与人数

2~8人

道具

A4纸1张、各种彩色笔等

步骤

事先将A4的纸按照图示的方法打印出来,每个组一张,或者每个人一张,或者每个组两个人一对发一张。

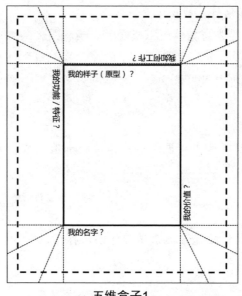

五维盒子1

(1) 将设计的产品或者解决方案分解成若干个维度,然后按照维度的优先级进行排序。

(2) 在A4的纸上,按照主要的五个维度将内容写下来,也可以利用画草图的模式画出来。

(3) 按照虚线进行折叠,将其折叠成为一个盒子状。折叠的具体步骤就不详细叙述了,大家可以尝试按照虚线进行折叠。

五维盒子2

(4) 最后每组将其结果向小组进行汇报。

结果

快速获得产品或者解决方案的设计,并进行直观展现。

小贴士

五维盒子可以用来设计展现任意五个维度或者多个维度,选取前五个优先级的维度内容即可。

当每个小组描绘完草图、做好故事模板或者完成了物理模型设计后,就需要将他们设计的结果进行汇报,这里常用的方法是角色扮演。

工具七十七、结果的表演展现:角色扮演

目标

通过角色扮演,将创新点、故事情节等像演小品、演电影一样直接表演出来,这里不但是动态的,还有真情实感,更容易让人理解。

像《西游记》电影或者电视剧一样,很多创新点、狂野的点子可全部活灵活现地展现在大家的面前。

何时使用

- 已经把小组讨论的话题限制在一个或者一些角色的时候
- 想更深入地了解某些角色的体验的时候
- 将想法以拟人的情景表演出来的时候

持续时长

30~60分钟

参与人数

4~10人

道具

各小组可以根据自己小组的情景,扮演角色的不同,借用服装

步骤

把人物的经验演出来,让自己体验角色的经历展现出来,比只谈经验更有效。

(1) 2~3人一组。每组的组员作为故事的主人公,把故事表演出来。

(2) 如果所有的小组都是演绎相同的创新想法,请每组选择一个不同的角度或者不同的角色进行演绎。

(3) 利用现有的资源布置环境:用桌子搭建场地,在纸上画一些草图。

(4) 每组的所有成员都要上台表演,要演绎出对创新想法的体验,而非

简单地叙述说明,要计算好时间。

(5) 以视频或者照片的形式记录表演过程,注意细节抓拍。

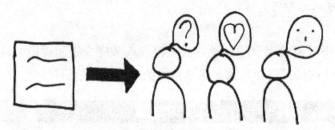

角色扮演

讲故事

结果

深入体会角色人物的经历,将创新的点子、想法或者解决方案通过小品的形式表现出来。

案例

在对客户营销策略的策划中,利用小品演绎争取销售订单的过程。这里采用了《复仇者联盟3》的形式,表演了客户在困境时,邪神洛基绑架了客户帝国的国王(销售增长率在下降,成本在上升),美国队长组成了"复联"。如何来解救国王?钢铁侠采用"行业对标,最佳实践"、绿巨人采用"整体规划,工业4.0"、雷神采用"创新设计思维,以客户为中心"、鹰眼采用"远程演示,动态交流",和客户建立起真正的战略联盟,最后解救出了国王,大家取得双赢，皆大欢喜。

营销表演

对于创新设计思维工作坊获得的解决方案，不但可以通过小品的形式演示，还可以通过更形象、更具有现实意义的app展现出来。

工具七十八、方案的形象展现：APP应用

目标

将创新设计思维工作坊的解决方案或者结果，通过制作app应用的方式直观、形象、动态地展现出来。

何时使用

- 当创新设计思维工作坊讨论的解决方案已经完成，需要给相关人员做直观汇报的时候
- 将方案利用iPad或者智能手机直观地展示出来的时候

持续时长

3天到一周

参与人数

2~3人

道具

智能手机或者iPad

步骤

将创新设计思维工作坊的结果直观地制作成app，动态地演示给相关的决策层，比讲故事和原型法更有视觉冲击力。

先将创新设计思维工作坊讨论获得的角色、流程、场景、故事、原型、草图以及诸如客户旅程地图工具获得的结果进行总结，然后设计app应用的场景，绘制草图，接下来将app应用的界面、场景、故事与制作者进行充分沟通，使得他们对故事情景、希望表达的概念和路线图等有更深入的理解。然后app制作的专家将涉及的草图与教练或者创新设计思维工作坊的导师进行讨论，相互认可，最后将设计赋予实现。实现时需要进行美工加工，流程重现，可以利用一切可以使用的新技术，实现app应用的制作和展现。

结果

利用现代化的直观的app应用，将创新设计思维工作坊的创新成果展现出来。

案例：未来的超市

当和一个超市企业做主题为"如何设计超市的流程让客户满意"的创新设计思维工作坊时，大家通过头脑风暴，最后将主题延伸到了"如果客户不到超市购物，如何满足客户的需求"。大家集思广益，贡献了非常狂野的想法，获得了非常有创意的解决方案。为了将创意直观地表现出来，制作了一套很有吸引力、非常震撼的app应用，这套应用可以与主人进行互动。

在客户家里的冰箱上设计显示屏，会显示冰箱里还储藏着哪些食品、保

质期、产地和批次等，还会建议主人利用冰箱余存的蔬菜、生鲜、肉食做一道什么样的菜会营养价值更高，指导主人做菜的步骤并提供会讲话的菜谱。根据主人身体的状况，建议食用哪类营养食品。当冰箱储藏的食品蔬菜快用完的时候，冰箱上的传感器会发出指令到云超市，云超市就会发信息给冰箱的主人，自动补货给这台冰箱，而且根据冰箱的记忆，就会自动从主人的信用卡上刷掉货物的费用。

对于家里的女主人，如果发现新化妆品在使用了一段时间后，脸部的皮肤几乎没有变化，她就可以在屏幕的"虚拟"商城中挑选其他品牌的化妆品。当点击到选中的化妆品时，脸上就会自动"涂抹上"该化妆品，甚至可以"闻"到选中化妆品的味道，只要自己喜欢，就可以直接下单(以后也不用扫码，私密设备自带身份验证，比如拖拽时的指纹信息，站在屏幕前自己的瞳孔信息等)，等待送货上门。如果自己难以决定，可以截屏发给自己的闺蜜进行咨询。如果女主人希望购买衣服来搭配自己的裙子，可以在屏幕上自己的"虚拟"衣柜中找出希望匹配的裙子，拖拽到屏幕中，然后点击选中的衣服，衣服就会自动穿到屏幕中自己形象的身上，衣服和裙子是否匹配一目了然。如果满意，可以直接下单，云超市将送货上门。如果你吃不准，可以拍一张照片，发给自己的朋友获得建议。对于配眼镜，只要点一下云超市的眼镜店，就会在自己的眼睛上(利用瞳孔识别技术)根据自己的肤色和脸型，智能地建议一副适合自己款式的眼镜，如果不乐意，用手一划，就可以更换一副新眼镜。如果两口子站在一起，就可以给他们两位配一副情侣眼镜。

这就是未来的超市。

在将创新设计思维工作坊的创意进行汇报实现的时候，除了小品汇报、app应用，还可以做成连环画、Flash动画片、视频、PPT、PDF、小册子建议书等形式的汇报材料。

本章利用原型设计的方法将其想法、点子、解决方案直观地展现出来，使得大家对想法有一个直观的理解，在做的过程中也会逐步调整想法，完善原型，由手来思考，让大家养成一个用绘画来描述想法的习惯。这里的原型法包括"纸质原型法""物理原型法""故事画板法"等，最后通过角色扮演、演小品、app应用等模式做形象的汇报。

第十二章 工作坊活动安排案例分享

前面几章我们主要讲解了创新、创新的四大类型以及如何建立一个创新型组织。紧接着我们用了大量的篇幅，讲解了创新设计思维整个循环的七大步骤，主要聚焦于每个步骤所需的工具。本章我们将集中描述如何做好一个创新设计思维工作坊，如从开始到最后的整个设计流程、接触的人员、如何设立主题、需要哪些人参加、小组人员的职责、教练和引导师的职责及最后需要提交的成果等。

创新设计思维工作坊的流程

- 事先沟通：与客户的主管领导等进行沟通，向他们介绍什么是创新设计思维，创新设计思维能解决什么样的问题，他们现在最大的挑战和希望解决的问题是什么。
- 主题设定：与客户讨论需要聚焦讨论的主题。比如："如何建立一个创新型的组织？""电子商务如何做？""O2O如何落地？""以客户为中心的销售系统如何实现？""十三五规划如何实现？""如何提升销售的业绩？""企业绩效管理如何做？""企业整体信息规划如何做？""如何提升产品研发人员的创新能力？"主题的选择要聚焦于客户面临的难题，主题制定要简明扼要，可以加一些说明，可以利用前面的工具(比如关键词替换等)做好主题的设定。比如客户给的主题是"如何做到以客户为中心的流程、减少部门扯皮，提升企业效益，拓展市场份额"。这个主题非常长，往往会冲淡主题，所以改成为"如何做到以客户为中心的流程"。主题设定不要太宽泛，也不要太狭窄。
- 子主题分解：与客户讨论如何将主题分成几个(一般不超过4个)子主题(也可以是一个主题，几组讨论同样的主题)，每个小组讨论不相同的主题，比如"O2O如何落地"分为：(1)"O2O企业的组织架构如何建立"；(2)"O2O企业品牌线上如何推广"；(3)"O2O物流如何实现"；(4)"O2O客户售后服务如何实现"，等等。如果子主题是将大主题的流程分段切割成子主题，这样讨论可能很难执行，因为在一般情况下，每个子主题要建立在前面子主题的基础上才可以进行讨论。

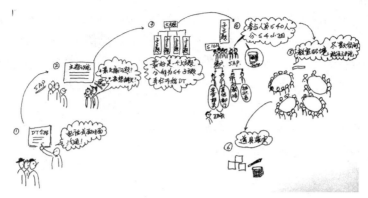

DT事先的工作

- 参与人员：与客户讨论创新的人员组成，包括来自不同部门、不同背景的人员，比如领导、一线员工、理科背景、文科背景、生产部门、研发部门、销售部门、采购部门、战略部门、财务部门、人力资源部门等，有时在不存在保密的前提下，可以邀请一些与主题相关的终端客户或者潜在客户参加设计。
- 组长选定：每一个组选出一个组长。组长的职责是在整个工作坊过程中带领团队完成主题的讨论及找到创新的解决方案。

小贴士

如果事先没有选定组长，大家可以用最简单的方法，导师喊"一二三"，大家可以按照自己的意愿指向本组的某位，得票最多的人就是本组的组长，然后组长带领大家制定队名、队歌、队徽。由于组长是靠大家的直觉选举的，在工作坊的过程中，如果发现组长不太称职，可根据在工作坊过程中大家的表现选一个副组长。

- 教练与引导师
    - 教练的资质：教练应该是讨论的主题和子主题方面的专家，必须对讨论的子主题比较了解。教练的职责主要是引导内容、记录过程、完成总结。
    - 引导师的资质：引导师需要有较强的组织能力，熟知工作坊使用的工具以及工具的含义，了解每一步如何执行，执行多长时间等。引导师的职责是控制时间、指导活动、协助导师完成工作坊。
- 教室环境：落实工作坊的时间、地点、教室。特别是教室环境，一般情况下需要较大的空间，如果有4个小组，那么教室就需要有4个圆桌，每桌不超过10个人，最好是8个人(不包括一个教练和一个引导师)，在教室的四周需要有可以贴大白纸的墙，每组最少可以贴6张大白纸(0.9m×3.6m)的墙面，在贴大白纸的墙面前有最少3米的空间。教室里每个人一把凳子，多余的桌子和凳子一律移到教室外面。

设计思维培训教室要求

1. 投影仪一台、麦克两只
2. 音频线、音箱
3. N个大圆桌（N=参加人数/8，N代表小组数）
4. 白板1个
5. 教室环境：需要可供N组讨论，每组可在墙上贴5～6张大白纸的教室环境
6. 多余的凳子尽量移到教室外面，使得活动空间尽量大

教室要求

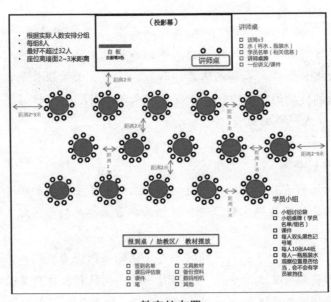

教室的布置

- 议程设定：根据工作坊的主题和子主题来制定工作坊的议程。议程制定是顺利完成工作坊的最重要的保障。
- 工具制定：设计工作坊使用的工具保证在解决问题头脑风暴的过程中，将民主的过程聚焦，按照设计好的工具，一步一步导出需要找到的解决方案。本书前几章介绍了很多的工具，可以利用这些工具，也可以根据大家对主题、子主题的理解，设计获得解决方案所需的工具。
- 道具准备：根据设计的工具和议程将需要的道具清单发给客户，道具的清单最好是有照片、型号及文字描述等，比如大白纸、便签贴、圆点贴、橡皮泥等，同时需要和客户购买道具的人员进行及时在线沟通，确保购买的道具正确无误。
- 培训教练引导师：对教练和引导师进行培训一般是在工作坊前一天进行的。主要讲解这次工作坊的目标、使用工具、步骤、每个人的职责和任务及汇报的标准模板等，要求每个教练在工作坊之后三个工作日之内，按照模板要求高质量地完成报告。其后由主讲导师将几个组的汇报整理到一起，进行整体总结，再增加整体的建议和路线图。当客户考虑到成本或者在当地找不到足够的教练人选时，有两个方案，第一是教练和引导师由同一人承担，第二是从客户中培养教练，在工作坊前一天，利用半天的时间为客户培养教练和引导师。

- 总结汇报：将总结汇报材料发给客户，这其实是一个很好的建议书，是对问题解决的一个基本原型，对于重要客户，在工作坊之后，可以亲自向客户做汇报，也是对工作坊结果的一个很好的回顾。
- 原型实现：有些情况下，整个工作坊的亮点还需要用app应用实现，以便给相关的领导或者相关人员汇报成果，便于客户进行执行。这是最好的、直观的、动态的结果演示。我们在SAP做了非常多的app应用给客户，其缺点是成本高，时间周期较长。

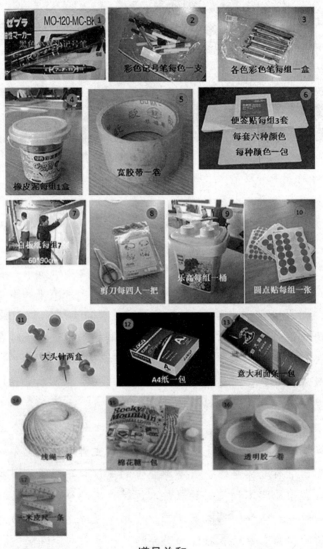

道具总和

第十二章　工作坊活动安排案例分享 | 319

1. 每人一支小双头黑色记号笔
2. 各种颜色的记号笔各一支
3. 各种彩色笔每组6支，共N×6只
4. 橡皮泥N盒
5. 大透明胶带一卷
6. 彩色便签贴3×N套（76×76mm，每套为6种颜色6本，每本1色）
7. 大白版纸7×N张（60×90cm，每个小组最少7张）
8. 剪刀：(总人数/4)把
9. 乐高：N盒（每盒300粒）
10. 各色圆点贴N套（24枚/张）
11. 大头钉两盒
12. A4纸：M张（M=5×参加人数）
13. 意大利面条：500g一包(3号面条)
14. 细绳子：一卷
15. 棉花糖一袋（不夹心，最少有N只）
16. 小透明胶带1卷
17. 一米皮尺一个

注：N为小组数

道具要求

上面我们主要讲解了工作坊的整个流程，如何根据不同的主题制定不同的工具和整个议程，这是一个非常重要的任务。首先我们先来看一看，一般情况下的议程如何制定。

创新设计思维工作坊的议程

工作坊分成四大部分：一是玩游戏；二是头脑风暴；三是绘画搭积木；四是讲故事。不管工作坊的安排是半天、一天、两天还是三天，甚至更长，一般情况下的安排都是经过四大步骤，不过时间越长，我们越会重复使用"看一看，想一想，做一做"的原则，增加头脑风暴的时间，用几个不同的工具来实现创新设计思维工作坊，最后获得一个创新的解决方案。比如在半天的工作坊中，我们也基本上是这样一个流程。首先给大家介绍什么是创新设计思维，创新设计思维今天要讨论的主题，希望达到的目标等。然后做热身游戏，其目的有两个，一是让大家通过游戏兴奋起来，敢于发言，敢于讲话，并且有狂野的点子，这是一个不可或缺的过程，不要认为是浪费时间。二是说明小组讨论过程需要的一个哲理，比如"棉花糖游戏"说明"原型法"；"可乐瓶"游戏说明创新思维、换一种思维模式的重要性；"图形复原"说明"目标导向"的重要性；等等。热身游戏后就需要趁热打铁，直接进入"头脑风暴"阶段来讨论主题。讨论主题时，一般每个阶段的时间为40分钟到1个小时。讨论累了，进入茶歇，茶歇以后，将头脑风暴获得的离散的、没有顺序的想法进行分类、优化，排出优先级，对离散的思想进行整理，最好在每个工具讨论结束后，让大家做分享、讲故事。接下来进入原型设计阶段,将整个想法用直观的故事画板模式或者原型设计的模式设计出来,"用手思维",可以整理整体的视图,理清思路,修正想法,让大家直观地了解想法的真正意义是什么。做完之后进行小组汇报,这时是整个创意的精华阶段,大家学会讲故事,形象地将创意表现出来,或者排练成小品进行表演。

Duration (min)/时间	Topic / 主题
09:00—09:20	设计思维简介
09:20—09:40	热身游戏
09:40—10:20	深度探索、换位思考
10:20—10:35	茶歇
10:35—11:00	获得创新的想法、聚类、优先级
11:00—11:40	画草图、直观模型
11:40—12:00	分组结果汇报

半天议程

Duration (min)/时间	Topic / 主题
09:00—09:30	设计思维简介
09:30—10:00	抛砖引玉案例分享
10:00—10:15	茶歇
10:15—10:45	热身游戏
10:45—11:30	深度探索、换位思考
11:30—12:00	探索结果分享
12:00—13:00	午餐
13:00—13:30	右脑游戏
13:30—14:20	获得创新的想法、聚类、优先级
14:20—15:00	画草图、直观模型
15:00—15:20	茶歇
15:20—16:00	原型设计
16:00—16:30	分组结果汇报
16:30—17:00	总结

一天议程

Duration (min)/时间	Topic / 主题
09:00—09:10	开场白及其主题缘起
09:10—09:50	创新设计思维简介
09:50—10:20	棉花糖游戏
10:20—10:30	中场休息
10:30—10:40	头脑风暴规则可视化
10:40—11:40	以客户为中心解决方案探索
11:40—12:00	探索结果分享
12:00—13:00	午餐
13:00—13:20	右脑探索
13:20—14:30	目标导向解决方案探索
14:30—14:40	中场休息
14:40—15:40	可行性分析与行动计划
15:40—16:20	草图设计、原型设计
16:20—16:50	分组结果汇报
16:50—17:00	总结

一天的议程(客户—未来组合法)

时间	主题	时间	主题
09:00—09:10	领导致辞、主题缘起	15:00—15:20	穿越A4
09:10—09:30	可乐瓶故事	15:20—15:50	方案整合
09:30—10:30	创新设计思维简介	15:50—16:20	创新创意练习
10:30—10:40	茶歇	16:20—17:00	创新解决方案的第二次迭代
10:40—11:40	目标导向创新解决方案设计	17:00—17:40	原型设计的第三次迭代
11:40—12:00	小组汇报	17:40—18:00	小组汇报
12:00—13:00	午餐	19:00—19:40	可行性分析
13:00—13:30	棉花糖游戏	19:40—20:10	行动计划
13:30—14:30	以客户为中心的解决方案	20:10—20:50	讲故事汇报
14:30—14:40	茶歇	20:50—21:00	课程总结
14:40—15:00	小组汇报	21:00—21:30	总结

一天半的议程

	时间	主题		时间	主题
第一天	09:00—09:10	领导致辞、主题缘起	第二天	09:00—09:20	创新创意练习
	09:10—09:30	可乐瓶故事		09:20—10:10	创新解决方案的第二次迭代
	09:30—10:30	创新设计思维简介		10:10—10:50	小组汇报
	10:30—10:40	茶歇		10:50—11:00	茶歇
	10:40—11:40	目标导向创新解决方案设计		11:00—12:00	原型设计的第三次迭代
	11:40—12:00	小组汇报		12:00—14:30	午餐
	12:00—14:30	午餐		14:30—14:50	互动游戏
	14:30—15:00	棉花糖游戏		14:50—15:30	可行性分析
	15:00—16:00	以客户为中心的解决方案		15:30—15:40	茶歇
	16:00—16:10	茶歇		15:40—16:10	行动计划
	16:10—16:30	小组汇报		16:10—16:50	讲故事汇报
	16:30—16:50	穿越A4		16:50—17:10	我喜欢/我愿意/我希望
	16:50—17:30	方案整合		17:10—17:30	总结

两天的议程

对于创新设计思维工作坊，一天的议程应该将重点放在想法的实现上。议程的安排如下：创新设计思维简介，热身游戏，客户角色分析，同理心地图，再使用"客户旅程地图"实现客户行为和痛点的分析，接下来可以利用"未来/现状/瓶颈/想法"的工具获得创新的想法和解决方案。如果时间允许，还可以完成想法的可行性分析、制作原型等，最后通过讲故事进行汇报等。

一般一天的议程可以使用2~3个工具，比如上午使用"客户旅程地图"来实现以客户为中心的移情分析，下午使用"未来/现状/瓶颈/想法"来设计美好的未来，从现状找到实现未来需要解决的瓶颈，最后获得解决方案。对于想法如何落地，可以利用"5W2H"完成行动计划，实现想法的具体落地等。

创新设计思维工具的设计和利用

对于不同的问题、不同的行业，可以使用不同的工具，首先需要对主题认真研究，只有导师对客户的行业、盈利模式、核心竞争力、企业的组织架构、客户的上中下游(供应商、企业内部、客户)有了充分的理解，才可以设计好主题、设计好工具。工具是和主题、希望完成的任务及获得的结果紧密连接在一起的，使用工具的目的就是按照其提供的步骤，一步一步按照流程获得创新的解决方案，在发散思维的基础上做到集中，最后实现讨论主题的解决方案。

如何设计好工具，下面我们举例说明在很多不同场合下，我们使用哪些工具组合比较合适。因为我们在前几章讲解工具时，每个工具何时使用已经罗列出来了，也可以见附录。我们这里强调的是工具的组合。

比如讨论项目的出发点主要是相关"创新型"的主题，希望获得创新的解决方案，我们可以采用"行业互换""品牌借鉴""强制关联法""思维导图""SCAMPER"等；如果项目的出发点是"解决问题型"，我们可以利用"客户旅程地图""莲花图方法""鱼骨图方法"等，如果希望介于两者之间，可以采用"未来/现状/瓶颈/想法""梦想家/现实家/批评家""特征组合法"等。

首先关心谁是相关讨论主题的"角色"，这里的"角色"就是设计主题的关键使用者或者最终用户。比如主题是"客户关系管理系统如何实现"，这时的系统主要的应用者应该是"销售副总""销售主管""销售人员"等。如果讨论的主题是"如何设计手推车可以超越客户的需求"，这时的"角色"主要是"超市商场的消费者"，"如何改变医院的流程让客户满意"的主要角色是"患者"，等等。如果提供的是解决方案，主要考虑的角色是客户的客户。讨论主题的角色选择一般会从三个方面考虑，即"客户""客户的客户"以及"自己"。例如SAP希望将自己的产品卖给"中石化"，就需要考虑"中石化"自身、"中石化"的客户和SAP自身。这时的工具"角色"不一定是人，有些情况下可以是一个企业，但是，很多情况下，可以"拟人化"，将企业拟人为某个"角色"的人，比如总经理或者董事长，他们应该具有公司的所有职责，他是一个像电影演员那样的综合人物，会考虑公司的战略、财务、运营、生产、研发、销售、人力、资产、采购等。

对象	未来	现状	瓶颈	想法
客户的客户				
客户				
自己				

组合未来现状瓶颈想法

下面我们举几个例子来研究如何设计、使用、组合这些工具。

企业销售计划(B2B)

在很多大企业，特别是B2B的企业，年初需要针对一些大客户制订"客户销售计划"，目的是通过创新设计思维，计划今年完成销售任务的策略和行动计划。这时我们一般采用如下几个工具。

利用"全局分析地图"来理解与客户企业相关的更广泛的信息和背景：比如"行业趋势""技术趋势""经济趋势""竞争状况""客户群体"以及客户企业内部的状况，包括"愿景""价值主张"等。也可以配合客户的"商业模式画布"工具来了解其组织架构及商业模式等，这里会从"客户群体""客户关系""价值主张""关键业务""合作伙伴""渠道通路""核心资源""收入来源""成本构成"等充分了解客户企业的运营模式、盈利模式等。

然后利用"利益相关者地图"了解客户的组织架构、决策流程、利益相关者对销售项目的影响、利益相关者之间的相互关系以及和我们企业之间的关系及接触的程度等。

接下来利用"客户系统背景图"(这个不是我们前面讲述的工具)来表达客户现在系统使用的状况,哪些使用了我们的系统,现在运行状况如何?哪些是竞争对手的,现在运行状况如何?我们还有哪些风险或者机会?这是客户信息化建设的整体视图,绿色表示我们的优势,黄色表示有一定的风险,而红色表示竞争对手有很大的机会。要分析如何将黄色变成绿色,将红色消除,更换成绿色或者至少变成黄色,为此而寻求解决方案。

紧接着利用"未来/现状/瓶颈/想法"工具了解客户的现状和未来,同时了解自己公司的现状和希望,了解客户系统使用的现状和计划,以及我们在客户企业的现状,有哪些优势、哪些劣势,还有哪些机会,等等。这里一定要从多个方面了解客户的现状,包括资源、技术、方案、关系、竞争、市场、合作伙伴等。

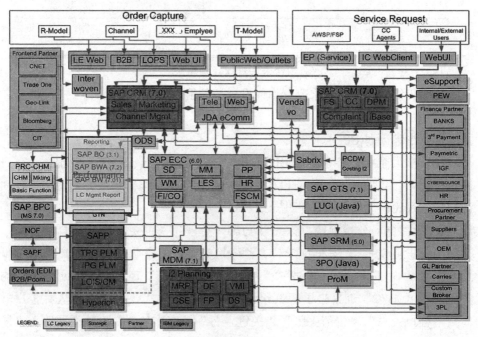

客户背景

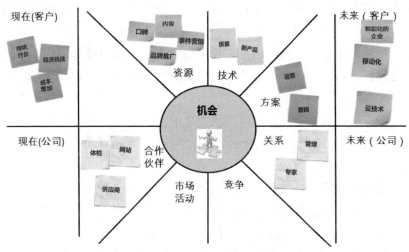

未来和现在的瓶颈及想法

再下来就是做商机分析,看看客户的战略目标,我们如何帮助客户实现他们的战略目标,从而获得一些商机。其中包括客户的分子公司、集团的总体战略目标、分公司的年度目标,分析有哪些机会?了解客户的需求,向他们确认真的会有这样的需求吗?我们的商机可信吗?了解这个机会的竞争状况,有没有竞争对手会介入?如果有,会有哪些竞争对手?他们各自的优劣势是什么?最后希望该商机会带来多大的销售收入?销售商机是从客户的战略目标、分公司的目标、任务以及瓶颈获得的。要大家广集思路,获得真正的商机。

公司	公司目标	销售机会	客户心态	关键事件	合同预测
销售部	通过提升客户满意度,增加销售额	CRM	为什么客户的忠诚度不高	原来的CRM系统无法满足O2O的需求	2000万
人力资源部					
战略规划部					

销售商机

接下来做客户商机的"SWOT分析"。了解我们的优势、劣势、机会和挑战。真正了解我们的机会有多大,如果解决方案不足,要考虑是否可以与合作伙伴合作,实现双赢。当然,我们还需要考虑资源的协调、合作的机会等。

列出所有的销售机会,然后将"机会和解决方案匹配"(也就是我们的哪些产品或者解决方案可以解决客户的问题)。

再下来就是利用"目标导向的行动计划"将其落地的过程进行分解,落实到谁做什么?什么时候做?验收的标准是什么?当然做的时候从后向前分解,然后再从前向后执行。要找到每个节点的瓶颈,以及解决瓶颈所需要的资源和路径,这样就可以做到目标导向。

SWOT

小贴士

在销售计划中,我们一般需要做一天半到两天的时间。在一些情况下,我们也会用半天或者一天的时间来做销售计划,这个时候我们一般用如下的整体工具。先在墙上贴上7~8张大白纸,依次是全局地图、现状(上下分为客户和企业自己)、瓶颈(客户和自己)、想法、机会、解决方案匹配、行动计划等。再让销售和相关的人员一起介绍客户的背景、自己的现状等。在销售讲解的过程中,每个人笔和便签贴不

销售计划

离手,将自己听到的重点写在便签贴上,然后贴到对应的大白纸部分,这样就加快了速度,还自然而然地提高了大家的注意力(不会看电脑、玩手机等)。

零售行业消费者满意(B2C)

在我们做过的很多企业里,都希望关注他们的客户,几乎很多都是属于零售型、服务型的企业,包括超市、商场、医院、燃气、石油石化、汽车4S店、航空、电网、日用品、娱乐等,有些是生产型企业,但是他们产品的对象却是消费者。他们讨论的很多主题都是围绕着"如何提高客户的满意度""如何让客户变成回头客""如何提升客户的口碑效应""如何处理难缠客户的投诉""如何设计企业的流程让客户满意"等。针对这些主题,我们通常的做法如下。

在讨论之前,可以利用"关键词替换"来充分理解主题的含义和创新的范围。

接下来利用"角色"或者"同理心地图"将大家完全融入客户的情感,了解客户的一般特征,如年龄段、性别、爱好、思维模式等。

为了充分理解角色的情感,我们会采用到现场进行体验,"现场探索",从而了解客户的真正痛点和需求,了解客户企业提供服务的缺陷。

再使用"客户旅程地图",分析讨论的主题的客户是谁?如果这样的企业是服务型企业,比如银行、航空、超市、商场、电信、医院、药店、4S店等,他们的客户最主要的是消费者,除了消费者是利益相关者,

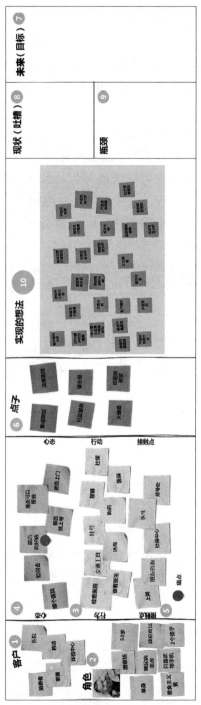

零售客户工具

还有供应商、员工、社区、政府及税务等。但是一般情况下，如果讨论的主题与消费者相关度较大，我们都会将消费者选择成我们的"角色"。考虑角色在和客户企业打交道时的行为、心态(顾虑什么)、接触点，然后站在客户的角度，考虑企业如何做可以解决客户的痛点。

接下来利用"未来/现状/瓶颈/想法"设定客户企业的美好未来，寻找实现客户企业达到美好未来愿景的解决方案，也能满足客户的需求。

有了想法就需要利用"聚类法"对想法进行聚类，然后利用"全局想法优化法"将聚类进行优化，再通过"画正法"或者"圆点投票法"排出想法的优先级，或者利用"梦想/现实/批评分类法"进行分类。

接下来利用"故事画板"将设计的方案画出故事线，再利用"物理原型法"或者"纸质原型法"将想法制作出来。

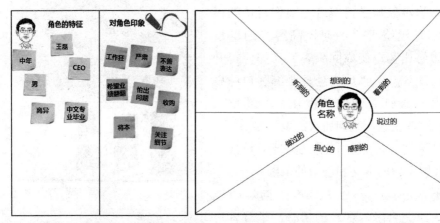

我们还会用app将其情节做出来。

企业内部运营优化

在很多情况下企业希望对企业内部的流程、运营、战略等进行优化，比如"企业的'十三五'规划""企业整体信息化规划""如何做好财务共享""如何留住人才"等主题，这时的客户群体不是一个人，一般是对于部门或者整个企业而言，如何去做可以做得更优秀。在这种情况下，我们采取如下的工具。

先利用"行业互换""品牌借鉴"将其他行业的商业模式、盈利模式等借鉴到本企业，寻找该行业的创新的业务模式。

再利用企业的"全局分析地图"对客户的组织架构、盈利模式、竞争优势等做充分理解。

紧接着利用"客户旅程地图"来了解讨论主题的利益相关者究竟需要什

么，围绕着他们的需求设计"以客户为中心"的企业流程设计，而不是以企业的部门为中心的流程，比如主题"如何制订企业的'十三五'规划"，客户就是企业的所有利益相关者，包括股东、企业的各个相关部门、总裁、董事长等。往往选择企业的战略规划部为主要的"利益相关者"，比如将战略规划部的部长选定为"客户旅程地图"中的"角色"。客户行为就变成了"战略规划部门的职责"，他们在做战略规划的时候，会关心哪些问题，考虑哪一方面的规划，比如企业的"主营业务"发展方向、商业模式、营业收入、投融资计划、收购并购计划、国际化战略、做大做强战略等。在考虑"企业财务共享服务"时，如果利用"客户旅程地图"，这时的角色一般会选为"首席财务官"，这个时候的"行为"就是他在财务共享中的职责。

等了解了财务共享的主要职责后，再利用"未来/现状/瓶颈/想法"制定美好的愿景，观察现状，进行"吐槽"，寻找现在的阻力和瓶颈，得到解决的想法和创意。

利用"思维导图法"获得企业既满足客户需求，又可以做到"以客户为中心"的流程和架构。

接下来还可以利用通用的工具，诸如"聚类""投票""优化"等。

最后，需要通过"故事画板""纸质原型法""物理原型法"将其想法落地。

下面我们给出一个一天时间创新设计思维工作坊讨论"企业运营优化"的工具模板。

企业运营管控

利用这个工具模板，一般上午会讨论到第四步(了解主题相关的业务目标，寻找相关的利益相关者，该主题利益相关者的职责和流程，讨论主题期望的美好未来)。下午执行最后三步(现状、瓶颈和想法),探索讨论主题的现状与美好未来的差距。在现状中,将最关键的阻力,也就是瓶颈重点进行讨论,找到解决瓶颈的方案。

创业型公司的计划

对于创业型公司准备做商业计划的时候,或者一个项目希望制订项目计划的时候,也可以利用创新设计思维工作坊来实现。

参加人员是创业者的发起人和合作伙伴,在一个有比较大的空间或者在带玻璃的墙或者窗户上利用便签贴,花费一到两天的时间,对项目或者企业的运作进行策划。这时我们会按照以下步骤一步一步来完成。

首先讨论公司的目标和发展方向,要求参与人员做到便签贴和笔随时待用,可以提出任何建议。比如将公司做成"产品销售型"公司、"服务型"公司或"互联网电商"等。以一个新开的"云医院"为例,他们定位企业的目标是做一个"云医院服务型公司"。

接着讨论这个方向的竞争优势:利用SWOT分析,了解这个行业的竞争状况,分析公司自身的优势和劣势,发现面临的机会和挑战。

然后讨论公司的盈利模式:通过什么样的模式盈利,通过什么模式运营。他们确定通过销售"无创血糖仪""健康测试手机"等获得客户的所有相关健康信息,然后通过这些信息,对客人提供一对一服务,包括饮食、医药、保健品、健康设备等。

紧接着讨论目标客户群体:他们将目标客户群体确定为年龄比较大(比如45岁以上)的富人、子女比较多的孤寡老人、有相应病症的人或经常参加户外活动的人群等。

然后讨论如何获得目标客户:讨论这些人群的开发渠道,比如糖尿病医生和专家、社区、健康检查中心、高档俱乐部、外企服务总公司等。

讨论品牌推广:采用召开产品发布会邀请各大报刊的记者报道、网络推广、与医生专家合作、与专业杂志合作刊登文章、与高档会所的讲师合作、微信推广、发滴滴红包、寻找事件营销、策划公司策划事件等方式进行品牌推广。

接下来讨论销售渠道:可以采用与电信公司合作推广"手机"、网上直销、通过呼叫中心代销等渠道。

产品和服务的定价:如何制定产品或者服务的价格。可以通过低价卖手机同时每测试一次收取服务费的模式，或者高价卖手机包三年服务费的模式。

产品的生产和研发：看看自己是否已经有产品，否则自行研发、合作生产或寻找代理等。

有了产品的定位、定价、客户人群、推广模式，紧接着就需要讨论企业内部的组织架构，如董事会、营销人员、市场人员(可以临时由销售人员兼职)、客户服务人员、财务人员(可以临时外包)、行政人员等。

成本核算：产品成本、人员成本、公司租赁成本、运营成本、市场推广成本等，然后预测公司的长期和短期盈利状况，再讨论如何融资或者得到启动基金。

下一步的行动计划：必须落实到人和时间，最好是从前向后倒推。比如建立大数据平台来收集客人信息，这时需要考虑是自己开发，还是和外部合作。数据的接口很重要，如何将手机的各种测试信息收集起来，还需要哪些信息等，如何落实品牌推广，谁来做？何时做？什么形式？在什么地方？邀请谁来参加？如何邀请？谁来为记者写通稿？如果公司还没有注册，就需要讨论注册公司的手续等下一步的计划。

最后讨论最大的瓶颈是什么：比如品牌的快速推广和大数据中心的建立。围绕着这两个问题，可以继续讨论，找到相应的解决方案。

以上的策划，都可以通过创新设计思维工作坊来完成，引导师需要充分了解一个新的创业型公司开始启动的运作模式。这样可以让大家集思广益，再将讨论的结果拍成照片进行整理，就可以看到非常清晰的路线图，最终得到一个公司运作的整体视图。

本章我们主要讨论的最佳实践，是我们做了上百场的"创新设计思维"工作坊总结的结果，包括议程如何设计，时间如何安排，游戏怎么利用以及工具如何组合，等等，描述了根据不同的客户需要如何使用不同的工具。希望大家可以掌握这套方法论，从而自己可以自如地设计工具，解决问题。

Innovative Design 第十三章
创新设计思维游戏集锦

Thinking

前面我们讲了创新设计思维的工具和方法论，在很多情况下，需要大家通过游戏来调节情绪，使得大家情绪高涨、敢于发言、天马行空、异想天开，同时还要通过游戏悟出一个与主题相关的哲理。本章我们介绍几个创新设计思维工作坊常用的游戏。

游戏1：一棵大树

目的：动态合影拍照，锻炼右脑思维。

人数：没有限制，但是最好不要超过60个人。

时间：10～20分钟。

道具：不需要道具，但是需要有所有人可以站下的空间。

何时来做：一般在吃过中午饭之后，下午工作坊正式开始之前，解解大家的困乏。

做法：所有的人站起来，站成一排，面向讲台方向，大家选出一个强壮的人站在队伍的最前列，将话筒交给第一位，要求第一位利用话筒大声说"我是一棵大树"，然后将话筒传给下一位，自己走到空地中间，比画成一棵大树的样子。紧接着后面的一位用话筒讲出和大树相关的任何东西比如"我是树上的一片叶子"，讲完后直接将话筒交给第三位，然后走到大树旁边，比画出叶子的样子在大树的树枝上。接下来由下面的一位用话筒讲出一个关于大树的任何

一棵大树

东西，要求不能和前面讲过的重复，不能停顿，重复或者停顿的要最后给大家表演节目，直到最后一位讲完。让大家保持比画着各自的动作，照一张"奇特"的合影。

游戏2：堆气球塔

目的：团队协作精神、原型设计。

道具：每组一个打气筒，50个左右气球，一卷线绳，一卷小胶带。

人数：每组5~10人。

时间：30分钟。

何时来做：在下午吃过午饭以后、开始活动之前，在讨论的主题与团队协作精神相关的时候。

堆气球塔

做法：每个小组利用给定的道具打气筒(1个)、气球(一般50个)、线绳(1卷)、小胶带(1卷)，在20分钟内做一个最高的气球塔，不许借助任何外力。气球塔最高的小组得奖。

做完后，每个小组和大家分享做游戏的体会。每个小组可以选一个代表汇报，也可以是团队一起进行汇报。

游戏3：七巧板游戏

目的：团队协作精神、有效沟通、战略运营。

道具：5种颜色的七巧板各一套，说明卡7张，任务书7张，大白纸一张，记号笔一支，每个人一把凳子，每个小组一张圆桌，小奖品一个。

● 任务书1

1. 用5种颜色的图形分别组成图1至图6，每完成一个图案将得到10分。
2. 用同种颜色的图形组成图7，完成后将得到20分。
3. 用3种颜色的7块图形组成一个长方形，完成后将得到30分。

每完成一个图案，请通知培训师，培训师确认后登记分数。

● 任务书2

1. 用同种颜色的图形分别组成图1~图6，每完成一个图案将得到10分。
2. 用5种颜色的图形组成图7，完成后将得到20分。
3. 用3种颜色的7块图形组成一个长方形，完成后将得到30分。

每完成一个图案，请通知培训师，培训师确认后登记分数。

● 任务书3

1. 用5种颜色的图形分别组成图1～图6，每完成一个图案将得到10分。

2. 用同种颜色的图形组成图7，完成后将得到20分。

3. 用3种颜色的7块图形组成一个长方形，完成后将得到30分。

每完成一个图案，请通知培训师，培训师确认后登记分数。

● 任务书4

1. 用同种颜色的图形分别组成图1至图6，每完成一个图案将得到10分。

2. 用5种颜色的图形组成图7，完成后将得到20分。

3. 用3种颜色的7块图形组成一个长方形，完成后将得到30分。

每完成一个图案，请通知培训师，培训师确认后登记分数。

● 任务书5

1. 用5种颜色的图形分别组成图1至图6，每完成一个图案将得到10分。

2. 用同种颜色的图形组成图7，完成后将得到20分。

3. 用3种颜色的7块图形组成一个长方形，完成后将得到30分。

每完成一个图案，请通知培训师，培训师确认后登记分数。

● 任务书6

1. 用同种颜色的图形分别组成图1至图6，每完成一个图案将得到10分。

2. 用5种颜色的图形组成图7，完成后将得到20分。

3. 用3种颜色的7块图形组成一个长方形，完成后将得到30分。

每完成一个图案，请通知培训师，培训师确认后登记分数。

● 任务书7

1. 领导团队在规定时间内完成任务，达到1000分的目标。

2. 指挥其他各组成员，用所有的35块图形组成5个正方形，每个正方形必须由同种颜色的7块图形组成。每完成一个正方形，你将得到20分，组成正方形的那个组将得到40分。

3. 支持其他各组成员，在规定时间内得到更多的分数，其他各组总分的10%将作为你的加分奖励。

图1～图7内容分别为人、马、猫、鸟、骑马的人、鸭子和斧子。

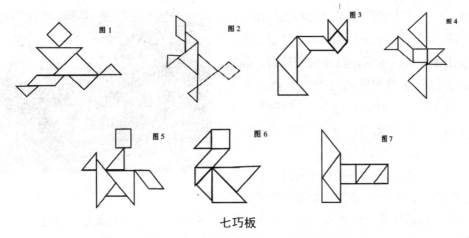

七巧板

在大白纸上画出下面的"七巧板计分表",贴到白板上。

七巧板计分表

	一	二	三	四	五	六	七	八	九	小计
第一组										
第二组										
第三组										
第四组										
第五组										
第六组										
第七组										
总分										

人数:30~50人。

时间:45分钟,其中活动布置5分钟、活动进行35分钟、总结5分钟。

何时来做:在每次做头脑风暴之前,讨论的主题最好和团队协作有关,或者和战略执行有关时;或者在午饭之后、下午活动开始之前。

要求:在规定的35分钟时间里,每个小组完成自己的一切任务,在活动的过程中,要求队员始终坐在凳子上,而且凳子不许移开原地,如果有一人违反,小组扣一分,大家共同监督。

做法:将整体团队分为7个小组,每个小组围绕自己的桌子坐在一起,每个小组之间至少有一人和另一个小组的一人可以手摸手够着。

每个小组分5块任意颜色的七巧板,在宣布开始之前将"任务书1"卡片和"图1"发给第一组,将"任务书2"卡片和图片2发给第二组,依次类推。教练宣布"今天的游戏是'七巧板'游戏，各组的任务在任务书卡片上，如果完成一项任务，举手示意，教练将去检查，满足要求的可获得相应的分数"。然后宣布游戏开始，同时开始计时。3分钟后，教练私下告诉第七组"只有你们组可以移动"，然后让他们完成任务。

35分钟后，教练宣布时间到，收回所有的卡片，再问大家是否知道今天游戏的目标？然后让第七组大声宣读"任务书7"上的任务。之后大家分享自己从中获得了什么。

七巧板游戏1

小贴士

　　由于此游戏没有告诉大家目标是什么，关键考核第七组是否发现自己是领导团队，是否宣布大家今天的任务是整体达到"1000"分。如果他们没有宣布，大家就没有目标，经常很多人会喊扣第七组的分，他们离开座位了。由于大家不知道目标是团队共赢，结果就不愿意将自己小组的七巧板分享给其他组，没有协作精神，最后可能会导致全军覆没。另外只要第七组仔细观察，会发现1、3、5是同样的任务，2、4、6是同样的任务，这样可以大大节省时间。另外第七组任务要求"每个小组拼成同一种颜色的正方形"。其他的小组看不到此任务，所以往往会忽略掉，直到最后可能才会发现。这也是一个致命的问题。所以游戏的目标是加强团队合作，实现共赢的目标。

游戏4：有鱼无鱼

目的：团队协作精神、战略制定、计划预算。

任务：池塘中有100条鱼，在30分钟之内，最多打6次鱼，每个小组尽量打最多的鱼，4个队打鱼的总数不小于300条，打鱼条数最多者获胜。

道具：每个小组A4纸10张，黑色笔一支。整体需要大白纸一张，记号笔一支，写有1、2、3、4的卡片一套。

人数：将团队分为4组，每小组5～10人。

时间：30分钟。

有鱼无鱼计分表

	第一组	第二组	第三组	第四组	小计
1					
2					
3					
4					
5					
6					
总分					

何时来做：在主题为协同工作、战略制定、计划预算等时，在使用工具做头脑风暴之前。

做法：每个小组首先申报本次计划打鱼的条数，将计划和小组号写到A4纸上，不让其他小组看到，写完后折叠起来，交给教练。所有小组交完后，各派一名代表抽顺序排名卡，决定本轮打鱼的先后顺序，抽到"1"的第一个打鱼，抽到"2"的第二个打鱼，依次类推。但是当前面一个小组打完鱼后，如果剩余鱼的条数小于该组的计划数，该组轮空，由下一组补上，如果下一组的计划也大于剩余的鱼数，该组也轮空。等四组都已经轮完了，本次打鱼结束。

结束后，池塘中剩余的鱼以两倍的繁衍速度增长，比如，上一轮余10条鱼，那么下一轮就会有20条鱼。

然后每个小组重复刚才的动作，第二轮计划、申请并抽签决定顺序，这样一共重复6轮。4个小组共同打鱼超过300条，打鱼最多的小组获胜。

小贴士

这个游戏要求每个小组必须合作才能取胜，否则大家都希望打得越多越好，结果无法保证4个小组集体打够300条。比如第一轮4个小组共打鱼90条，只余下10条鱼，就是第二轮到第五轮全部"休渔"，到第六轮鱼才会繁衍到320条鱼，这样才会有可能一组胜出。但是下面的任意一轮有人打鱼，都有可能总计不到300条鱼。所以每个小组要争取第一，还要协作。

游戏5：故事接龙

目的：锻炼右脑思维。

人数：没有限制，每个小组不要超过10个人。

时间：10分钟。

道具：不需要道具。

何时来做：在进入到右脑思维提出狂野建议之前，或者仅仅作为热身游戏。

做法：要求每一个小组，从一个人开始，讲一句话的故事，然后其左边的第一个人，接着将故事续讲下去。要求，在讲之前，一定赞成上一位的故事，说句"是的是的"。故事要求尽量狂野，争取将后面一位给憋死。如此一个接一个讲下去，直到教练宣布游戏结束。比如前一位讲"我前天借你的500元钱我不还你了"，接下来的人必须说"是的是的……"。

故事接龙

游戏6：绘画接龙

目的：锻炼右脑思维。

人数：没有限制，每个小组不要超过10个人。

时间：10分钟。

道具：每个小组一张大白纸，每个人一支黑色小双头记号笔。

何时来做：在进入到右脑思维提出狂野建议之前，在别人点子启发之下希望获得更好点子的时候。

做法：首先要求每个组的队员排成一排，不许说话，第一位在大白纸上画一笔，然后站到队尾，第二位接着在第一位画的画上再加一笔，就这样以此类推，最后看看大家画的是什么。

游戏7：难忘的礼品

目的：锻炼右脑思维，发散思维。

人数：没有限制，每个小组不超过10个人。

时间：10分钟。

道具：每个小组一张大白纸，每个人一支黑色小双头记号笔。

何时来做：在进入到右脑思维提出狂野建议之前，在别人点子启发下获得更好更狂野点子的时候。

做法：要求每个小组讨论，"你认为给朋友送一件什么样的礼物，可以使得朋友一生不会忘掉你和这个礼物"，每个人写一条在大白纸上，送的礼物越离奇越好。

游戏8:姿势比"人"

目的:换位思考、移情他人。

人数:没有限制,每两个人一个小组。

时间:一分钟。

道具:不需要。

何时来做:进入到换位思考,做角色移情的时候。

做法:要求每个人用两个食指比画出一个"人"字给对面人看,并且说

姿势比"人"

"你看,我比画了一个人字"。这时大部分人都是比画了一个"人"字,可是对方看到的却不是"人"而是"入"。只有站在对方的角度,用手比画一个"入"字,对方看到的才是一个"人"字。

游戏9:做的和说的

目的:锻炼右脑思维。

人数:没有限制,每个小组不超过10个人。

时间:10分钟。

道具:不需要道具。

何时来做:在进入到右脑思维,提出狂野建议之前。

做的和说的

做法:首先每个小组站起来,手拉手站成一个圆圈,听教练的指令,如果有人做错了或者说错了,就需要离开队伍,剩余的人继续玩。第一轮:说的和做的一样。比如教练说"向前",大家必须喊着"向前",同时向前跳一步。第二轮:说的一样做的不一样。比如教练说"向左",大家就需要喊着"向左",同时"向右跳一步"。第三轮:说的不一样做的一样。比如教练说"向后",大家就要喊着"向前",同时"向后"跳一步。第四轮:说的和做的都不一样。比如教练说"向右",大家需要喊着"向左",同时"向左"跳一步。

游戏10：猜测成语

目的：锻炼右脑思维、有效沟通、表演能力。

人数：没有限制，每个小组不超过10个人。

时间：30分钟。

道具：A4纸8张，事先写好8条成语，不许其他人看到。

何时来做：在进入到讲故事之前，或者头脑风暴出点子之前。

猜测成语

做法：将团队分为4个小组，以小组为单位玩游戏，其他小组进行观看。

首先一个小组站成一排，所有人背向观众，然后背向观众的第一位转过身，抽一个成语，不许说话，只允许做动作，想好如何表演，接下来拍拍第二位背对观众队员的肩膀，用动作表示让其转过身，第一位表演，第二位悟出是什么后，再拍拍第三位的肩膀，第三位转过身，第二位将从第一位获得的动作表演给第三位，以此类推，直到最后一位看完倒数第二位的动作表演，再让最后一位猜是什么成语，如果不对，第一位拿出成语揭晓谜底，第一组做完后第二组做。4个小组全部完成后游戏结束。

游戏11：变化与观察

目的：训练快速改变、提高观察的能力，快速适应于变化。

人数：没有限制。

时间：10分钟。

道具：不需要道具。

何时来做：在做创新设计思维工作坊需要做创新创意的时候，或者任何一个热身活动的时候。

变化与观察

做法：让整个团队快速排成两行，面向教练，然后让大家左右找到自己的合作伙伴，如果是偶数个人，每个人都应该有一个伙伴，如果是奇数个人，就需要一名工作人员补充到队列中。

然后教练发出"左手排向右转，右手排向左转"的指令，使得每个伙伴面对面。给大家一分钟的时间，让大家认真观察对方，甚至每一个细节。接下来让所有的人向后转，再给大家两分钟的时间，将自己做5处调整变化。比如去掉眼镜、手表戴到另一个手上等，做完后，所有人再一次向后转，伙伴之间再仔细观察，找出伙伴的5处变化。每对伙伴都找到了5处变化者获胜。

游戏12：猜傻子

目的：两个团队或者两个人决定胜负。

人数：两个人。

时间：不超过10分钟。

道具：不需要道具。

何时来做：在做创新设计思维工作坊需要两个人PK决定胜负的时候。

做法：两个人站到教室的前面，利用"石头剪刀布"来决定胜负，但是要求两个人同时挥动右臂，口里同时喊着"咱们两个猜傻子"，这时每个人出锤子剪刀布

猜傻子

三者之一，并同时喊着"傻子"，赢者需要用指头指对方说"你傻子"，输者用指头指自己说"我傻子"，如果两个是平局，就需要说"他傻子"，并且用指头指外边。当某位说错了或者指错了就算游戏结束，另一位赢。如果两位都没有赢，就不间断，继续说"傻子"，并同时出锤子剪刀布之一，继续比赛。直到某位说错或者做错失败，另一位胜出，游戏结束。

游戏13：好运自然来

目的：右脑游戏，训练右脑。

人数：不限制。

时间：10分钟。

道具：不需要道具。

何时来做：在做创新设计思维工作坊需要获得创新创意的时候。

做法：首先让大家将手腕充分活动，使得尽量灵活。

好运自然来

第一步：教练让每个学员将右手放到脸的前面，教练给出指令说"上边

一张嘴"并且用手来做示范,这个游戏不算大拇指,将食指和其他三个指头分开,其他三个指头并拢,变成一张"嘴",这时要求所有学员跟着一起做。接下来教练说"下边一张嘴",并且将小拇指和其他三个指头分开,其他三个指头并拢,同时要求学员跟着一起做,然后,教练说"中间一张大大的嘴",这时将食指和中指并拢,小拇指和无名指并拢,中间分出一张大大的"嘴",要求学员跟着一起做;最后说"两嘴一打开",这时将食指和中指并拢,无名指和小拇指都打开,这时变成两张"嘴",让学员模仿,接下来说"好运自然来",将两手变成"恭喜"拳,大家跟着一起做。再让大家充分练习,要求自愿者上台表演。

第二步,将左右手同时放到脸前,发出同样的指令,并且两个手同时来做,要求学员一起做,最后让学员自愿上台表演。

第三步,左手不变,右手反转180度,再给同样的指令,示范,要求学员一起做,这一次"上面一张嘴"是左右手都是上面有"嘴",也就是左手将食指和其他三指分开,右手小拇指和其他三指分开。"下边一张嘴",是左手将小拇指和其他三个指头分开,右手将食指和其他三个指头分开,其他两个"中间一张大大的嘴"和"两嘴一打开",与前面第二步一样。做完了学员先练习,再让自愿者表演。

游戏14:龙头龙尾

目的:热身、比赛,团队协作。

人数:不限人数。

时间:不超过10分钟。

道具:不需要道具。

何时来做:在任何时候。

做法:全体参加人员,先两两利用锤子剪刀布进行比赛,输者站到赢者的后边,并且将两只手搭到赢者的肩膀上。然后每个小组最前面的人再继续比赛,

龙头龙尾

最后形成一条长龙,分出龙头龙尾。接下来让大家跟着教练的口令边走边喊起来,教练喊"走起来呀走起来,走起来呀走起来",大家边走边跟着喊,教练喊"拍拍头呀拍拍头",大家跟着喊,教练喊"好大的头呀好大的头",继续"捏捏耳呀捏捏耳,好软的耳呀好软的耳","揉揉肩呀揉揉肩,好宽的肩呀

好宽的肩","捶捶背呀捶捶背,好硬的背呀好硬的背,往下捶呀往下捶,使劲捶呀使劲地捶",最后停下来,问大家是不是很爽,接下来,教练指出"怎样的付出,就有怎样的回报",然后让大家向后转,"有仇的报仇,有怨的抱怨",重复前面的过程。

游戏15:一见钟情

目的:热身、团队协作。

人数:不限人数。

时间:不超过10分钟。

道具:不需要道具。

何时来做:在任何时候。

做法:全体参加人员俩俩组成一个团队,教练交替给出三个不同的指令:"一见钟情""不解风情""冷酷无情",当

一见钟情

说"一见钟情"时,两人相互拥抱,当说"不解风情"时,一个人用双手拥抱另一位,可是另一位不让拥抱";当说"冷酷无情"时,两人抱臂,背靠背。如果有做错的,一对人就将两手变成兔子的耳朵,学着兔子蹦跳两下。接下来互换伙伴继续做。

本章我们针对整个创新设计思维工作坊设计过程中玩游戏环节列出了15个游戏,其实我们还可以根据需要做出更多的游戏来配合各类工具,实现创新设计思维工作坊预期的目标。

Innovative

Design 附　录 |

Thinking

附录A

章节	工具编号	页码	工具名称	工具描述	背景	移情	主题	协同设计	可行性分析	行动计划	原型设计
4	1	98	独立启发贡献	让不批评不议论落地	✓	✓	✓	✓	✓	✓	✓
	2	101	荒谬的解决方案	抛弃常规现实的想法	✓	✓	✓	✓			
	3	103	互换排序法	将想法进行合理的排序	✓	✓	✓	✓		✓	
	4	105	聚类法	相关因素聚类	✓	✓	✓	✓			
	5	107	"画正字"排序法	简单易用的直觉排序法	✓	✓	✓	✓			
	6	108	圆点投票法	凭直觉投票排序法	✓	✓	✓	✓			
	7	110	启发接龙法	想法激荡	✓	✓	✓	✓			
	8	112	失败模拟	反义问题游戏	✓	✓	✓	✓	✓	✓	
5	9	117	PEST分析法	宏观经济分析研究	✓						
	10	121	波特五力分析法	企业整体战略的研究	✓			✓			
	11	123	全局分析地图	获得客户的整体视图	✓			✓			
	12	126	商业模式画布	了解客户的盈利模式				✓			
	13	128	平衡计分卡方法	探讨客户和终端客户间的关系	✓			✓			
	14	130	SWOT分析法	探讨优势、劣势、机会和挑战	✓			✓	✓	✓	
	15	134	组织客户画像	了解组织最基本的背景信息	✓			✓			

(续表)

章节	工具编号	页码	工具名称	工具描述	背景	移情	主题	协同设计	可行性分析	行动计划	原型设计
6	16	139	同理心地图	将自己扮演成最终用户的角色		√		√			√
6	17	141	客户体验	信息收集的第一手、第二手资料		√					
6	18	144	现场探索	从用户体验获得想法		√					
6	19	147	观察APOEM方法	消除偏见的观察		√					
6	20	149	现场访谈调研	深层次探索		√					
6	21	154	5W2H	深究因果关系		√				√	
6	22	156	用户体验地图	充分理解用户的情绪		√					
6	23	159	直观模拟	可视化激发深层次探索		√			√		
7	24	168	图形复原	目标导向的管理游戏	√	√	√	√	√	√	√
7	25	172	制定主题	探索存在问题的关键			√				
7	26	175	关键词替换	从各个不同的角度分析主题			√				
7	27	177	3—12—3头脑风暴	充分理解、分解主题			√				
7	28	179	如何不	颠覆性思维模式			√				
7	29	180	我们该如何做	激发思维创造力			√				
7	30	182	如何/为什么图表	挑战的拓展			√				
7	31	184	利益相关者地图	研究设计主题的利益相关者	√	√	√				
7	32	188	人物角色(Persona)	讨论主题的目标群体代表者		√	√			√	√
7	33	191	客户画像(Profile)	客户群体的特征		√	√				
7	34	193	杂志封面	视觉艺术展现			√	√	√	√	√

(续表)

章节	工具编号	页码	工具名称	工具描述	背景	移情	主题	协同设计	可行性分析	行动计划	原型设计
8	35	200	六项思考帽	创新创意平行思考			✓	✓			
	36	202	行业互换	行业借鉴获得创新设计				✓			
	37	204	品牌借鉴	品牌优势借鉴获得创新设计				✓			
	38	206	客户旅程地图	客户日常流程回顾		✓		✓			
	39	210	用户价值地图	设计满足客户需求解决客户痛点方案		✓		✓			
	40	214	未来/现在/瓶颈/想法	为实现美好未来寻找方案			✓	✓			
	41	218	未来—客户混合法	兼容客户的痛点和公司愿景				✓			
	42	219	价值主张画布	解决客户痛点，提供超越客户价值的方案				✓			
	43	222	影响地图	获得敏捷解决方案和行动计划				✓			
	44	226	曼陀罗方法	获得创新创意的九宫格			✓	✓			
	45	228	莲花图方法	主题要素发散分解			✓	✓			
	46	230	流程图	涉及流程设计优化的方法				✓			
	47	232	联想构思法	获得创新创意的常规方法				✓			
	48	235	强制关联法	获得奇特的创新创意			✓	✓	✓		
	49	238	思维导图法	全脑思维模式分析			✓	✓	✓	✓	
	50	241	惊喜狂奔法(SCAMPER)	寻求新的设计想法				✓			

(续表)

章节	工具编号	页码	工具名称	工具描述	背景	移情	主题	协同设计	可行性分析	行动计划	原型设计
8	51	246	还有没有其他的方法	转换角度获得新创意设计法			✓	✓		✓	✓
8	52	248	神奇的关系	关键词产生新的设计想法				✓			
8	53	250	主题特征组合法	交替关键词获得新的创意			✓	✓			
8	54	253	特征组合法	关键特征重组			✓	✓			
8	55	254	化整为零法	整体到局部的创新				✓			
8	56	256	类比创新法	将产品发展规律运用到创新设计模式				✓			
8	57	258	约束开关法	想法浓缩标准				✓			
8	58	260	真实与谎言	挑战传统的工具				✓			
8	59	262	梦想家/现实家/批评家	既狂野又现实的批评家的想法			✓	✓	✓		
9	60	268	梦想/现实/批评分类法	创新想法狂野度分类			✓	✓	✓		
9	61	271	鱼骨图方法	分析决策分类法				✓	✓		
9	62	273	创新坐标法	创新想法优先级判定			✓		✓		
9	63	275	全局想法优化法	获得更完善的解决方案					✓		
9	64	276	创新可行性检测	创新可行性评估					✓		
9	65	278	利益相关者评估法	聚焦创意、减少想法的标准					✓		
10	66	282	目标导向的行动计划	目标方案的实施						✓	
10	67	284	用户故事地图	敏捷开发的行动计划						✓	
10	68	286	图解行动计划	创新想法行动计划						✓	

(续表)

章节	工具编号	页码	工具名称	工具描述	背景	移情	主题	协同设计	可行性分析	行动计划	原型设计
10	69	288	谁来做	相关聚类法						√	
	70	289	决策树法	制订行动计划的依据						√	
11	71	294	棉花糖游戏	快速原型法设计	√	√	√	√	√	√	√
	72	297	草图描绘	想法的直观实现				√			√
	73	300	纸质原型	想法的简易直观实现				√			√
	74	302	故事画板法	形象场景演示				√			√
	75	303	物理原型	想法的物理直观实现				√			√
	76	305	五维盒子	设计方案的五维展现				√			√
	77	307	角色扮演	结果的表演展现				√			√
	78	309	app应用	方案的形象展现				√			√

附录B1

章节	工具编号	页码	游戏名称	游戏描述	背景	移情	主题	协同设计	可行性分析	行动计划	原型设计
1	1	2	可乐游戏	换一种思维，创新思维	√		√	√	√	√	√
	2	6	机遇与挑战	规避风险抓住机遇	√		√	√		√	
	3	20	13的一半	发散思维			√	√			
	4	21	9变6	转换角度、发散思维			√	√			
	5	21	九点一笔画	转化角度、发散思维				√			
2	6	45	架桥游戏	目标导向、右脑游戏				√			
3	7	74	走迷宫	转换角度、发散思维				√			
	8	76	"指"定组长	先将事情做成，然后做好				√			
	9	77	穿越A4	将不可能变成可能				√			
	10	79	101-102=1	变换维度				√			
	11	79	动脑不会老	变换空间				√			
	12	79	火柴	变换空间				√			
	13	87	商业密码	原型设计				√			
4	14	93	头脑风暴的九大规则	流程和规则				√			
	15	100	指令和行动	流程和规则	√	√	√	√	√	√	√
6	16	139	罗马数字	惯性思维、消除偏见				√			
	17	146	徽标的秘密	观察		√					

(续表)

章节	工具编号	页码	游戏名称	游戏描述	背景	移情	主题	协同设计	可行性分析	行动计划	原型设计
7	18	167	锻炼的方法	主题设定			√				
	19	168	图形复原	目标导向			√				
8	20	197	雨点变奏曲	头脑风暴、六项思考帽				√			
	21	235	联想构思	创意创新、联想练习				√			
	22	237	骰子关联	强制关联、创意练习				√			
11	23	294	棉花糖游戏	先将事情做成，然后做好	√	√	√	√	√		
13	24	334	一棵大树	照一张合影、快速点子练习				√			√
	25	335	堆气球塔	团队协作、快速原型				√			
	26	335	七巧板游戏	团队协作、战略执行		√		√			
	27	338	有鱼无鱼	合作共赢、目标导向				√			
	28	339	故事接龙	右脑游戏				√			
	29	340	绘画接龙	右脑游戏				√			
	30	340	难忘的礼品	狂野的想法				√			
	31	341	姿势比"人"	换位思考、同理心		√		√			
	32	341	做的和说的	右脑游戏				√			
	33	342	猜测成语	有效沟通、表演能力				√			√
	34	342	变化与观察	快速转变、观察			√	√		√	
	35	343	猜傻子	两人决定胜负、热身	√		√	√	√	√	√
	36	343	好运自然来	右脑训练				√			
	37	344	龙头龙尾	团队协作、热身	√	√	√	√	√	√	√
	38	345	一见钟情	快速反应、热身	√	√	√	√	√	√	√

参考文献

[1] Jeff Dyer, Hal Gregersen, Clayton Christensen. The Innovator's DNA, Mastering The Five Skills of Disruptive Innovators. Harvard Business School Press, 2011

[2] 杰夫·戴尔, 赫尔·葛瑞格森, 克莱顿·克里斯坦森. 曾佳宁, 译. 创新者的基因. 北京: 中信出版社, 2013

[3] 迈克尔·米哈尔克. 曲云, 译. 创意思维9法则. 北京: 中国人民大学出版社, 2010

[4] 迈克尔·米哈尔克. 曹凯, 译. 商业创意全攻略. 北京: 中国人民大学出版社, 2010

[5] 鲁百年. 说服老板签大单. 北京: 机械工业出版社, 2009

[6] 鲁百年. 矛与盾的平衡. 北京: 北京大学出版社, 2012

[7] 蒂姆·布朗. 候婷, 译. IDEO, 设计改变一切. 北京: 万卷出版公司, 2011

[8] 亚历山大·奥斯特瓦德, 伊夫·皮尼厄. 王帅, 毛心宇, 严威, 译. 商业模式新生代. 北京: 机械工业出版社, 2011

[9] 范思杰. 王晓鹂, 译. 创新者的挑战. 北京: 中信出版社, 2013

[10] 简·史蒂文森, 比拉尔·卡法拉尼. 杨欣, 冯国雄, 译. 大创新通往顶级企业之路. 北京: 世界图书出版公司, 2013

[11] 罗玲玲, 张嵩, 罗爱军. 创意思维训练(修订第二版). 北京: 首都经贸大学出版社, 2012

[12] 王建. 让思想冲破牢笼. 北京: 北京大学出版社, 2007

[13] 鲁百年. Fuzzy聚类Boole矩阵法的计算机实现. 数学的实践与认识, 1990(3)

[14] 根里奇·斯拉维奇·阿奇舒勒. 谭培波, 茹海燕, Wenling Babbitt, 译. 创新算法——TRIZ、系统创新和技术创造力. 武汉: 华中科技大学出版

社，2008

[15] 唐纳德·高斯. 章柏幸，刘敏，译. 你的灯亮着吗？北京：清华大学出版社，2003

[16] 胡飞雪. 创新思维训练与方法. 北京：机械工业出版社，2009

[17] Gojko Adzic. 何勉，李忠利，译. 影响地图：让你的软件产生真正的影响力. 图灵，2014

[18] 亚历山大·奥斯特瓦德，伊夫·皮尼厄，格雷格·贝尔纳达，等著. 余锋，曾建新，李芳芳，译. 价值主张设计. 北京：机械工业出版社，2015

后 记

最近听到最多的词之一应该是创新和转型,国家主席习近平同志强调"唯改革者进,唯创新者强"。在2014年夏季达沃斯论坛开幕式上,中国国务院总理李克强同志如是说:"只要大力破除对个体和企业创新的种种束缚,形成'人人创新''万众创新'的新局面,中国发展就能再上新水平。"

中国的企业从代工型的企业,过渡到前几年的"山寨"模仿型企业,要走向全球,就需要由模仿走向创新;国家的发展正在走向"新常态",也需要转型与创新;学校的教育从原来的"宣贯式"走向开放式,也需要创新;社会的发展和公益事业从前几年的不信任慢慢走向成熟,还需要创新;随着国际形势的变化,社会的发展需要转型,可是如何做创新?不仅仅是讲一些创新的故事和案例,当然创新的案例可以使人从类比中获得一种创新的思想和方法,但是创新是不是也应该有一整套的方法论。本书的目的就是给大家讲述一整套创新的工具和方法论,即将著名创新发明公司IDEO的思想、美国斯坦福大学d.School的方法和SAP在全球的整套工作坊的方法论介绍给大家。

自从1982年参加工作以来,笔者从事计算数学、应用数学的研究,对分形几何、非线性动力系统、混沌现象做了大量的研究,撰写了不少学术性论文。随后,笔者离开了大学的讲台,进入美国SAS软件研究所,从事数据分析、数据挖掘,进入商务智能(BI-Business Intelligence)行业打拼了很多年,后来成为《软件世界》杂志"商务智能"的专栏作家,撰写了不少商务智能的文章。当大家开始关注大数据分析、大数据要火热起来的时候,笔者转型到客户关系管理(CRM)方面,进入到当年中国最大的客户关系管理民营企业,在1997年上市的创智科技做了客户关系管理事业部的副总裁,并且在清华大学、北京大学和很多的企业讲解客户关系管理的理念、方法和实践,出版了《客户也疯狂——培育"粉丝"客户的服务与营销技巧》。当大家都意识到客户关系管理重要的时候,笔者转型进入了全球企业绩效管理最大的公司美国海波龙公司和美国的甲骨文公司,研究了大量企业绩效管理的课题和落地的方法,出版了《全面企业绩效管理》,其中讲解了大量的现代西方先进管理的理念和方法,其中包括了国资委后来采用评估央企绩效的经济附加价值(EVA)、平衡计分卡等先进的管理理念和方法,并且介绍了很多国际化大公司天天在用的管理方法和企业绩效管理的工具。之后,笔者进入到全球最大的管理软件供应商德国SAP公司,关心企业精细化管理,并且撰写了《矛与盾的平衡——全面企业绩效管理》,讲述了大量有关企业流程再造、精细化管理和战略管控的知识。SAP这几年非常重视企业和客户的创新,将设计思维引入到公司的产品研发,十年来取得了非常显著的成功,三年前又成立了商务创新团队,将设计思维的方法推广到客户企业,帮助客户成功。所以笔者从精细化管理的行列又转型到商务创新(BI-Business Innovation)团队,开始了企业创新设计思维的研究和为客户进行创新设计思维工作坊的普及工作。整体看来,从技术型的商务智能(BI)转向思维型的商务创新(BI)虽然都是BI,但其却是实质性的转变,是从逻辑思维转向了设计思维,是从原来西方精细化管理的"术"(企业资源规划、商务智能、企业绩效管理、客户关系管理等)到中国传统文化的"道",将人性化管理结合起来,这样才会有中国的商道模式,才会有使得任何的西方国家无法和中国比拟的秘密武器:将商业思维和设计思维相结合,就是我们强调的创新设计思维。

本书就是基于斯坦福大学的d.School的设计思维,德国波茨坦设计思维学院的体验和方法论,以及在上百次为企业做的创新设计思维工作坊的经验总结而完成的。

希望本书的内容可以对企业的创新、学校的改革、社会的发展、政府的转型等提供一整套的方法论,不但有右脑思维的创新模式(民主),还需要有左脑思维的逻辑推理(集中)。只有将两者结合起来,才是真正的创新之道,才是一种"创新科学"。

鲁百年